열방의 기도 파수꾼 _____ 님께

_____
_____
_____
_____
_____

_____ 드립니다.

# 만화 열방 기도정보 1

**만화 열방기도정보 1**

글·그림 김종두
펴낸이 임준현
펴낸곳 넥서스CROSS

초판 1쇄 인쇄 2008년 12월 10일
초판 1쇄 발행 2008년 12월 15일

출판신고 2007년 1월 18일 제311-2007-3호
121-840 서울시 마포구 서교동 394-2
편집 Tel (02)380-3876 Fax (02)380-3884
영업 Tel (02)330-5500 Fax (02)330-5555

Copyright ⓒ 넥서스CROSS, 2008, *Printed in Korea.*
ISBN 978-89-93430-11-0 03230
     978-89-93430-13-4 (세트)

가격은 뒤표지에 있습니다.
잘못 만들어진 책은 바꾸어드립니다.

이 책은 저작권법의 보호를 받는 저작물이므로 무단전재 및 무단복제를 금합니다.

www.nexusbook.com

| 하나님 나라의 부흥과 선교 완성을 위한 24·365 기도지침서 |

만화
# 열방 기도정보 1

글·그림 **김종두**

추천 **패트릭 존스톤** | 감수 **기도 24·365 본부**

넥서스CROSS

**추천의 말 1**

# 혁신적인 만화 기도정보집 출간을 축하하며

친애하는 형제자매 여러분! 이렇게 혁신적인 방법으로 열방을 위한 기도정보를 선보이게 해주신 주님을 찬양합니다. 《세계기도정보》는 20여 개 언어로 번역되었는데 그중 만화의 형식을 사용한 곳은 한국밖에 없습니다.

이 책이 세계 복음화에 대한 많은 기도를 불러일으키는 데 사용될 것을 확신합니다. 예수께서 우리를 만물의 통치자로 부르셨습니다. 요한복음 14장 2절에서 예수님은 우리를 위하여 처소를 예비하러 가신다고 말씀하십니다. 많은 사람들은 이곳을 하늘에 있는 미래의 처소로만 여깁니다. 저는 그 이상의 의미가 있다고 생각합니다. 이곳은 현재의 우리를 위한 곳이기도 합니다. 예수께서는 그분의 보좌에서 세상을 통치하시는 데 우리를 참여시키기 위하여 부르십니다. 이것은 예수께서 죽으시고 부활하시기 전에는 불가능했습니다. 그러나 예수님이 부활하시고 승천하셔서 하나님께 가심으로 가능해졌습니다. 이를 보여주신 말씀이 요한복음 14장 12~15절입니다. 예수께서 승리하셔서 주님의 보좌에 앉으셨고 우리와 함께하십니다. 이는 참으로 놀라운 일입니다.

"《만화 열방기도정보》가 세계를 변화시키는 기도에 큰 힘이 되게 하소서!"

2008년 11월
패트릭 존스톤
(《세계기도정보》저자, WEC 국제자문위원장, 기도 24·365 본부 고문)

Dear Friends,

I praise God for this innovative way of presenting prayer information for the nations of the world! Of all the 20 languages into which *Operation World* has been translated, I think it is only in Korea that this format has been used.

May this edition be used of God to stimulate many prayers for the evangelization of our needy world. This is the primary ministry to which Jesus has called us. In John 14:2 Jesus speaks of going to prepare a place for us. Many see this as a future place in heaven. I see it as more than this — it is a place he went to prepare for us now. He invites us to come to sit and reign with Him on His throne! This then gives added meaning to the words that follow in John 14:12~15 where He shows that he goes to the Father so that we intercede in a way not possible before His death and resurrection — these are the greater works now possible because He has now conquered and has sat down on His throne and we with Him. May this little book encourage world-changing prayer.

Patrick Johnstone

(Author, *Operation World*, WEC Consultant at Large, Prayer 24·365 Advice)

**추천의 말 2**

# 하나님이 주신 귀한 선물

"내게 구하라 내가 이방 나라를 네 유업으로 주리니"(시 2:8).

아말렉과 벌인 전쟁에서 승패가 달린 기도의 손을 든 모세의 팔을 함께 들어주며 끝내 하늘의 승리를 가져온 아론과 훌의 목숨 건 '연속·연쇄·연합 기도'는 지금도 이 땅에서 이루어지고 있습니다.

기도 24·365(24시간 365일 선교 완성과 하나님 나라의 부흥을 위한 연속·연쇄·연합 기도)를 명하시고 8천여 명의 기도자와 함께 6년 동안 지구 전체를 6번이나 기도로 완주하게 된 지금, 복음 안에서 형제 된 김종두 선교사의 《만화 열방기도정보》는 하나님의 큰 선물이요, 축복이 아닐 수 없습니다.

어린아이부터 어른까지, 모든 사람들이 하나님의 유업인 열방, 모든 나라와 족속을 알고 마음에 품고 기도할 수 있게 해준 이 책을 기쁨으로 추천합니다. 기도의 자리에서 순종으로 응답하고자 하는 많은 기도자와 함께 이 책이 완성되기까지 쓰임 받은 많은 분께도 감사와 사랑을 전합니다.

김용의(선교사, 순회선교단 대표)

**추천의 말 3**

## 열방의 기도자로 세우는 놀라운 도구

　기도로 주의 영광을 보기로 헌신하였지만 기존의 《세계기도정보》를 읽고 기도하기에 어려움을 느끼는 교우들을 볼 때 늘 아쉬웠는데, 만화로 구성된 기도정보가 출간되어서 얼마나 감사한지 모릅니다. 실제로 《만화 열방기도정보》를 읽고 기도해보니 한 나라를 향한 기도정보의 핵심이 쉽게 잘 정리되어 있어서 더욱 집중해서 기도할 수 있었습니다.
　이 책이 기존의 열방을 위해 기도하는 이들에게 유용한 도구가 될 뿐 아니라 다음 세대인 청소년들을 열방의 기도자로 세우는 데도 놀라운 도구로 쓰임 받으리라고 믿습니다. 더 많은 청소년들이 쉽게 접근할 수 있는 만화를 통해 열방의 기도자로서, 세계로 뻗어나갈 것입니다.
　오, 주님! 어서 오시옵소서!

유기성(선한목자교회 담임목사)

### 일러두기

**이 책을 사용하는 방법**

1. 전 세계 모든 나라의 정보를 모아놓은 책으로 세계에 대한 영적 식견과 지식의 폭을 넓힐 수 있습니다.
2. 평상시 방송매체나 신문을 볼 때 생소한 나라가 나오면 이 책에서 찾아보고 그 나라의 정보를 습득한 후, 그 나라를 위해 기도할 수 있습니다.
3. 개인 기도 시간에 곁에 두고 매일 한 나라씩 읽고 기도 제목에 따라 기도하면 1년 동안 전 세계를 위해 기도할 수 있습니다.
4. 각종 기도 모임이나 공 예배 시에 주님의 지상 대명령을 수행하기 위해 세계를 가슴에 품고 세계 복음화를 위한 기도 교재로 사용할 수 있습니다.
5. 순회선교단의 '기도 24·365 본부'의 지도를 받아 기도 네트워크를 결성하면 세계를 위해 지속적으로 기도할 수 있도록 도움받을 수 있습니다. ('기도 24·365 본부' 홈페이지 www.prayer24365.org)

**이 책을 통해 기도하는 방법**

1. 먼저 기도로 세계를 품을 마음을 준비합니다.
2. 날짜에 따라 나라를 확인하고 기본 정보를 읽습니다.
3. 만화로 구성된 내용을 따라 읽으면서 그 나라의 상황을 파악합니다.
4. 제시된 '기도 제목'에 따라 기도합니다. 더 많은 기도를 해야 할 경우, 죠이선교회에서 출간한 《세계기도정보》를 참조하시기 바랍니다.
5. 주어진 말씀을 선포하며 마무리 기도를 합니다.
6. 기도를 마무리한 후, '중보기도 노트'에 기도하면서 받은 하나님의 마음 혹은 기도 응답 등을 기록합니다.

**이 책에 인용된 통계자료**

1. 국가 기본 정보 및 본문 내용은 패트릭 존스톤과 제이슨 맨드릭이 지은 《Operation World》(2005)에서 주로 인용했고, '기도 24·365 본부'에서 제공한 '느헤미야 기도정보'를 참조했습니다.
2. 《Operation World》의 통계는 2000년 6월을 기준으로 하고 있으며, 본문 내용은 2001년 5월을 기준으로 하고 있습니다.
3. 단, 각국의 GNP 수치는 IMF의 2007년 자료이며, 이 자료에 없는 경우는 《Operation World》의 정보에서 가져왔고 괄호 속에 당해 연도를 적었습니다.
4. 그 밖의 최신 정보는 국내외 여러 매체에서 수집하여 추가한 것임을 아울러 밝힙니다.

**머리말**

## 열방의 파수꾼들이여, 일어나라!

"또 여호와께서 예루살렘을 세워 세상에서 찬송을 받게 하시기까지 그로 쉬지 못하시게 하라"(사 62:7).

이 책은 하나님이 세상에서 찬양을 받으시기까지 하나님으로 하여금 쉬지 못하시도록 한다는 거룩한 목적하에 만들어졌습니다. 그 이유를 세 가지로 정리해봅니다.

첫째, 기도의 응답입니다. 그동안 지구촌은 무수한 변화를 겪었고 영적 상황은 긴박하게 돌아가고 있습니다. 열방을 품고 기도하는 사람들은 급변하는 시대 상황을 만화로 새롭게 재구성해주기를 간절히 소망하고 있었습니다. 이에 '기도 24·365 본부'는 이 같은 책이 출간되도록 5년 동안 기도해왔습니다. 이 책은 하나님께서 응답하신 증거입니다.

둘째, 우리를 향하신 하나님의 꿈이 담겨 있습니다. 하나님 나라의 부흥과 세계 선교 완성은 하나님의 꿈임과 동시에 우리의 지상과제입니다. 이 책은 1년 365일 하루도 거르지 않고 열방을 품고 기도할 수 있도록 구성되었습니다. 더 나아가 만화로 짜인 이 책은 어린이와 청소년, 어른을 비롯하여 누구나 열방의 파수꾼으로 서도록 도울 것입니다.

셋째, 한 사람의 신앙고백이 발현된 열매입니다. 저는 바울처럼 자비량하면서 중국 선교사로 헌신하겠다고 간구했지만, 하나님의 인도하심을 받을 수 없었습니다. 그 후, 국내에 남아 학생 복음사역을 하면서도 항상 선교에 대한 빚진 자의 마음이 남아 있었습니다. 뒤늦게 깨달은 사실은 하나님께서 만화를 통해 선교에 동참하게 하셨다는 것입니다. 이 책은 일선에 선교사로 나가지 못한 한 사람의 신앙고백입니다.

모쪼록 이 책이 하나의 밀알이 되어 풍성한 열매 맺기를 주님의 이름으로 소망합니다.

2008년 12월
김종두

**차례**

**추천의 말 1** _패트릭 존스톤 • 6
　　　　　 2 _김용의 선교사 • 8
　　　　　 3 _유기성 목사 • 9
**일러두기** • 10
**머리말** • 11
**기도 달력** • 14

**지역**　세계 • 18 | 아메리카 • 43 | 아시아 • 57 | 아프리카 • 75 | 유럽 • 96 | 태평양 • 110

**나라**

가나 • 116 | 가봉 • 120 | 가이아나 • 123 | 감비아 • 125 | 과들루프 • 127 | 과테말라 • 129 | 괌 • 132 | 그레나다 • 133 | 그루지야 • 135 | 그리스 • 137 | 그린란드 • 138 | 기니 • 140 | 기니비사우 • 142

나미비아 • 144 | 나우루 • 145 | 나이지리아 • 147 | 남아프리카 공화국 • 152 | 네덜란드 • 157 | 네덜란드령 앤틸리스 • 158 | 네팔 • 160 | 노르웨이 • 162 | 뉴질랜드 • 164 | 뉴칼레도니아 • 166 | 니제르 • 168 | 니카라과 • 170

대만 • 172 | 덴마크 • 175 | 도미니카 • 177 | 도미니카 공화국 • 178 | 독일 • 180

라오스 • 185 | 라이베리아 • 188 | 라트비아 • 191 | 러시아 • 193 | 레바논 • 200 | 레소토 • 202 | 레위니옹 • 204 | 루마니아 • 206 | 룩셈부르크 • 210 | 르완다 • 212 | 리비아 • 215 | 리투아니아 • 217 | 리히텐슈타인 • 219

마다가스카르 • 221 | 마르티니크 • 223 | 마케도니아 • 225 | 말라위 • 227 | 말레이시아 • 229 | 말리 • 234 | 멕시코 • 236 | 모나코 • 239 | 모로코 • 241 | 모리셔스 • 244 | 모리타니 • 246 | 모잠비크 • 248 | 몬트세랫 • 251 | 몰도바 • 252 | 몰디브 • 254 | 몰타 • 256 | 몽골 • 258 | 미국 • 261 | 미국령 버진 아일랜드 • 270 | 미국령 사모아 • 272 | 미얀마 • 274 | 미크로네시아 • 278

바누아투 • 280 | 바레인 • 282 | 바베이도스 • 284 | 바티칸 시국 • 285 | 바하마 • 287 | 방글라데시 • 289 | 버뮤다 • 293 | 베네수엘라 • 295 | 베냉 • 298 | 베트남 • 300 | 벨기에 • 304 | 벨로루시 • 306 | 벨리즈 • 308 | 보스니아 • 310 | 보츠와나 • 312 | 볼리비아 • 315 | 부룬디 • 319 | 부르키나파소 • 322 | 부탄 • 325 | 북한 • 328 | 불가리아 • 331 | 브라질 • 334 | 브루나이 • 339

사모아 • 342 | 사우디아라비아 • 344 | 산마리노 • 347 | 상투메 프린시페 • 349 | 생피에르미클롱 • 351 | 세네갈 • 353 | 세이셸 • 356 | 세인트루시아 • 358 | 세인트빈센트 그레나딘, 세인트키츠네비스 • 359 | 세인트헬레나 • 360 | 소말리아 • 362 | 솔로몬 제도 • 365 | 수단 • 367 | 수리남 • 371 | 스리랑카 • 373 | 스와질란드 • 377 | 스웨덴 • 379 | 스위스 • 382 | 스페인 • 384 | 슬로바키아 • 388 | 슬로베니아 • 390 | 시리아 • 392 | 시에라리온 • 395 | 싱가포르 • 397

**감사의 말** • 399
**부록** 로잔 언약 • 400

# 2

아랍에미리트 • 18 | 아루바 • 20 | 아르메니아 • 22 | 아르헨티나 • 24 | 아이슬란드 • 27 | 아이티 • 29 | 아일랜드 • 32 | 아제르바이잔 • 35 | 아프가니스탄 • 37 | 안도라 • 41 | 안티구아 바부다 • 43 | 알바니아 • 45 | 알제리 • 49 | 앙골라 • 52 | 앙귈라 • 54 | 에리트레아 • 56 | 에스토니아 • 58 | 에콰도르 • 60 | 에티오피아 • 64 | 엘살바도르 • 68 | 영국 • 71 | 영국령 버진 아일랜드 • 76 | 예멘 • 78 | 오만 • 82 | 오스트리아 • 84 | 온두라스 • 87 | 요르단 • 89 | 우간다 • 91 | 우루과이 • 95 | 우즈베키스탄 • 97 | 우크라이나 • 101 | 윌리스 푸투나 • 104 | 유고슬라비아(구)-몬테네그로 • 106 | 유고슬라비아(구)-세르비아 • 108 | 이라크 • 110 | 이란 • 113 | 이스라엘 • 118 | 이집트 • 122 | 이탈리아 • 127 | 인도 • 132 | 인도네시아 • 148 | 일본 • 158 |

자메이카 • 164 | 잠비아 • 166 | 적도 기니 • 169 | 중국 • 171 | 중국 마카오 • 186 | 중국 홍콩 • 188 | 중앙아프리카 공화국 • 190 | 지부티 • 192 | 지브롤터 • 194 | 짐바브웨 • 196 |

차드 • 199 | 체코 • 201 | 칠레 • 203 |

카메룬 • 206 | 카자흐스탄 • 209 | 카타르 • 212 | 캄보디아 • 214 | 캐나다 • 217 | 케냐 • 220 | 케이맨 제도 • 224 | 케이프 베르데 제도 • 226 | 코모로 제도 • 228 | 코스타리카 • 230 | 코트디부아르 • 232 | 콜롬비아 • 234 | 콩고 • 238 | 콩고 민주 공화국(구 자이르) • 240 | 쿠바 • 244 | 쿠웨이트 • 246 | 쿡 제도 • 248 | 크로아티아 • 250 | 키르기스스탄 • 252 | 키리바시 • 254 | 키프로스 • 256 |

타지키스탄 • 258 | 탄자니아 • 260 | 태국 • 263 | 터키 • 267 | 토고 • 272 | 통가 • 274 | 투르크메니스탄 • 276 | 투르크스 카이코스 제도 • 278 | 튀니지 • 280 | 트리니다드 토바고 • 282 | 티모르 로로사에(동티모르) • 284 |

파나마 • 286 | 파라과이 • 288 | 파키스탄 • 290 | 파푸아 뉴기니 • 296 | 팔레스타인 • 299 | 페루 • 301 | 포르투갈 • 305 | 폴란드 • 307 | 푸에르토리코 • 311 | 프랑스 • 313 | 프랑스령 기아나 • 318 | 피지 • 320 | 핀란드 • 322 | 필리핀 • 324 |

한국 • 329 | 헝가리 • 334 | 호주 • 337 |

## 사역

오디오 카세트테이프 사역 • 341 | 기독교 라디오 • 344 | 기독교 TV • 346 | 영화 〈예수〉 • 348 | 인터넷 • 350 | 성서공회와 성경 번역 • 352 | 기독교 문서 • 354 | 신학 연장 교육 • 356 | 성경 통신 과정 • 358 | 구호와 개발 • 360 | 의료 선교 • 362 | 비행 선교 • 364 | 해양 선교 • 366 | 전문인 선교사 • 368 | 단기 선교사 • 370 | 학생 사역 • 372 | 어린이 사역 • 374 | 이단 종파에 대한 복음 전도 • 376 | 도시 복음화 • 378 | 세계 복음화를 위한 국제 협력 • 380 | 세계기도정보 • 382 | 주의 재림 • 384 |

# 기도 달력

| 월/일 | 세계기도 | No. | 월/일 | 세계기도 | No. | 월/일 | 세계기도 | No. |
|---|---|---|---|---|---|---|---|---|
| / | 세계 1 | 1 | / | 유럽 4 | 33 | / | 대만 1 | 64 |
| / | 세계 2 | 2 | / | 유럽 5 | 34 | / | 대만 2 | 65 |
| / | 세계 3 | 3 | / | 태평양 1 | 35 | / | 덴마크 | 66 |
| / | 세계 4 | 4 | / | 태평양 2 | 36 | / | 도미니카 | 67 |
| / | 세계 5 | 5 | / | 태평양 3 | 37 | | 도미니카 공화국 | |
| / | 세계 6 | 6 | / | 가나 1 | 38 | / | 독일 1 | 68 |
| / | 세계 7 | 7 | / | 가나 2 | 39 | / | 독일 2 | 69 |
| / | 세계 8 | 8 | / | 가봉 | 40 | / | 독일 3 | 70 |
| / | 세계 9 | 9 | / | 가이아나 | 41 | / | 라오스 | 71 |
| / | 아메리카 1 | 10 | / | 감비아 | 42 | / | 라이베리아 | 72 |
| / | 아메리카 2 | 11 | / | 과들루프 | 43 | / | 라트비아 | 73 |
| / | 아메리카 3 | 12 | / | 과테말라 | 44 | / | 러시아 1 | 74 |
| / | 아메리카 4 | 13 | / | 괌, 그레나다 | 45 | / | 러시아 2 | 75 |
| / | 아메리카 5 | 14 | / | 그루지야 | 46 | / | 러시아 3 | 76 |
| / | 아메리카 6 | 15 | / | 그리스, 그린란드 | 47 | / | 러시아 4 | 77 |
| / | 아메리카 7 | 16 | / | 기니 | 48 | / | 러시아 5 | 78 |
| / | 아시아 1 | 17 | / | 기니비사우 | 49 | / | 레바논 | 79 |
| / | 아시아 2 | 18 | / | 나미비아, 나우루 | 50 | / | 레소토 | 80 |
| / | 아시아 3 | 19 | / | 나이지리아 1 | 51 | / | 레위니옹 | 81 |
| / | 아시아 4 | 20 | / | 나이지리아 2 | 52 | / | 루마니아 1 | 82 |
| / | 아시아 5 | 21 | / | 나이지리아 3 | 53 | / | 루마니아 2 | 83 |
| / | 아시아 6 | 22 | / | 남아프리카 공화국 1 | 54 | / | 룩셈부르크 | 84 |
| / | 아프리카 1 | 23 | / | 남아프리카 공화국 2 | 55 | / | 르완다 | 85 |
| / | 아프리카 2 | 24 | / | 남아프리카 공화국 3 | 56 | / | 리비아 | 86 |
| / | 아프리카 3 | 25 | / | 네덜란드 | 57 | / | 리투아니아 | 87 |
| / | 아프리카 4 | 26 | | 네덜란드령 앤틸리스 | | | 리히텐슈타인 | |
| / | 아프리카 5 | 27 | / | 네팔 | 58 | / | 마다가스카르 | 88 |
| / | 아프리카 6 | 28 | / | 노르웨이 | 59 | | 마르티니크 | |
| / | 아프리카 7 | 29 | / | 뉴질랜드 | 60 | / | 마케도니아 | 89 |
| / | 유럽 1 | 30 | / | 뉴칼레도니아 | 61 | / | 말라위 | 90 |
| / | 유럽 2 | 31 | / | 니제르 | 62 | / | 말레이시아 1 | 91 |
| / | 유럽 3 | 32 | / | 니카라과 | 63 | / | 말레이시아 2 | 92 |

| 월/일 | 세계기도 | No. | 월/일 | 세계기도 | No. | 월/일 | 세계기도 | No. |
|---|---|---|---|---|---|---|---|---|
| / | 말레이시아 3 | 93 | / | 방글라데시 3, 버뮤다 | 123 | / | 소말리아 | 150 |
| / | 말리 | 94 | / | 베네수엘라 1 | 124 | / | 솔로몬 제도 | 151 |
| / | 멕시코 1 | 95 | / | 베네수엘라 2, 베냉 | 125 | / | 수단 1 | 152 |
| / | 멕시코 2, 모나코 | 96 | / | 베트남 1 | 126 | / | 수단 2 | 153 |
| / | 모로코 1 | 97 | / | 베트남 2 | 127 | / | 수리남 | 154 |
| / | 모로코 2 | 98 | / | 벨기에 | 128 | / | 스리랑카 1 | 155 |
| / | 모리셔스 | 99 | / | 벨로루시 | 129 | / | 스리랑카 2 | 156 |
| / | 모리타니 | 100 | / | 벨리즈 | 130 | / | 스와질란드 | 157 |
| / | 모잠비크 1 | 101 | / | 보스니아 | 131 | / | 스웨덴 | 158 |
| / | 모잠비크 2 | 102 | / | 보츠와나 | 132 | / | 스위스 | 159 |
| / | 몬트세랫, 몰도바 | 103 | / | 볼리비아 1 | 133 | / | 스페인 1 | 160 |
| / | 몰디브 | 104 | / | 볼리비아 2 | 134 | / | 스페인 2 | 161 |
| / | 몰타 | 105 | / | 부룬디 | 135 | / | 슬로바키아, 슬로베니아 | 162 |
| / | 몽골 | 106 | / | 부르키나파소 | 136 | / | 시리아 | 163 |
| / | 미국 1 | 107 | / | 부탄 | 137 | / | 시에라리온 | 164 |
| / | 미국 2 | 108 | / | 북한 | 138 | / | 싱가포르 | 165 |
| / | 미국 3 | 109 | / | 불가리아 | 139 | / | 아랍에미리트 | 166 |
| / | 미국 4 | 110 | / | 브라질 1 | 140 | / | 아루바 | 167 |
| / | 미국 5 | 111 | / | 브라질 2 | 141 | / | 아르메니아 | 168 |
| / | 미국 6 | 112 | / | 브라질 3, 브루나이 | 142 | / | 아르헨티나 | 169 |
| / | 미국령 버진 아일랜드 | 113 | / | 사모아 | 143 | / | 아이슬란드 | 170 |
|  | 미국령 사모아 |  | / | 사우디아라비아 1 | 144 | / | 아이티 | 171 |
| / | 미얀마 1 | 114 | / | 사우디아라비아 2 | 145 | / | 아일랜드 | 172 |
| / | 미얀마 2 | 115 | / | 산마리노 |  | / | 아제르바이잔 | 173 |
| / | 미크로네시아 | 116 | / | 상투메 프린시페 | 146 | / | 아프가니스탄 1 | 174 |
| / | 바누아투 | 117 | / | 생피에르미클롱 |  | / | 아프가니스탄 2 | 175 |
| / | 바레인 | 118 | / | 세네갈 | 147 | / | 안도라, 안티구아바부다 | 176 |
| / | 바베이도스 | 119 | / | 세이셸 | 148 | / | 알바니아 1 | 177 |
|  | 바티칸 시국 |  | / | 세인트루시아 | 149 | / | 알바니아 2 | 178 |
| / | 바하마 | 120 | / | 세인트빈센트 그레나딘 |  | / | 알제리 1 | 179 |
| / | 방글라데시 1 | 121 | / | 세인트키츠네비스 |  | / | 알제리 2 | 180 |
| / | 방글라데시 2 | 122 | / | 세인트헬레나 |  | / | 앙골라, 앙귈라 | 181 |

| 월/일 | 세계기도 | No. | 월/일 | 세계기도 | No. | 월/일 | 세계기도 | No. |
|---|---|---|---|---|---|---|---|---|
| / | 에리트레아 | 182 | / | 이란 1 | 211 | / | 인도네시아 8 | 243 |
| / | 에스토니아 | 183 | / | 이란 2 | 212 | / | 일본 1 | 244 |
| / | 에콰도르 1 | 184 | / | 이란 3 | 213 | / | 일본 2 | 245 |
| / | 에콰도르 2 | 185 | / | 이스라엘 1 | 214 | / | 일본 3 | 246 |
| / | 에티오피아 1 | 186 | / | 이스라엘 2 | 215 | / | 일본 4 | 247 |
| / | 에티오피아 2 | 187 | / | 이집트 1 | 216 | / | 자메이카 | 248 |
| / | 엘살바도르 | 188 | / | 이집트 2 | 217 | / | 잠비아 1 | 249 |
| / | 영국 1 | 189 | / | 이집트 3 | 218 | / | 잠비아 2 | 250 |
| / | 영국 2 | 190 | / | 이탈리아 1 | 219 | / | 적도 기니 | 251 |
| / | 영국 3 | 191 | / | 이탈리아 2 | 220 | / | 중국 1 | 252 |
| / | 영국령 버진 아일랜드 | 192 | / | 이탈리아 3 | 221 | / | 중국 2 | 253 |
| / | 예멘 1 | 193 | / | 인도 1 | 222 | / | 중국 3 | 254 |
| / | 예멘 2 | 194 | / | 인도 2 | 223 | / | 중국 4 | 255 |
| / | 오만 | 195 | / | 인도 3 | 224 | / | 중국 5 | 256 |
| / | 오스트리아 1 | 196 | / | 인도 4 | 225 | / | 중국 6 | 257 |
| / | 오스트리아 2 | 197 | / | 인도 5 | 226 | / | 중국 7 | 258 |
| / | 온두라스 | 198 | / | 인도 6 | 227 | / | 중국 8 | 259 |
| / | 요르단 | 199 | / | 인도 7 | 228 | / | 중국 9 | 260 |
| / | 우간다 1 | 200 | / | 인도 8 | 229 | / | 중국 10 | 261 |
| / | 우간다 2 | 201 | / | 인도 9 | 230 | / | 중국 11 | 262 |
| / | 우루과이 | 202 | / | 인도 10 | 231 | / | 중국 12 | 263 |
| / | 우즈베키스탄 1 | 203 | / | 인도 11 | 232 | / | 중국 13 | 264 |
| / | 우즈베키스탄 2 | 204 | / | 인도 12 | 233 | / | 중국(마카오) | 265 |
| / | 우크라이나 1 | 205 | / | 인도 13 | 234 | / | 중국(홍콩) | 266 |
| / | 우크라이나 2 | 206 | / | 인도 14 | 235 | / | 중앙아프리카 공화국 | 267 |
| / | 윌리스후투나 제도 | | / | 인도네시아 1 | 236 | / | 지부티 | 268 |
| / | 유고슬라비아(구)<br>— 몬테네그로 | 207 | / | 인도네시아 2 | 237 | / | 지브롤터 | 269 |
| | | | / | 인도네시아 3 | 238 | / | 짐바브웨 1 | 270 |
| / | 유고슬라비아(구)<br>— 세르비아 | 208 | / | 인도네시아 4 | 239 | / | 짐바브웨 2 | 271 |
| | | | / | 인도네시아 5 | 240 | / | 차드 | 272 |
| / | 이라크 1 | 209 | / | 인도네시아 6 | 241 | / | 체코 | 273 |
| / | 이라크 2 | 210 | / | 인도네시아 7 | 242 | / | 칠레 | 274 |

| 월/일 | 세계기도 | No. | 월/일 | 세계기도 | No. | 월/일 | 세계기도 | No. |
|---|---|---|---|---|---|---|---|---|
| / | 카메룬 | 275 | / | 터키 2 | 305 | / | 핀란드 | 334 |
| / | 카자흐스탄 1 | 276 | / | 터키 3 | 306 | / | 필리핀 1 | 335 |
| / | 카자흐스탄 2 | 277 | / | 토고 | 307 | / | 필리핀 2 | 336 |
| / | 카타르 | 278 | / | 통가 | 308 | / | 필리핀 3 | 337 |
| / | 캄보디아 | 279 | / | 투르크메니스탄 | 309 | / | 한국 1 | 338 |
| / | 캐나다 1 | 280 | / | 투르크스 카이코스 제도 | 310 | / | 한국 2 | 339 |
| / | 캐나다 2 | 281 | / | 투발루 | | / | 헝가리 1 | 340 |
| / | 케냐 1 | 282 | / | 튀니지 | 311 | / | 헝가리 2 | 341 |
| / | 케냐 2 | 283 | / | 트리니다드 토바고 | 312 | / | 호주 1 | 342 |
| / | 케이멘 제도 | 284 | / | 티모르 로로사에 | 313 | / | 호주 2 | 343 |
| | 케이프 베르데 제도 | | / | 파나마 | 314 | / | 오디오 카세트테이프 사역 | 344 |
| / | 코모로 제도 | 285 | / | 파라과이 | 315 | / | 기독교 라디오 | 345 |
| / | 코스타리카 | 286 | / | 파키스탄 1 | 316 | / | 기독교 TV | 346 |
| / | 코트디부아르 | 287 | / | 파키스탄 2 | 317 | / | 영화 〈예수〉 | 347 |
| / | 콜롬비아 1 | 288 | / | 파키스탄 3 | 318 | / | 인터넷 | 348 |
| / | 콜롬비아 2 | 289 | / | 파키스탄 4 | 319 | / | 성서공회와 성경 번역 | 349 |
| / | 콩고 | 290 | / | 파푸아 뉴기니 1 | 320 | / | 기독교 문서 | 350 |
| / | 콩고 민주 공화국 1 | 291 | / | 파푸아 뉴기니 2 | 321 | / | 신학 연장 교육 | 351 |
| / | 콩고 민주 공화국 2 | 292 | / | 팔레스타인 | 322 | / | 성경 통신 과정 | 352 |
| / | 쿠바 | 293 | / | 페로 제도 | | / | 구호와 개발 | 353 |
| / | 쿠웨이트 | 294 | / | 페루 1 | 323 | / | 의료 선교 | 354 |
| / | 쿡 제도 | 295 | / | 페루 2 | 324 | / | 비행 선교 | 355 |
| / | 크로아티아 | 296 | / | 포르투갈 | 325 | / | 해양 선교 | 356 |
| / | 키르기스스탄 | 297 | / | 폴란드 1 | 326 | / | 전문인 선교사 | 357 |
| | 키리바시 | | / | 폴란드 2 | 327 | / | 단기 선교사 | 358 |
| / | 키프로스 | 298 | / | 푸에르토리코 | 328 | / | 학생 사역 | 359 |
| / | 타지키스탄 | 299 | / | 프랑스 1 | 329 | / | 어린이 사역 | 360 |
| / | 탄자니아 1 | 300 | / | 프랑스 2 | 330 | / | 이단 종파에 대한 복음 전도 | 361 |
| / | 탄자니아 2 | 301 | / | 프랑스 3 | 331 | / | 도시 복음화 | 362 |
| / | 태국 1 | 302 | / | 프랑스령 기아나 | 332 | / | 세계 복음화를 위한 국제 협력 | 363 |
| / | 태국 2 | 303 | / | 프랑스령 폴리네시아 | | / | 세계기도정보 | 364 |
| / | 터키 1 | 304 | / | 피지 | 333 | / | 주의 재림 | 365 |

1월 1일          세계 1_개관

# 지구촌을 한눈에!

**면적** 135,488,200 ㎢
**인구** 65억 명
**도시화** 48%
**종족** 약 12,000여 개(동일 언어 종족)
**언어** 13,511개
**방언** 30,000개
**종교** 기독교 32%, 이슬람교 21%, 무교 15%, 힌두교 13%, 불교 7%

우리가 살고 있는 지구는 5대양 6대륙으로 이루어져 있다.

지구 상의 인구는 1960년부터 2000년 사이에 두 배로 증가하였다가,

2000년부터 감소하기 시작해 현재 약 65억 명이 살고 있다.

아직도 너무 많아.

인구 감소의 가장 큰 원인은 핵가족화와 에이즈로 인한 사망 때문이다.

에이즈로 인구가 줄 줄은 정말 몰랐어요.

## ✚ 기도 제목

1. 사람을 이 땅에 충만하고 번성하게 하신 하나님께 감사하자. 오늘도 잃어버린 자들이 돌아와 모든 영광을 하나님께 돌리도록 기도하자.
2. 전 세계의 수많은 영혼들이 참빛이신 예수 그리스도께 나아올 수 있도록 은혜를 베풀어주시길 기도하자.
3. 각 종족의 언어로 성경이 번역되게 하시고, 그들의 언어로 하나님께 찬양과 기도가 올려지는 일이 일어나도록 기도하자
4. 하나님을 경외하는 정치가들이 나오고, 힘을 모아 지구촌의 어려움을 극복해가도록 기도하자.

### 중보기도 노트

하나님이 그들에게 복을 주시며 하나님이 그들에게 이르시되 생육하고 번성하여 땅에 충만하라, 땅을 정복하라, 바다의 물고기와 하늘의 새와 땅에 움직이는 모든 생물을 다스리라 하시니라. 창 1:28

하늘과 연결된 전화선엔 '통화 중'이란 말은 없다. _미상

1월 2일　　　　　　　　　　　　　　　　　　　　　세계 2_기도 응답

# 지금도 일하시는 하나님

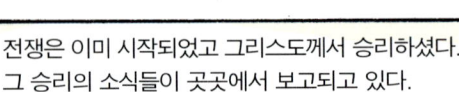

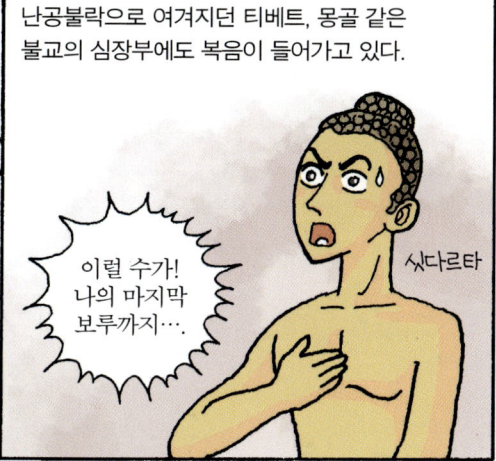

### ✚ 기도 제목

1. 미전도 종족을 입양하기로 약속한 단체들의 관리가 잘 이루어지고 양육이 잘 되도록 기도하자.

2. 문서, 성경 번역, 기독교 비디오, 카세트, 텔레비전, 라디오, 인터넷 등, 하나님이 우리에게 주신 많은 도구들이 복음 전파에 효과적으로 사용되도록 기도하자.

3. 아직도 자국어로 된 성경을 갖지 못한 종족들을 위해 지구 상에 남은 언어 조사와 성경 번역을 위해 기도하자.

4. 복음전도를 받고 복음을 영접한 각 지역 신자들이 이웃에 복음을 전하도록 기도하자.

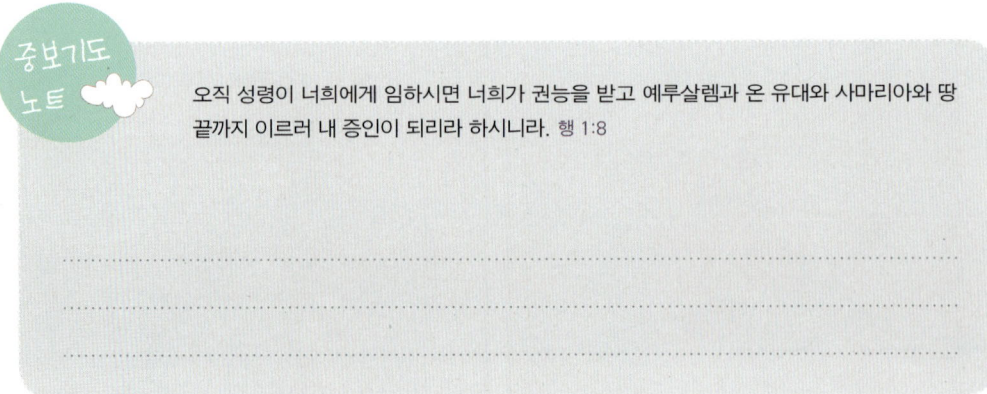

1월 3일  세계 3_분쟁지역

# 우리에게 평화를 주소서!

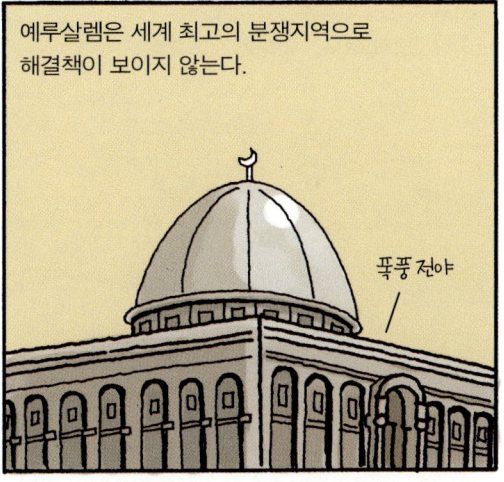

**✚ 기도 제목**

1. 이스라엘이 하나님께 돌아오게 하시고, 아프리카에 전쟁이 그치게 하시며, 테러와 전쟁이 사라지게 해주시도록 기도하자.
2. 발칸 반도와 아프가니스탄, 쿠르드족 안에서 복음의 문을 열고 계신 하나님을 찬양하자. 이 땅의 악이 뿌리 뽑히고 구원이 임하도록 기도하자.
3. 각 나라가 핵무기 등 무기를 폐하게 하시고, 전쟁이 일어나지 않게 되도록 기도하자. 세계를 황무케 하려는 사탄의 책략을 대적하고, 테러 조직들이 와해되도록 기도하자.
4. 자연을 파괴한 죄를 회개하고, 기근의 땅에 하나님의 긍휼이 임하도록, 그리고 목마른 자들이 다 하나님께 돌아오도록 기도하자.

**중보기도 노트**

그들이 듣고 혹시 각각 그 악한 길에서 돌아오리라 그리하면 내가 그들의 악행으로 말미암아 그들에게 재앙을 내리려 하던 뜻을 돌이키리라. 렘 26:3

그분의 은혜와 능력은 심히 커서 아무리 구해도 다함이 없다. _존 뉴턴

# 1월 4일

## 위험과 기회가 공존하는 지구촌

세계 4_주요 문제

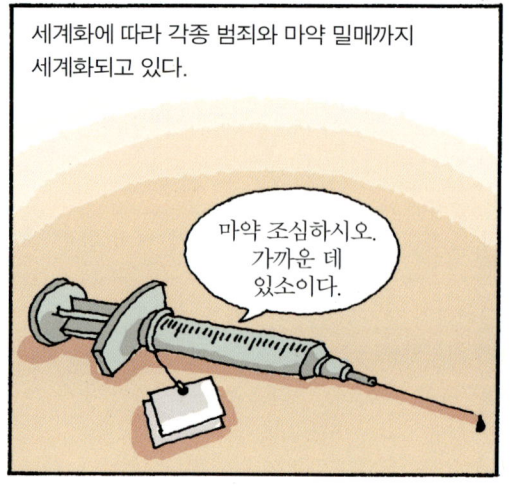

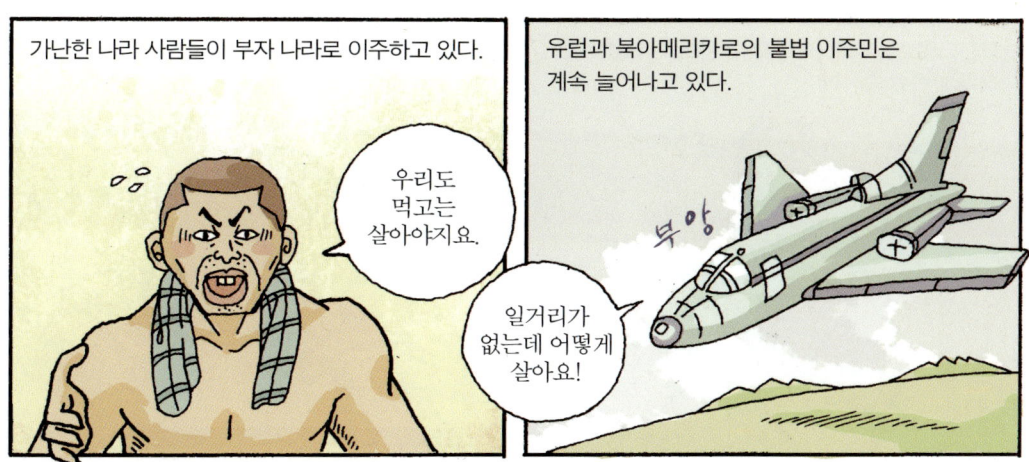

### ✚ 기도 제목

1. 모든 약한 것과 병을 고치시며 고아와 과부의 아버지이신 하나님이 그들의 억압과 사슬을 끊으시고 구원하시도록 기도하자.
2. 첨단 기술과 과학이 복음을 전하는 통로로 사용되어지도록 일꾼들과 단체들을 더 많이 세우시고 사용하시도록 기도하자.
3. 각 나라와 족속과 백성의 언어로 하나님의 말씀이 전파되도록 기도하자. 성경 번역과 전달이 잘 이루어져서, 각각의 언어로 하나님께 기도하고 찬양하는 소리가 울려 퍼지도록 기도하자.
4. 핍박과 환난 중에도 우리를 붙드시고 승리하게 하시는 주님께 감사하고, 믿음을 지켜주시길 기도하며, 하나님의 나라가 순교자들의 희생으로 인해 많은 열매를 맺도록 기도하자.

**중보기도 노트**

무릇 하나님께로부터 난 자마다 세상을 이기느니라 세상을 이기는 승리는 이것이니 우리의 믿음이니라 예수께서 하나님의 아들이심을 믿는 자가 아니면 세상을 이기는 자가 누구냐. 요일 5:4~5

가장 무릎을 잘 꿇는 자가 가장 잘 서 있는 자이다. _미상

# 모든 만민에게 복음을 전파하라

1월 5일 | 세계 5_교회와 지상명령

## ✚ 기도 제목

1. 선교에 대한 관심이 커가고 선교에 대한 인식이 새로워지도록 기도하자. 기도와 재정 후원은 물론, 선교 현장에 직접 가보는 것 같은, 효과적이고 실제적인 선교에 대한 참여가 이루어지도록 기도하자.
2. 모든 교회들이 교회의 1차적 목표를 지상명령으로 삼고 이에 순종하도록 기도하자.
3. 교회와 선교단체에서 선교가 뒷전으로 밀려나지 않도록 모든 훈련기관과 프로그램에 선교가 중요한 부분으로 포함되도록 기도하자.
4. 교회와 기독교 단체와 기도 모임과 개인 차원에서 미전도 종족의 입양이 이루어지도록 기도하자.

여호와께서 그의 구원을 알게 하시며 그의 공의를 뭇 나라의 목전에서 명백히 나타내셨도다 그가 이스라엘의 집에 베푸신 인자와 성실을 기억하셨으므로 땅 끝까지 이르는 모든 것이 우리 하나님의 구원을 보았도다. 시 98:2~3

가장 약한 성도가 무릎 꿇을 때 사탄은 사시나무 떨듯 떤다. _카우퍼

# 내가 여기 있나이다, 나를 보내소서!

세계 6_지상명령을 수행하는 추수꾼

### ✚ 기도 제목

1. 선교사들의 가정이 효과적으로 복음을 전하고 기독교인 가정이 표방해야 할 모범적인 가정이 되도록 기도하자.

2. 선교사들이 어떠한 이유 여하를 막론하고 부름받은 곳을 떠나지 않도록, 그리고 오직 하나님의 인도하심에 따라서 움직이도록 기도하자.

3. 영원한 열매를 맺기 위해 모든 사역자의 삶과 사역에 하나님의 기름부음이 필요하다. 오직 성령만이 사역자로 하여금 그리스도의 사랑으로 죄인을 끊임없이 사랑하도록 만들 수 있다. 하나님의 기름부음을 위해 기도하자.

4. 선교사들은 추방, 강제 출국으로 갑자기 사역을 중단할 경우도 있다. 선교사들이 절박한 심정으로 위임받은 자들을 훈련시키고 성숙시키고 돕기 위해 열심히 사역하도록 기도하자.

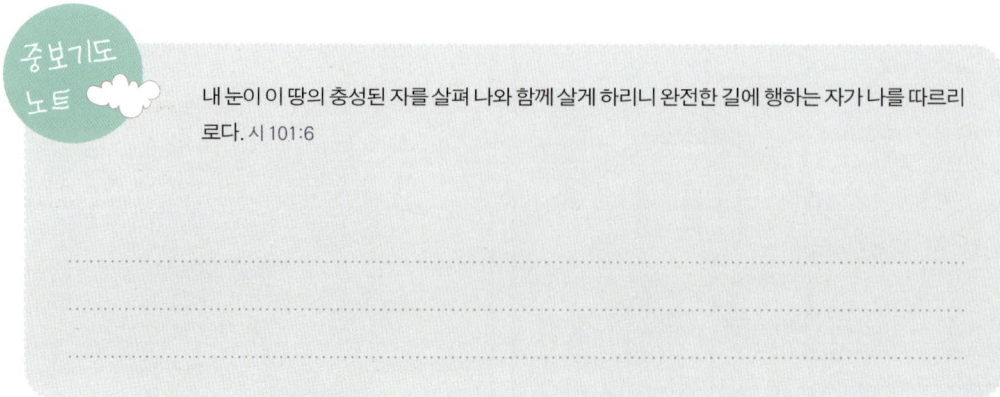

중보기도 노트

내 눈이 이 땅의 충성된 자를 살펴 나와 함께 살게 하리니 완전한 길에 행하는 자가 나를 따르리로다. 시 101:6

계속 기도하라. 하나님의 응답이 당신의 기도보다 더 지혜로움을 항상 하나님께 감사하라. _컬버스톤

1월 7일  세계 7_종교 체계

# 미완성 과업을 완성하라

### ✚ 기도 제목

1. 힌두 카스트 계급들에게 복음을 전할 사역자가 많이 필요하다. 극단적인 힌두인들의 핍박에도 불구하고 카스트 계급사회의 복음화에 헌신하는 사역자를 위해 기도하자.

2. 1990년 공산주의의 몰락 이후에 불교는 동아시아 및 동남아시아에서 다시 부흥하기 시작했다. 태국, 미얀마, 스리랑카, 티베트 등은 복음이 들어간 지 2세기 이상 되었는데 그리스도께 나온 불교도는 극소수에 불과하다. 불교 복음화를 위해 기도하자.

3. 현대 무속, 정령 숭배, 우상 숭배, 강신술, 조상 숭배, 미신 등 신비 종교가 어느 대륙에서나 강세가 두드러지고 있다. 이들을 어둠의 권세에서 건져주시도록 기도하자.

4. 유대인들로 하여금 예수님 안에만 구원이 있다는 것을 깨닫게 하는 것이 여전히 우리 기독교인들의 주된 관심사이다. 유대인 복음화를 위해 기도하자.

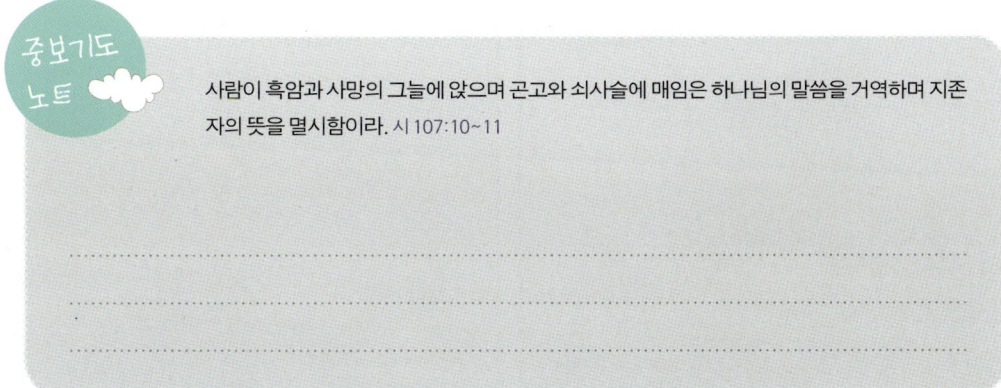

**중보기도 노트**

사람이 흑암과 사망의 그늘에 앉으며 곤고와 쇠사슬에 매임은 하나님의 말씀을 거역하며 지존자의 뜻을 멸시함이라. 시 107:10~11

내게는 주님의 재림이 단지 예언이 아니다. 나의 현재의 소망이다. _존 넬슨 다비

**1월 8일**

세계 8_미완성 과업과 지구 상의 종족

# 모든 족속을 제자 삼으라

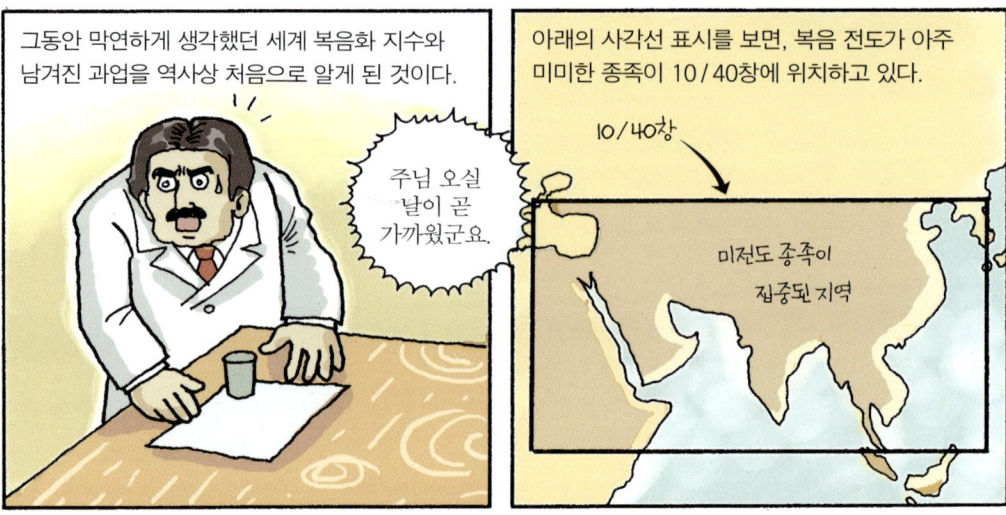

### ✚ 기도 제목

1. 복음 전도가 미미한 지역의 사역자들은 타 문화권 선교를 통해 복음을 접해야 한다. 부르심을 받은 사역자들이 하나님의 능력과 은혜를 경험하고 성장하는 교회를 세울 수 있도록 기도하자.

2. 기독교인이 거의 없는 미전도 3,500여 종족 가운데 기독교인은 평균 인구의 1.2%에 해당하는 소수 집단을 이루고 있다. 이들은 많은 압력과 핍박을 받고 있다. 이들이 자기 종족에게 복음을 증거하기 위해 하나님의 은혜와 성령의 능력을 체험하도록 기도하자.

3. 1,500여 종족은 인구가 1만 명 이하이다. 따라서 이들 종족에 대한 충분한 정보를 다룰 헌신자들과 그 정보를 사용하여 그들에게 더 활동적으로 복음이 전해지도록 기도하자.

4. 열방교회는 미전도 종족에 대한 비전을 가져야 한다. 많은 교회들이 한 종족을 입양하고 섬기는 역할을 하도록 기도하자. 더 많은 교회가 이에 대한 비전을 갖도록 기도하자.

**중보기도 노트**

지혜 있는 자는 궁창의 빛과 같이 빛날 것이요 많은 사람을 옳은 데로 돌아오게 한 자는 별과 같이 영원토록 빛나리라. _단 12:3_

교회 발전의 역사는 기도의 역사이다. _미상_

1월 9일　　　　　　　　　　　　　세계 9_지상명령과 성취되지 않은 과업

# 주 예수여, 어서 오시옵소서

## ✚ 기도 제목

1. 교회는 주님의 재림과 연관된 지구 상의 모든 종족이 제자가 되어야 하는 사명을 재인식해야 한다. 교회가 이 숭고한 목표를 열정적으로 끝까지 수행하여 왕의 도래를 맞이하는 세대가 되도록 기도하자.

2. 교회와 기독교 단체와 기도 모임과 개인 차원에서 미전도 종족의 입양이 이루어지도록 기도하자. 각 종족에 교회가 세워지고 회심자들이 생길 때까지 간절히 중보기도의 사명을 다하도록 기도하자.

3. 열매를 맺기 위해 모든 그리스도인은 삶과 사역에 하나님의 기름부음이 필요하다. 오직 성령으로 충만하여 이 시대에 그리스도인들이 합당한 복음의 열매를 맺으며 살아가도록 기도하자.

4. 선교사들이 안식년이나 본국 사역을 위해 귀국하면 어려움이 따른다. 돌아온 선교사들이 더 잘 훈련을 받고 본국에 있는 후원 교회들과 더 견고한 관계를 맺으며, 효과적으로 사역하게 하도록 기도하자.

5. 복음화의 완성을 보기 위해 맡겨진 사명을 열방교회와 성도들이 잘 감당하게 하시고, 인간의 계획이 아닌 온전히 하나님만을 의지하게 되기를 기도하자.

---

**중보기도 노트**

또 이르시되 너희는 온 천하에 다니며 만민에게 복음을 전파하라. 막16:15

---

기도는 전투를 위한 준비가 아니라 그 자체가 벌써 전투이다. _오스월드 체임버스

**1월 10일**　　　　　　　　　　　　　　　　　　　　　　　　　　　아메리카 1_개관

# 아메리카를 하나님께!

면적　41,675,600 ㎢
인구　830,631,100명
도시화　75%
종족　북아메리카: 유럽계 아메리카 50.6%, 스페인 11.4%,
　　　아프리카계 아메리카 11.4%
　　　남아메리카: 유럽계 아메리카 40.5%, 혼혈 39.1%, 아메리카 인디언 10.3%
종교　북아메리카: 기독교 81.6%, 무종교 12%
　　　남아메리카: 기독교 91.7%, 가톨릭 78.8%, 무종교 4.3%

43

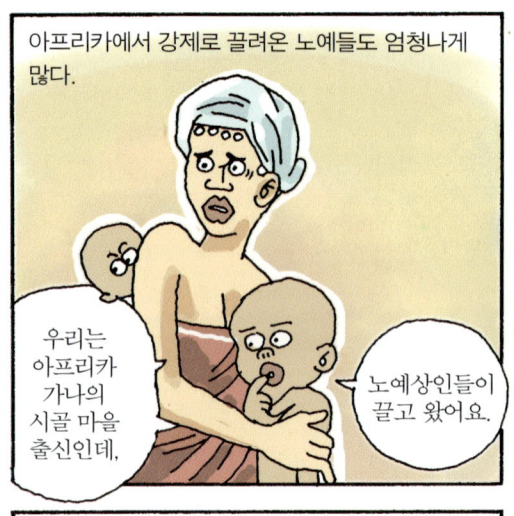

### ✚ 기도 제목

1. 복음화가 저조한 지역인 캐나다의 퀘벡 주, 브라질의 북동부 및 아마존 지역, 멕시코의 많은 도시들이 있다. 복음의 진보를 훼방하는 거짓 영의 견고한 진과 하나님을 아는 것을 대적하여 높아진 사상, 철학, 거짓 지식 체계들이 다 파하여지도록 기도하자.

2. 복음전도자 대부분이 빈민층이기에 라틴아메리카의 중·상류층은 다른 계층보다 복음화율이 저조하다. 세상의 것에 소망 두지 않고, 가난한 마음으로 주님을 찾아 진정한 생명에 참예하도록 기도하자.

3. 많은 방해 속에도 아메리카 인디언 거주지역에 성경 번역과 교회 개척 사역이 이루어지고 있다. 이들 안에 십자가의 능력으로 두려움과 적개심의 상처들이 씻어지며 교회가 배가하도록 기도하자.

4. 전 세계에서 온 이주민 공동체들이 복음의 영광을 경험하고 주님의 부르심 앞에 '아멘, 아멘' 하여 믿음으로 십자가의 죽음과 부활에 참예하도록 기도하자. 또한 믿은 바 된 것을 고국으로 돌아가 전하는 제사장들로 세워지길 기도하자.

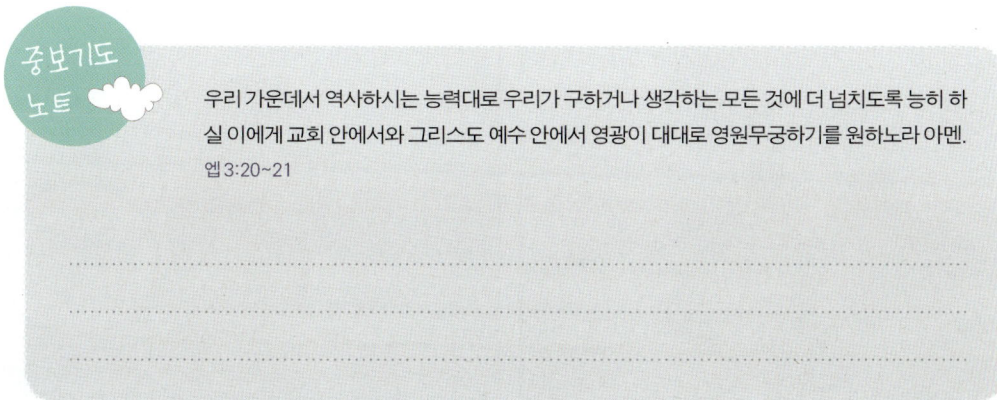

우리 가운데서 역사하시는 능력대로 우리가 구하거나 생각하는 모든 것에 더 넘치도록 능히 하실 이에게 교회 안에서와 그리스도 예수 안에서 영광이 대대로 영원무궁하기를 원하노라 아멘.
엡 3:20~21

교회나 골방을 찾을 때까지 기도를 미룰 필요가 없다. 당신이 걷는 순간에도 하나님은 들으신다. _맥도널드

1월 11일 　　　　　　　　　　　　　　아메리카 2_라틴아메리카 / 카리브 해

# 남아메리카를 하나님께!

아시아인 이민은 20세기에 이루어졌다. 명목상 기독교인이 가장 많은 남미 사람들이 정직한 그리스도인으로 변화되도록 기도하자.

그리고 최근에 일어나고 있는 부흥의 불이 꺼지지 않도록 기도하자.

## ✚ 기도 제목

1. 라틴아메리카의 복음주의는 20세기에 눈부시게 성장했다. 1900년에 복음주의자는 약 70만 명으로 인구의 1%밖에 되지 않았으나 2000년에는 5500만으로 늘어났다. 복음주의자의 결정적 증가 요인은 1960년대에 전국적으로 벌인 전도 프로그램이 동기를 불어넣어준 데 있다.

2. 미국을 중심으로 북아메리카가 전 세계에 미친 영적 영향력에 대해 하나님께 찬양 드리자. 세계를 감동시킨 위대한 복음전도자들(피니, 무디, 빌리 그레이엄 등)과 현재 세계적인 추수를 있게 한 위대한 선교 정책가와 비전을 품고 실행한 이들, 위대한 명분을 위해, 특히 선교의 진보를 위해 아낌없이 헌금하는 그리스도인들이 있었다. 그리고 이러한 헌신이 계속되어, 대중매체가 퍼뜨린 세속주의를 이기도록 기도하자.

3. 성경 말씀이 가톨릭 신자들의 마음을 열어 수백만의 사람들이 예수 그리스도를 인격적으로 만나게 되었다. 가톨릭 내부에서뿐 아니라 외부적으로도 많은 이들이 열렬한 복음주의자가 되도록 기도하자.

4. 오랫동안 복음을 거부하거나 무관심하던 아메리카 인디언 가운데 집단 회심이 일어나고 있다. 중앙아메리카의 안데스와 마야 종족에서는 퀘추아와 아이마라 교회가 활발하게 성장하고 있다.

**중보기도 노트**

여호와께 감사하고 그의 이름을 불러 아뢰며 그가 하는 일을 만민 중에 알게 할지어다.
시편 105:1

그대의 생활이 기도가 되게 하라. _호이저_

**1월 12일**

아메리카 3_기도 응답

# 주님이
# 일하셨습니다

### ✚ 기도 제목

1. 라틴아메리카에서 발생한 군사적, 자연적, 경제적 재앙 등은 모두가 하나님이 섭리하신 일이다. 하나님의 섭리에 감사하자. 이런 일들로 인해 그리스도에게 돌아왔다. 라틴아메리카에 복음의 계절이 오도록 기도하자.
2. 주목할 만한 일은 성경 번역의 성과이다. 토착어로 신약을 제공하는 사역은 아메리카 대륙의 모든 종족을 교회로 들어오게 만들었다. 하나님께서 행하신 일을 찬양하자.
3. 북아메리카는 선교적으로 주도적인 위치를 차지하고 있다. 북아메리카 출신 선교사는 다른 대륙에서 그 곳 선교사의 50% 이상, 전체 선교사의 34%를 차지한다.
4. 대중매체의 영향이 강력하다. 국제, 국영, 지역 기독교 방송과 TV는 큰 영향력을 갖고 있다. 이를 통해 복음 전파의 기회가 더욱 넓어지도록 기도하자.

나의 구원과 영광이 하나님께 있음이여 내 힘의 반석과 피난처도 하나님께 있도다.
시 62:7

교회가 깨어나고 세상의 악이 저지되는 곳마다 누군가 기도하는 사람이 있습니다. _아서 T. 피어슨

1월 13일

# 푸른 그리스도의
# 계절이 오기까지!

아메리카 4_주요 문제

## ✚ 기도 제목

1. 마약, 불법행위, 빈곤 등 사회문제가 풀리지 않고, 반란과 불안 상태가 끊임없다. 하나님께서 그분의 뜻을 드러내시고, 아메리카의 영혼들이 그분의 위엄 앞에 경외함으로 나아오도록 기도하자.

2. 정치 지도자들이 주님만을 의뢰하고, 주님의 지혜로 나라를 다스리도록 기도하자. 게릴라 반군과 전쟁을 일으키는 집단이 꾀하는 사탄의 궤계를 그리스도의 이름으로 파하며 기도하자.

3. 경제와 정치적 어려움을 맞게 된 나라들이 완전한 해결책 되시는 예수 그리스도께 돌아오도록 기도하자.

4. 내전 후의 니카라과와 자연재앙을 겪은 온두라스는 고통 속에 놓여 있다. 해결되지 않은 국경 분쟁이 그칠 날이 없고, 베네수엘라와 수리남의 가이나아에 대한 소유권 분쟁, 아르헨티나의 포클랜드, 과테말라의 벨리즈에 대한 소유권 주장이 지속되고 있다. 생존을 위해 분투하는 나라들을 위해 기도하자.

**중보기도 노트**

이 천국 복음이 모든 민족에게 증언되기 위하여 온 세상에 전파되리니 그제야 끝이 오리라.
마 24:14

우리 날이 계수되었으니 쓸데없는 걱정을 버립시다. _진 귀용

**1월 14일**　　　　　　　　　　　　　　　　　　　　　아메리카 5_주목해야 할 동향

# 차가워지는 북쪽!
# 뜨거워지는 남쪽!

### ✚ 기도 제목

1. 아메리카 대륙은 많은 경제 협정이 증가하고 있는 가운데 자유무역 지역화의 비전을 갖고 있다. 이 과정에서 정치가들이 바른 결정을 내리고, 기득권의 이익에 의해 그 결정이 좌우되지 않도록 기도하자.

2. 민주 체제가 연약한 상태에 있는 나라가 많다. 책임감 있고 신뢰할 수 있는 정부가 정당한 선거를 통해 정권을 얻도록 기도하자.

3. 가난, 성적 문란 때문에 HIV/AIDS 감염자가 지속적으로 늘어나고 있다. 미국과 브라질에서는 그 증가 속도가 둔화되었지만, 카리브 해의 많은 나라들은 피해가 크다. 거룩을 회복하도록 기도하자.

4. 반기독교 세속주의가 고조되어 대중매체와 법 제정을 통해 교회를 사회로부터 소외시키려고 기세를 떨치고 있다. 다문화주의, 혼합주의, 관용주의를 주창하는 저변에는 기독교 신앙의 절대성을 거부하는 전략이 감춰져 있다. 사탄의 속임 가운데 속지 않도록 기도하자.

---

**중보기도 노트**

> 보라 내가 오늘 너를 여러 나라와 여러 왕국 위에 세워 네가 그것들을 뽑고 파괴하며 파멸하고 넘어뜨리며 건설하고 심게 하였느니라 하시니라. 렘 1:10

_믿음은 언제나 기도합니다. 기도는 언제나 믿습니다._ _E. M. 바운즈_

1월 15일     아메리카 6_교회

# 20세기에 가장 역동적이던 대륙

20세기 아메리카 대륙은 기독교 역사의 심장부와 같았다.

기독교 인구 37.3% 거주

로마 가톨릭 교회도 복음주의 교회의 성장에 자극받아 성경 읽기를 강조하는 등 변화가 일어나고 있다.

우리도 살아야지요.

복음주의의 성장에 따라 북미에서는 정치에 참여하는 일이 늘어가고 있다.

흑인 대통령 탄생을 주목하시오.

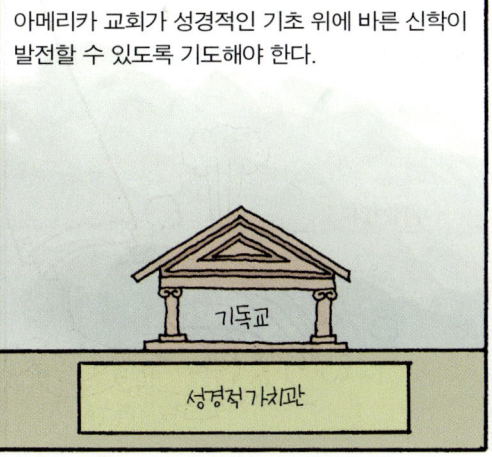

교회가 현실 정치에 깊숙이 참여함에 따라 선지자적인 목소리를 내지 못하고 있다.

회개 하라니깐!!

웃겨!

아메리카 교회가 성경적인 기초 위에 바른 신학이 발전할 수 있도록 기도해야 한다.

기독교

성경적가치관

### ✚ 기도 제목

1. 아메리카는 20세기에 가장 역동적인 기독교 대륙으로 인정받았다. 아메리카의 기독교인들이 복음의 능력과 영광의 증인이 되어 열방의 복음 통로가 되게 기도하자.

2. 가톨릭 독재가 사회에 만연한 혼합주의를 허용하고 만족을 채우기 위해 4백 년을 허송했다. 로마 가톨릭의 잘못된 신앙관이 하나님의 생명의 복음으로 돌아오고, 성령께서 이들을 진리의 말씀으로 이끌어주시도록 기도하자.

3. 권력의 매력은 복음주의자들을 이기적인 욕심으로 내몰아 정치적인 권력을 추구하도록 타락시켰다. 정치 권력이 라틴아메리카에서 지혜롭게 다뤄지도록 기도하자.

4. 페루와 베네수엘라 같은 나라에서는 복음에 대한 차별이 여전하다. 하나님의 자녀들이 그리스도로 인한 핍박 가운데서도 믿음에 견고히 서서 복음의 능력의 증인으로 서게 하시며, 복음의 빛과 진리가 그 땅의 어둠과 거짓의 권세를 파하도록 기도하자.

---

**중보기도 노트**

예수께서 대답하여 이르시되 진실로 진실로 네게 이르노니 사람이 거듭나지 아니하면 하나님의 나라를 볼 수 없느니라. 요 3:3

기도 때문에 치러야 할 불편을 생각지 마라. _오스월드 체임버스_

1월 16일      아메리카 7_미완성 과업

# 토착인들이 돌아오기까지!

### ✚ 기도 제목

1. 타 문화권 선교를 기도로 지원하는 교회가 증가하고 있다. 아메리카로 가신 모든 선교사님들이 때를 얻든지, 못 얻든지 오직 십자가의 그리스도만을 전하도록 기도하자.

2. 재정이 꼭 필요한 교회와 선교지 가운데로 흘러가도록 기도하자. 모든 선교사님들과 교회들이 공급하시는 하나님만 기대하도록 기도하자.

3. 예수 그리스도께서 가장 낮은 자리에서 섬기셨듯이 단체장들, 선교사들 간에 기득권을 내려놓고 섬김의 자리로 내려가도록 기도하자.

4. 아메리카의 많은 신학교에서 지식이 아닌 말씀이 실제 되도록 기도하자. 또한 바른 신학으로 무장하여 그리스도를 대적하는 사탄의 무리를 파하도록 기도하자.

**중보기도 노트**

나의 하나님이 그리스도 예수 안에서 영광 가운데 그 풍성한 대로 너희 모든 쓸 것을 채우시리라. 빌 4:19

기도는 사역을 위한 준비가 아니라 그 자체가 벌써 사역이다. _오스월드 체임버스_

**1월 17일**

# 아시아를 주님의 땅으로!

**면적** 31,829,200㎢
**인구** 3,691,527,000명
**도시화** 33%
**종족** 3,550여 개
**언어** 약 2,240개
**종교** 이슬람교 24.7%, 힌두교 22.1%, 무종교 19.2%, 불교 10.7%, 기독교 8.6%

아시아 1_개관

세계 인구의 약 61%가 아시아에 살며, 195개에 달하는 거대 도시들이 아시아에 있다.

세계에서 가장 큰 도시는 어디일까? 바로 도쿄다. 약 3450만 명이 이 도시에 살고 있다.

끄아악, 도쿄노 엄청나다!

인종 언어학적으로 분류해볼 때 3,500여 개의 종족이 있다.

벤또 다꽝 데시까?

니하오마!

## ✚ 기도 제목

1. 아시아는 빈부 격차가 심한 지역이 많다. 특히 방글라데시, 네팔, 인도, 미얀마, 인도네시아 등의 나라가 가난에 허덕이고 있다. 가난을 극복하고 하나님을 아는 백성이 되도록 기도하자.

2. 아시아의 부유한 나라인 일본, 싱가포르, 홍콩, 한국과 걸프 지역 국가들이 향락과 퇴폐문화로 병들어가고 있다. 쾌락주의 문화가 근절되고 복음의 꽃을 피우도록 기도하자.

3. 정치적으로 가장 민감하고 재난이 많은 아시아에 주님의 평화가 임하기를 기도하자.

4. 아시아는 많은 미전도 종족이 산재해 있다. 이 미전도 종족 입양에 모든 아시아 교회들이 동참하도록 기도하자.

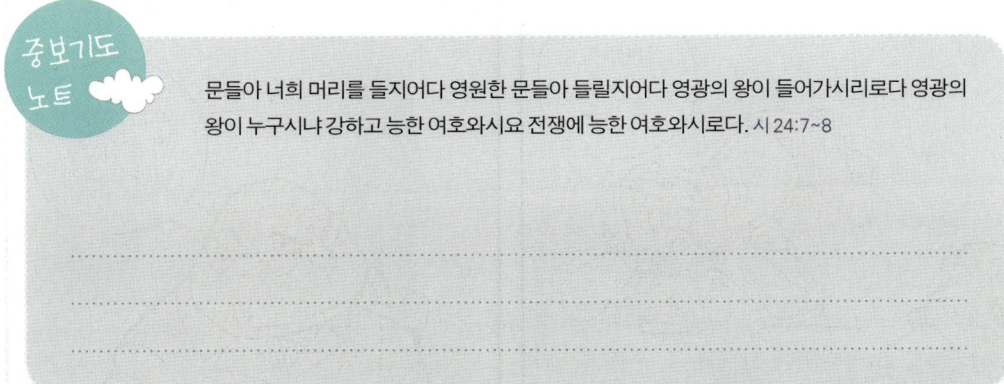

문들아 너희 머리를 들지어다 영원한 문들아 들릴지어다 영광의 왕이 들어가시리로다 영광의 왕이 누구시냐 강하고 능한 여호와시요 전쟁에 능한 여호와시로다. 시 24:7~8

능력에 맞는 일을 달라고 기도하지 말고, 일에 맞는 힘을 달라고 기도하라. _미상

**1월 18일**      아시아 2_기도 응답

# 성장과 갈등의 용광로

1980년대에 아시아에서 일어난 획기적인 교회 성장은 90년대까지 이어졌다.

1980년대에 가장 주목할 만한 나라는 중국, 한국, 인도네시아였고,

"역사의 기적, 한국 교회를 주목해주세요!"

1990년대에는 중국, 인도, 네팔, 중앙아시아, 몽골이었다.

"아싸!"

"인도도 기독교 강국이라우."

아시아 복음주의자는 아메리카 수준에 거의 육박하고 있다.

"벌써 그렇게 됐나요?"

"아시아, 파이팅!!"

과거의 모든 기독교 사역에 대해 닫혀 있던 나라들이 열리고 있다.

"인터넷으로 말씀을 듣고 있어요."

몽골      카자흐스탄

### ✚ 기도 제목

1. 1980년대 아시아의 중국, 한국, 인도네시아, 인도, 네팔, 중앙아시아, 몽골 등의 교회들이 크게 성장했다. 계속하여 구원의 은혜를 베푸시도록 기도하자.

2. 교회를 세울 수 없는 나라들인 북한, 사우디아라비아, 이란, 소말리아, 몰디브 등에 하나님께서 교회를 세울 수 있도록 기도하자.

3. 우리나라는 선교 1백여 년밖에 되지 않았으나 세계에서 가장 큰 교회와 신학교가 있으며, 비서구계에서 선교사를 가장 많이 파송한다. 우리나라가 주님이 다시 오실 그날까지 정결한 복음의 통로가 되도록 기도하자.

4. 세계 각지로 흩어진 한국, 필리핀, 중국 사람들은 세계 선교의 주된 요소가 되고 있다. 이들을 축복하시고, 이들을 통해 세계 복음화가 이루어지도록 기도하자.

---

**중보기도 노트**

거기서 배 타고 안디옥에 이르니 이곳은 두 사도가 이룬 그 일을 위하여 전에 하나님의 은혜에 부탁하던 곳이라 그들이 이르러 교회를 모아 하나님이 함께 행하신 모든 일과 이방인들에게 믿음의 문을 여신 것을 보고하고. 행 14:26~27

땅의 모든 것들은 사라져버릴 것이다. 그러나 기도는 영원을 붙든다. _H. 비커스테스

1월 19일

아시아 3_주요 문제

# 중국의 급부상

### ✚ 기도 제목

1. 이스라엘과 팔레스타인 간의 영토 소유권 갈등이 풀리지 않고 있다. 평화를 파괴하는 테러 집단의 폭력을 막으시고, 복음이 계속 전해지도록 기도하자.
2. 아프가니스탄은 세계에서 가장 극단적인 이슬람 무장 단체인 탈레반의 지배를 받고 있다. 탈레반은 마약을 주변국에 수출한다. 이슬람의 진들이 무너지고 하나님이 이 나라를 통치하시도록 기도하자.
3. 냉전의 핵심 지역인 카시미르는 반세기에 걸쳐 인도와 파키스탄 두 나라 간 핵무기 경쟁과 세 차례의 전쟁을 일으킨 요인이 되었다. 화평의 왕 되신 주님을 알고 영원한 하나님의 나라를 위해 싸우는 백성이 되도록 기도하자.
4. 쿠르드족은 나라도 없이 떠돌며 32개 국가에 좋지 않은 영향을 미치고 있다. 쿠르드 족을 창조하신 하나님께서 날개 그늘 아래 품으시고 거룩한 주님의 신부가 되도록 기도하자.

**중보기도 노트**

나는 인애를 원하고 제사를 원하지 아니하며 번제보다 하나님을 아는 것을 원하노라. 호 6:6

하나님에게 위대한 일을 기대하라. 하나님을 위해 위대한 일을 도모하라. _윌리엄 캐리

1월 20일　　　　　　　　　아시아 4_주목해야 할 동향

# 세계의 중심에 서다!

### ✚ 기도 제목

1. 물 때문에 많은 나라들이 어려움을 겪고 있다. 기아와 수백만의 피난민이 생기게 되었다. 영원히 목마르지 않을 생명의 물을 주시는 주님을 구하도록 기도하자.
2. 가난한 나라의 어린 소년 소녀들이 매춘산업으로 팔려가 희생되고 있다. 질병은 확산되고, 불안정한 가정생활이 계속되고 있다. 하나님을 믿음으로 말미암아 가난을 극복하도록 기도하자.
3. 미얀마, 인도네시아, 중국, 그루지야, 이라크와 터키(쿠르드), 이 밖에 많은 나라의 소수 종족들이 독립을 주장하면서 내전이 늘어나고 있다. 아시아의 평화를 위해 기도하자.
4. 아프가니스탄과 황금삼각지대(태국, 라오스, 미얀마의 국경이 만나는 지역)에서는 헤로인을 생산하고 있고, 마약 밀매가 급증하고 있다. 사람들의 정신을 파괴하고 범죄의 원인이 되는 마약 생산이 근절되도록 기도하자.

### 중보기도 노트

무릇 하나님께로부터 난 자마다 세상을 이기느니라 세상을 이기는 승리는 이것이니 우리의 믿음이니라 예수께서 하나님의 아들이심을 믿는 자가 아니면 세상을 이기는 자가 누구냐.
요일 5:4~5

기도할 때는 닫힌 문을 두드린다고 생각하지 마십시오. _아서 T. 피어슨

# 동쪽에서 서쪽으로!

아시아 5_교회

### ➕ 기도 제목

1. 중동의 이슬람은 기독교를 없애고 기독교인을 몰아내기 위해 압력을 가하고 있다. 서아시아에서는 기독교인들이 하나님에게서 돌아서고 있다. 하나님으로부터 끊어지게 하려는 사탄의 궤계가 파하고 하나님의 영광이 드러나도록 기도하자.

2. 신학교육이 세계적으로 앞서 있는 아시아도 복음주의 신학교육이 보편주의, 진화론, 조상 숭배 등 위험한 문제에 직면해 있다. 신앙의 순수성과 진리가 고수되도록 기도하자.

3. 많은 신자들이 친척과 정부로부터 대단한 핍박을 받고 있다. 이들이 담대히 복음의 증인으로 서서 주님의 몸 된 교회를 세우고 선교의 비전을 품을 수 있도록 기도하자.

4. 공산권, 이슬람권, 불교권 등에서 교회의 핍박은 강화되고 있다. 그러나 이 가운데서도 선교의 비전이 놀랍게 발전하고 있다. 핍박 속에 하나님 나라가 더욱 확장되도록 기도하자.

---

**중보기도 노트**

너희가 그리스도의 이름으로 치욕을 당하면 복 있는 자로다 영광의 영 곧 하나님의 영이 너희 위에 계심이라. 벧전 4:14

기도는 낮의 열쇠요, 밤의 자물쇠이다. _조지 허버트

1월 22일  아시아 6_미완성 과업

# 미전도 종족들을 복음으로!

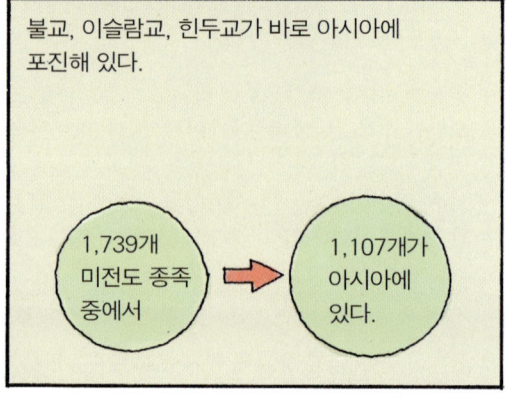

➕ 기도 제목

1. 아시아에는 전 세계 비기독교 인구의 83% 이상, 미전도 인구의 87% 이상이 살고 있으며, 또 세계 3대 비기독 종교(무슬림, 힌두교, 불교)가 있다. 더욱 복음화에 힘쓰도록 기도하자.
2. 기독교인이 10% 미만인 55개국 중 44개국이 아시아에 있다. 많은 나라들이 하나님을 경외하고 돌아오도록 기도하자.
3. 성경 번역이 절실히 필요한 언어가 1,300여 종이다. 그러나 현재 271개로 번역되었다. 더 많은 성경 번역이 일어나도록 기도하자.
4. 아시아의 미전도 종족은 언어, 인종, 문화, 지형, 역사의 유사성에 따라 나눌 수 있다. 복음이 이 모든 영역 가운데서 온전한 능력이 되어 미전도 종족들이 약속대로 속히 하나님께 돌아오도록 기도하자.

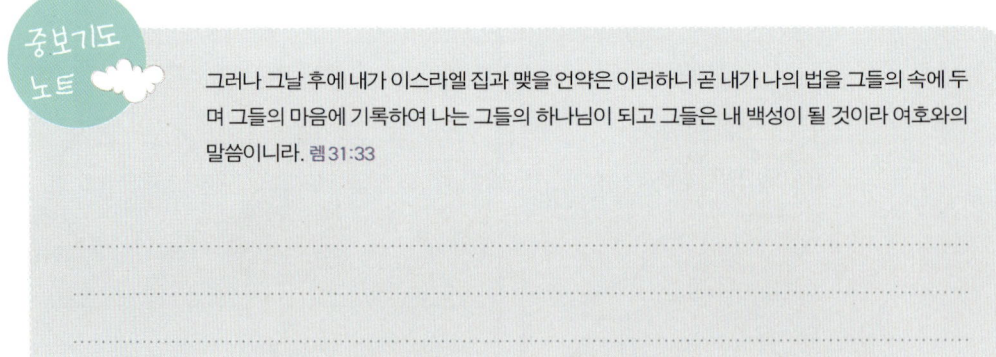

중보기도 노트

그러나 그날 후에 내가 이스라엘 집과 맺을 언약은 이러하니 곧 내가 나의 법을 그들의 속에 두며 그들의 마음에 기록하여 나는 그들의 하나님이 되고 그들은 내 백성이 될 것이라 여호와의 말씀이니라. 렘 31:33

기도는 교실에서 배우는 것이 아니요, 밀실에서 배우는 것이다. _E. M. 바운즈

1월 23일　　　　　　　　　　　　　　　　　　　　아프리카 1_개관

# 아프리카를 주목하라

**면적** 30,212,000 ㎢
**인구** 9억 7천만 명
**도시화** 30%
**종족** 토착 아프리카 77.9%, 아랍 17.3%
**종교** 기독교 48.4%, 이슬람교 41.3%, 전통 종교 8.7%

세계의 종합병원인 아프리카는 말라리아, 결핵, 에이즈의 영향으로 위기를 맞고 있다.

아프리카

아프리카 인구의 77.9%는 니그로 종족이며,

아랍계는 거의 대부분이 북아프리카에 거주한다.

다양한 공용어로 토착어는 사라질 판국이다.

아리꿍 살라!
바티투 스타.
레알마드리드.
봉주르!
우리말은 몰라요.

대부분의 나라들은 예전보다 더 가난해졌다.

밥 줘!
역사가 거꾸로 움직이는 느낌이야.

75

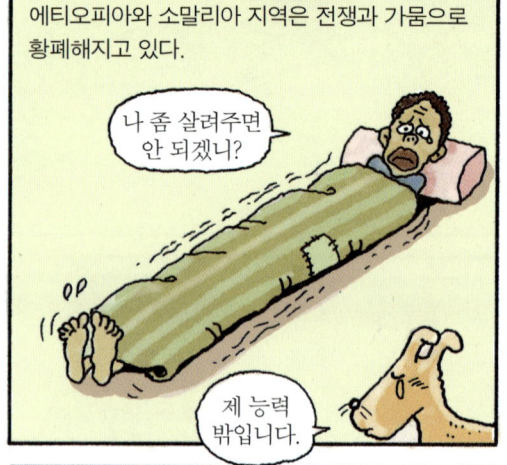

### ✚ 기도 제목

1. 말라리아, 결핵, 에이즈 등 각종 질병의 온상인 아프리카에 하나님의 치료가 임하고 질병이 물러가도록 선포하며 기도하자.
2. 아프리카 대부분의 나라들이 전쟁과 가뭄이 빚어낸 극심한 가난으로 고민하고 있다. 전 세계 모든 민족이 함께 돌아보고 그리스도의 사랑을 실천하도록 기도하자.
3. 부정부패를 일삼는 지도자들 때문에 아프리카는 더욱 병들고 삶은 힘들어지고 있. 지도자들이 하나님을 두려워하고 백성을 사랑하도록 기도하자.
4. 끊임없는 혁명과 내전으로 학살과 비극이 난무한 검은 대륙에 주님이 주시는 평화가 깃들기를 기도하자.

나 여호와가 말하노라 내 손이 이 모든 것을 지었으므로 그들이 생겼느니라 무릇 마음이 가난하고 심령에 통회하며 내 말을 듣고 떠는 자 그 사람은 내가 돌보려니와. 사 66:2

기도는 라듐처럼 자체 에너지를 가지고 있는 유일한 영의 힘이다. _카렐

**1월 24일**　　　　　　　　　　　　　　　　　아프리카 2_기도 응답

# 불같은
# 성령의 역사

방송 사역을 통해 많은 아프리카 그리스도인이 양육되고 있다.

기술 전문가가 계속 보급되고 재정적인 지원이 지속되도록 기도하자.

농업기술자 겸 선교사입니다.

## ✚ 기도 제목

1. 남아프리카의 인종차별 정책의 종식과 다민족 민주정부로의 이항은 불가능해 보였지만 수백만 기독교인의 기도에 대한 응답으로 기적은 일어났다. 이제는 한시적인 평화만이 아닌 영원한 하나님의 나라가 임하도록 기도하자.

2. 복음주의 선교단체를 통해 엄청나게 많은 가족들이 교회로 나오게 되었다. 이러한 선교단체 안에 일꾼이 더욱 공급되어 많은 열매들이 맺어지도록 기도하자.

3. 전문인과 지도자 다수가 헌신된 기독교인이 되었다. 이들을 통해 정부 개혁이 일어나고 긍정적 변화가 일어나고 있다. 이들이 사회에서 더욱 빛과 소금의 역할을 감당하며 나아가도록 기도하자.

4. 아프리카 출신 선교사와 선교단체도 지속적으로 늘고 있으며 이런 상황 속에서 선교단체들이 서로 연합하며 비전을 나누고 지혜롭게 성장하도록 기도하자.

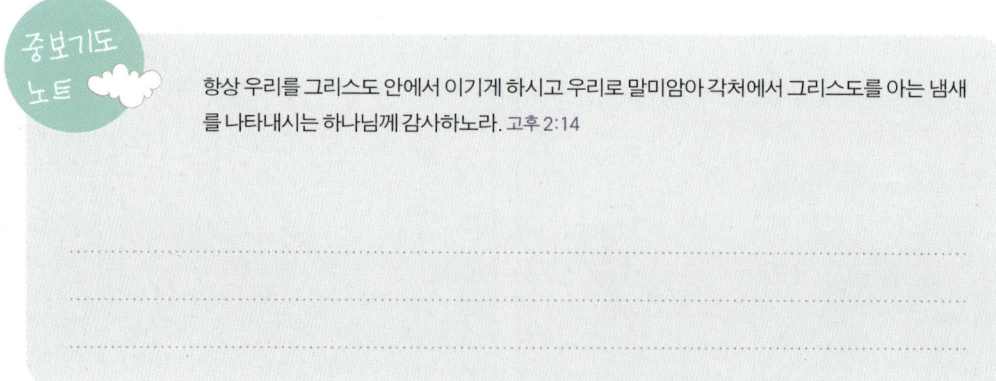

중보기도 노트

항상 우리를 그리스도 안에서 이기게 하시고 우리로 말미암아 각처에서 그리스도를 아는 냄새를 나타내시는 하나님께 감사하노라. 고후 2:14

모든 일은 갈망을 통해 이루어지며, 모든 진실한 기도는 반드시 이루어진다. _앨버트 하버드

**1월 25일**

아프리카 3_주요 문제

# 성령이여, 이 땅을 고치소서

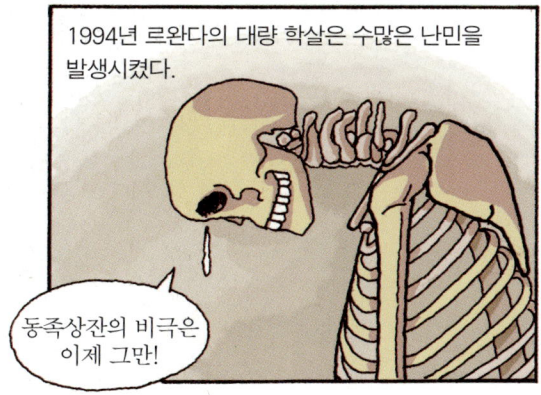

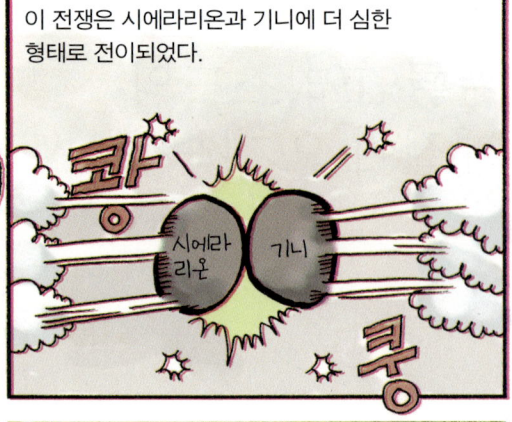

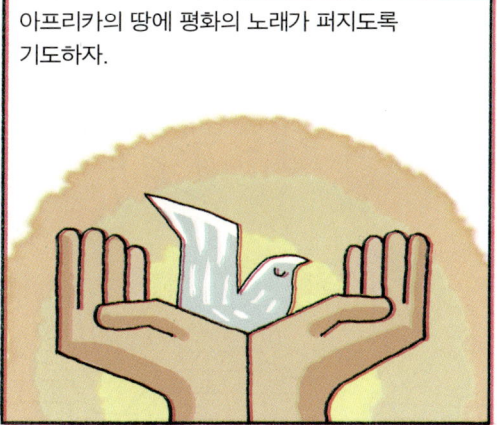

### ✚ 기도 제목

1. 1994년 르완다의 대량 학살은 수백만 명의 난민을 발생시켰고 주변국들에까지 그 악영향을 주고 있다. 서로 화해하고 전쟁을 끝내도록, 도움을 제공하는 NGO를 위해 기도하자.
2. 소말리아의 무정부 상태의 해결책을 찾는 과정 중 미국과 유엔이 저지른 실수로 상황이 더 악화되었다. 소말리족들이 스스로 빚어낸 혼란에 대해 가능한 해결책을 찾을 수 있도록 기도하자.
3. 에티오피아와 에리트리아 간에 일어난 전쟁, 라이베리아의 내전, 마그레브 분쟁, 수단의 40년 내전 등 아프리카의 분쟁문제를 위해 기도하자. 속히 이 땅에 평화가 임하며 진정한 왕이신 주님께서 그 땅을 통치하시도록 기도하자.

예수께서 그들의 생각을 아시고 이르시되 스스로 분쟁하는 나라마다 황폐하여지며 스스로 분쟁하는 집은 무너지느니라. 눅 11:17

*기도는 마지막 최후의 수단이 아니다. 최우선의 선결조건이다. _미상*

**1월 26일**  아프리카 4_주목해야 할 동향

# 질병과 가난의 땅을 생명의 땅으로!

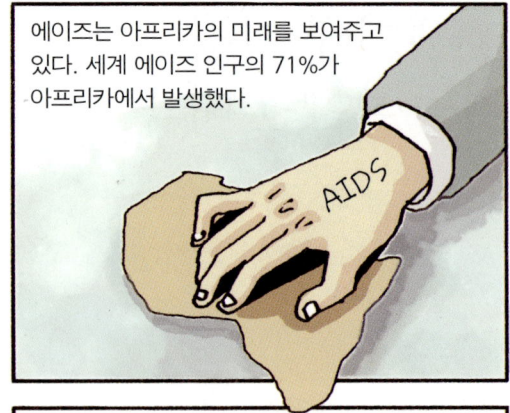

에이즈는 아프리카의 미래를 보여주고 있다. 세계 에이즈 인구의 71%가 아프리카에서 발생했다.

2000년까지 HIV에 감염된 사람은 2500만 명이고, 1225만 명의 고아가 생겨났다.

사하라 이남의 성인 중 10% 정도가 에이즈에 감염되어 있다.

에이즈로 면역력이 약해지자 폐결핵과 같은 여러 질병들이 퍼지기 시작했다.

평균 수명은 급강하하고 있다. 가족과 공동체와 경제 등 모든 구조가 붕괴되고 있다.

### 🕂 기도 제목

1. 세계 에이즈 발생의 71%가 아프리카에서 발병하였다. 지도자들이 정신을 차리고 이 재앙에 대처해 모든 조치를 취하도록 기도하자.
2. 교회가 에이즈를 예방하고 돌보는 사역을 적극적으로 감당하며 여러 기독교 단체와 의료 선교를 통해 복음을 증거하도록 기도하자.
3. 독재가 사라지고 부패와 족벌주의를 거부하는 정직한 기독교 지도자들이 세워질 필요가 있다. 복음의 증인된 지도자들을 위해 기도하자.
4. 아프리카는 점점 공격적으로 변하는 이슬람 극단주의자들과, 무슬림 개종자를 얻으려 하는 복음주의 기독교와의 마찰로 전쟁의 위험을 안고 있다. 기독교인들이 좀 더 지혜롭게 복음을 전하도록 기도하자.

**중보기도 노트**

> 보라 내가 너희를 보냄이 양을 이리 가운데로 보냄과 같도다 그러므로 너희는 뱀같이 지혜롭고 비둘기같이 순결하라. 마 10:16

*기도는 말 이상의 것이다. 듣는 것이요, 보는 것이요, 느끼는 것이다. _노만 V. 필*

**1월 27일**  아프리카 5_교회

# 역동적으로 성장해가는 아프리카 교회

### ✚ 기도 제목

1. 아프리카 교회가 진리가 아닌 것에 타협하고 있다. 많은 교회들이 물질적인 것이나 전통적인 샤머니즘 등을 허용해 복음을 왜곡시키고 있다. 교회가 진리 가운데 굳게 서도록 기도하자.
2. 아프리카의 효과적인 선교를 위해서는 이들의 영적인 필요가 가장 중요하다. 이 사역들을 감당하는 선교사나 전문인 사역자들이 영적인 것에 더 많은 것을 쏟도록 기도하자.
3. 신학교와 성경학교가 말씀과 아프리카 상황에 맞는 교육을 통해 복음의 증인된 지도자들을 세우도록 기도하자. 사역자 간의 화목을 도모하여 하나 되도록 기도하자.
4. 아프리카 교회들이 선교가 백인들만의 과업이 아니라 모두에게 주어진 명령임을 깨달아 여기에 필요한 재정 후원, 교육 등을 위해 힘쓰도록 기도하자.

**중보기도 노트**

그러므로 너희는 가서 모든 민족을 제자로 삼아 아버지와 아들과 성령의 이름으로 세례를 베풀고 내가 너희에게 분부한 모든 것을 가르쳐 지키게 하라 볼지어다 내가 세상 끝 날까지 너희와 항상 함께 있으리라 하시니라. 마 28:19~20

모든 기독교의 덕행은 기도라는 말속에 숨어 있다. _찰스 스펄전

# 1월 28일

## 땅 끝까지 이르러 증인되리라

아프리카 6_미전도 대상

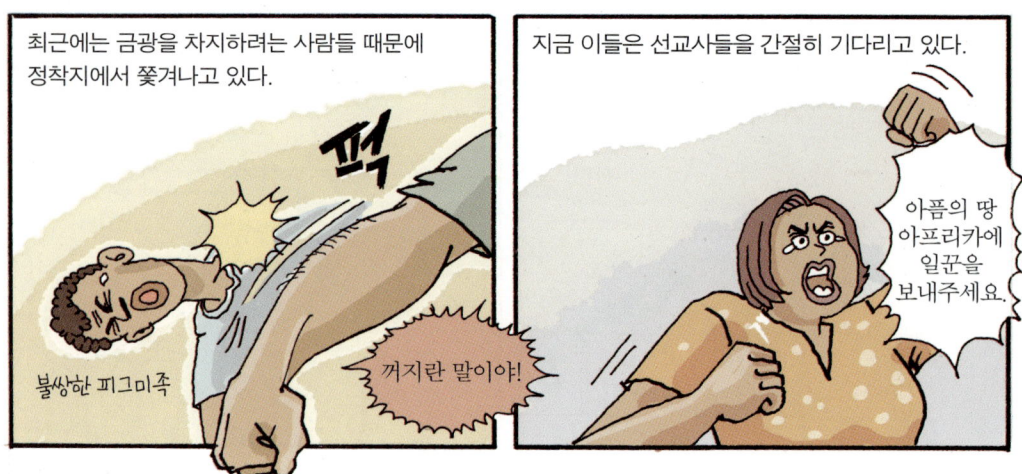

### ✚ 기도 제목

1. 북아프리카의 많은 사람들이 기독교인이 되었다가 아랍 문화의 정복으로 다시 이슬람교도가 되었다. 이들의 잃어버린 영적 지경이 다시 회복되기를 기도하자.
2. 아프리카의 많은 종족들이 하나님을 알지 못한다. 모든 종족의 닫힌 눈들이 열려 주님께 돌아오도록 기도하자.
3. 아프리카의 오지, 분쟁지역은 많은 선교사와 교회를 필요로 한다. 아프리카를 위한 많은 헌신자가 나오고 그 땅을 위해 헌신하도록 기도하자.
4. 케냐, 탄자니아, 모잠비크, 말라위의 동부 해안 종족들 거의 전부가 무슬림이다. 이들이 속히 그리스도의 복음을 듣고 하나님의 자녀로 거듭나 주님 안에서 원형의 모습으로 회복되도록 기도하자.

**중보기도 노트**

선지자 예레미야에게 이르되 당신은 우리의 탄원을 듣고 이 남아 있는 모든 자를 위하여 당신의 하나님 여호와께 기도해주소서 당신이 보는 바와 같이 우리는 많은 사람 중에서 남은 적은 무리이니. 렘 42:2

기도는 무력이 전능에 기대는 것이다. _보튼

**1월 29일**        아프리카 7_지상명령의 주요 도전

# 이슬람화?
# 기독교화?

### ✚ 기도 제목

1. 기독교를 가장 위협하는 세력은 이슬람이다. 아프리카 기독교인과 선교단체는 그리스도의 사랑으로 이들 가운데 교회를 개척하게 하시고, 민감한 문화적 차이를 극복하고 접근하는 방법을 주시길 기도하자.

2. 아프리카 도시 인구는 급속히 증가하여 가난, 불결, 범죄, 윤락업, 에이즈로 비참하게 타락하였다. 도시의 변화는 교회를 통해서 이루어질 수 있다. 교회가 사회에서 선지자적인 역할을 감당하며 정화시킬 수 있도록 기도하자.

3. 가난으로 인해 성경 배포가 줄고 있다. 1억의 기독교인들이 성경을 갖고 있지 않다고 추산한다. 성서공회와 다른 단체들이 성경 인쇄와 보급을 효과적이고 자립적으로 감당하도록 기도하자.

4. 선교사가 들어가기 힘든 지역이나 장소가 많은데, 전파를 통한 복음 증거가 이루어지며 다양한 훈련 통신 과정을 통해 좋은 지도자들이 일어나도록 기도하자.

**중보기도 노트**

주의 얼굴을 내 죄에서 돌이키시고 내 모든 죄악을 지워주소서 하나님이여 내 속에 정한 마음을 창조하시고 내 안에 정직한 영을 새롭게 하소서. 시51:9~10

*믿음 없이 드리는 기도는 실탄을 넣지 않고 총을 쏘는 것과 같다. _미상*

1월 30일  유럽 1_개관

# 유럽이여, 깨어나라

**면적** 22,978,500㎢
**인구** 729,802,300명
**도시화** 74%
**종족** 슬라브 31.6%, 라틴·로마 29.4%, 게르만 24.8%
**종교** 기독교 71%, 무종교 22%, 이슬람교 8%

가장 많이 도시화된 지역이다.

1500년부터 1940년까지 세계 무역과 산업을 주도했으나 20세기 후반부에 들어와 북아메리카와 동북아시아가 앞서가고 있다.

중국이 뒤따라오는 게 무섭죠.

위기감을 느낀 유럽 연합(EU)은 2001년 13개 회원국을 시작으로 계속 가입 국가를 확장해가고 있다.

반면에 동유럽, 아프리카, 아시아의 빈국으로부터 수백만의 이주자가 몰려들고 있어 사회문제가 되고 있다.

불법 이민, 조사 있겠소!

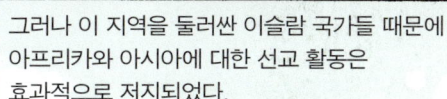

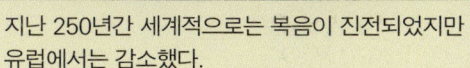

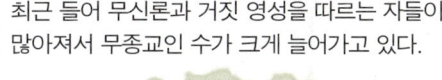

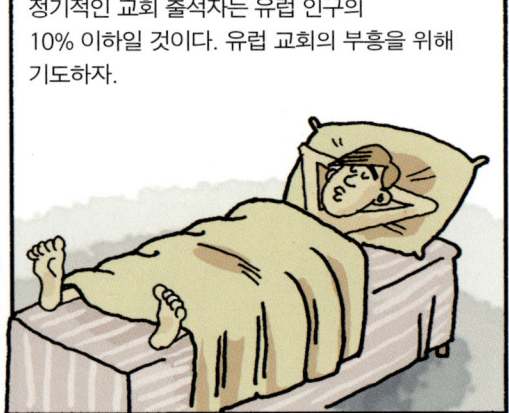

## ✚ 기도 제목

1. 도시화가 가장 많이 진행된 대륙이 유럽이다. 이와 함께 도덕적으로나 환경적으로 문제가 심각하다. 유럽의 모든 땅들이 여호와의 이름을 경외하고 그의 긍휼히 여기심을 온전히 구하도록 기도하자.

2. 동유럽, 아프리카, 아시아의 빈국으로부터 수백만의 이주자가 몰려들고 있다. 유럽으로 이주한 여러 미전도 종족들에게 복음을 전할 통로로 사용될 수 있도록 기도하자.

3. 1천 년 동안 서유럽 국가들은 기독교의 마지막 피난처였다. 그러나 지금은 황폐해졌다. 유럽 땅에 십자가의 복음이 영화롭게 되어지길 기도하자.

4. 유럽 땅에 영적으로 퇴보 중에 있지만 소망의 징조가 보인다. 지금도 쉼 없이 유럽 땅에서 일하고 계시는 하나님을 찬양하며, 다시 부흥 주시길 기도하자.

**중보기도 노트**

보라 내가 새 일을 행하리니 이제 나타낼 것이라 너희가 그것을 알지 못하겠느냐 반드시 내가 광야에 길을 사막에 강을 내리니. 사 43:19

기도는 이 시대에 가장 강력한 힘이다. _F. J. 휘겔_

1월 31일 유럽 2_기도 응답

# 그래도 희망은 있다!

러시아는 스탈린 시절 1200만 명의 기독교인이 순교한 지역이다. 러시아에 순교의 꽃이 피어나도록 기도하자.

북아일랜드, 스페인의 바스크 지역, 러시아 연방의 체첸 공화국 등은 평화가 절실한 지역이다. 우리의 기도가 필요하다.

### ✚ 기도 제목

1. 발칸 반도는 오랫동안 폭력 투쟁, 종족 간의 갈등으로 유럽의 화약고가 되었다. 민족 간에 용서가 이루어지고, 그 지역이 효과적으로 비무장화되어, 민주정부가 세워지도록 기도하자.

2. 유럽의 분쟁지역(북아일랜드, 스페인의 바스크 지역, 러시아 연방의 체첸 공화국 등)을 위해 기도하자. 그리스도가 통치하시고 평화가 임하도록 기도하자.

3. 코카서스 지역은 유전 때문에 많은 강국들의 이해관계가 얽혀 갈등이 많은 곳이다. 주께서 이 지역의 평화를 지켜주시길 기도하자.

4. 러시아는 다시 공산 독재 시절을 갈망하도록 만들었다. 러시아가 효과적인 정부를 구성할 수 있도록, 그리고 러시아의 정치인들, 위정자들을 위해서 기도하자.

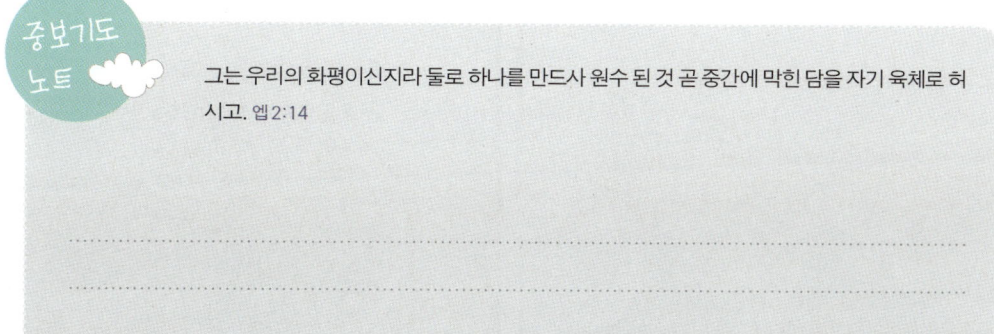

**중보기도 노트**

그는 우리의 화평이신지라 둘로 하나를 만드사 원수 된 것 곧 중간에 막힌 담을 자기 육체로 허시고. 엡2:14

기도는 하나님의 보좌를 향해서 나아가는 마음의 노래이다. _칼릴 지브란_

2월 1일  유럽 3_주목해야 할 동향

# 포스트모더니즘의 장악

## ✚ 기도 제목

1. 유럽의 젊은이들은 기독교적 진리의 확실성에서 벗어나 뉴에이지적 사고, 상대적 진리, 환생, 신비 종교 등에 심취하고 있다. 젊은이들이 하나님의 말씀에 깨어 있어서 화려해 보이는 허상에 속지 않도록 기도하자.
2. EU는 투명한 재정 정책, 민주적 책임감, 비전을 가진 지도자층이 부족한 상태이다. 다윗과 같이 하나님과 마음이 합한 자로 하나님을 경외하고 겸손히 순종할 수 있는 지도자들을 세워주시길 기도하자.
3. 유럽은 1945년 이후 다른 대륙에서 온 3천만 명의 이주자가 있고, 그 수가 점점 증가하고 있다. 이는 선교의 기회가 되기도 하지만 많은 문제도 수반한다. 이주민들을 예수님의 섬김과 사랑으로 품을 수 있도록 기도하자.
4. 이슬람교는 유럽에서 제2의 종교가 되었다. 거짓이 득세하고 있는 이때 더욱더 교회와 그리스도인들이 담대하게 참된 진리를 선포할 수 있도록 기도하자.

**중보기도 노트**

주여 이제도 그들의 위협함을 굽어보시옵고 또 종들로 하여금 담대히 하나님의 말씀을 전하게 하여 주시오며 손을 내밀어 병을 낫게 하시옵고 표적과 기사가 거룩한 종 예수의 이름으로 이루어지게 하옵소서 하더라. 행 4:29~30

예수 그리스도가 나를 위해 돌아가셨다면 그를 위한 어떠한 희생도 내게 과하지 않다. _C. T. 스터드

**2월 2일**　　　　　　　　　　　　　　　　　　　　　　　　　　유럽 4_교회

# 젊음을 회복하라

유럽 기독교는 앞으로 20년간 극단적으로 쇠퇴할 것으로 보인다.

서유럽의 모든 신학교를 지배한 자유주의 신학이 이런 결과를 낳았다.

대부분의 주요 개신교단들이 성경의 권위와 복음의 유일성에 대한 확신을 잃었다.

중유럽과 동유럽의 교회는 오랜 흑암의 세월을 빠져나왔다.

공산주의 치하에서 교회에 대한 정부의 간섭은 거의 모든 교단에 분열을 가져왔다.

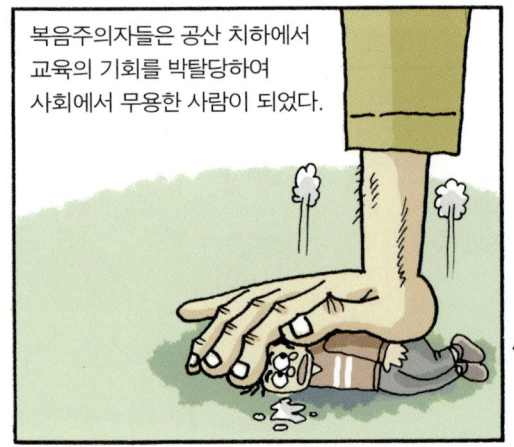

### ✚ 기도 제목

1. 유럽 교회는 젊은 세대를 잃었다. 앞으로 20년간 극단적으로 쇠퇴할 것으로 보인다. 이러한 추세를 역전시킬 수 있는 대륙 차원의 부흥이 일어나도록 기도하자.

2. 대부분의 주요 개신교단들이 자유주의 신학의 영향으로 성경의 권위와 복음의 유일성에 대한 확신을 잃고 영적으로 무너지기 시작했다. 모든 교단들이 상황에 맞고 성경적인 신학과 설교, 생활방식으로 돌아가도록 기도하자.

3. 과거에 전도 활동이 금지된 이후 1990년대에 새로 주어진 기회는 오용되거나 아예 사용되지 못하였다. 그리스도인들이 담대하게 하나님의 복음을 선포할 수 있도록 기도하자.

4. 공식적인 모든 신학교육은 통제받거나 금지당했다. 1990년대에 수많은 신생 신학교와 성경학교, TEE 과정이 동유럽 전역에서 일어났다. 이러한 훈련이 활성화되고 효과적인 운영과 필요 자원이 공급되도록 기도하자.

---

**중보기도 노트**

나의 하나님이 그리스도 예수 안에서 영광 가운데 그 풍성한 대로 너희 모든 쓸 것을 채우시리라. 빌 4:19

---

기도는 부탁하는 것이 아니다. 그것은 영혼의 갈망이다. _간디

# 유럽이여, 다시 일어서라

2월 3일 — 유럽 5_미완성 과업

### ✚ 기도 제목

1. 서유럽의 많은 지역이 여러 세대에 걸쳐 성경적인 기독교와 단절되어 있었다. 잃어버린 이 지역에 다시 하나님의 긍휼이 임하길 기도하자.
2. 남부 유럽의 많은 지역에서 복음주의 교회는 소수이며, 남동부 유럽에는 거의 없다. 이곳에도 살아 있는 증인들의 모임이 세워지도록 기도하자.
3. 뉴에이지 영성, 동양 종교의 세계관, 신비주의의 환상으로 젊은이들은 기독교적 유산과 절대 진리에서 멀어지게 되었다. 실업자, 마약과 알코올 중독, 자살도 빈번하다. 젊은이들을 대상으로 사역하는 이들을 위해 기도하자.
4. 유럽 국가에 살고 있는 약 4백 개의 비기독교 종족은 부분적으로만 복음화되었다. 이들이 하나님 앞에 돌아올 수 있도록 기도하자.

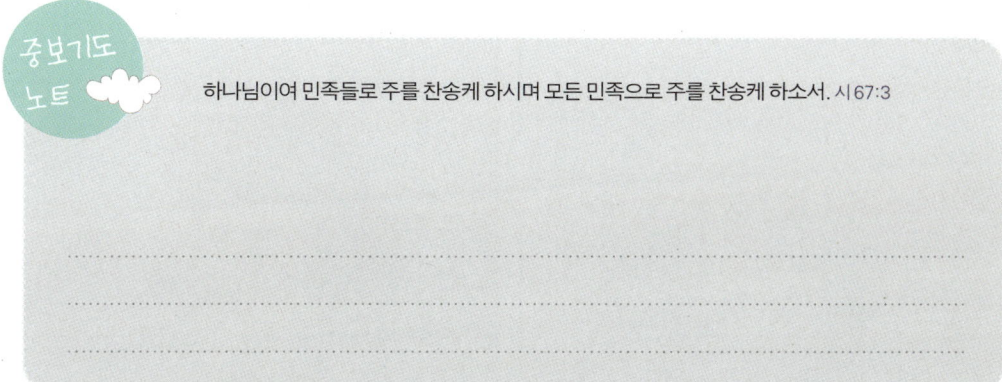

하나님이여 민족들로 주를 찬송케 하시며 모든 민족으로 주를 찬송케 하소서. 시 67:3

믿음이 적은 사람이란 그가 가진 적은 믿음을 실행하려 하지 않는 사람이다. _A. W. 토저

2월 4일    태평양 1_개관

# 섬들아,
# 여호와를 앙망하라

**면적** 8,515,800㎢
**인구** 31,277,900명
**종족** 유럽 68.5%, 멜라네시아 20.7%, 아시아 3.8%, 폴리네시아 3.5%
**종교** 기독교 73.3%, 힌두교 1.3%, 불교 1.3%, 이슬람교 1.2%

8500만 ㎢라는 거대한 대양에 흩어져 있는 2만 5천 개의 섬을 가리킨다. 이 면적은 아프리카와 아시아와 유럽을 합한 것보다 넓다.

인구는 3천만 명으로 세계 인구의 0.5%에 해당한다. 대부분 호주와 뉴질랜드에 살고 있고,

토착 원주민은 20%.

아직은 적은 수지만 아시아계가 급속히 늘어가고 있다.

베트남, 중국, 한국 사람이 많습니다.

세계적으로 유명한 해양 종족 가운데 하나인 폴리네시아인들은 3.5%에 해당한다.

고갱

내가 그들을 그렸지.

### ✚ 기도 제목

1. 태평양 지역에 복음화를 이루어주신 하나님께 감사드리고, 현재의 교회들이 믿음을 잘 지켜나갈 수 있도록, 부흥이 계속될 수 있도록 기도하자.
2. 전 세계에서 가장 강한 개신교 국가 중 몇 나라가 이 지역에 있다. 주님의 말씀이 흥왕하고 번성하도록 기도하자.
3. 호주와 뉴질랜드는 부유하지만 나머지 대부분의 나라는 가난하다. 효율적인 고용과 알맞은 산업이 일어나 경제가 안정되도록 기도하자.
4. 최근에 뉴질랜드는 선교사를 파송하는 일에 놀라운 기록을 세우고 있다. 태평양 주변에 더 많은 선교사가 파송되고 효율적인 선교가 일어나게 되기를 기도하자.

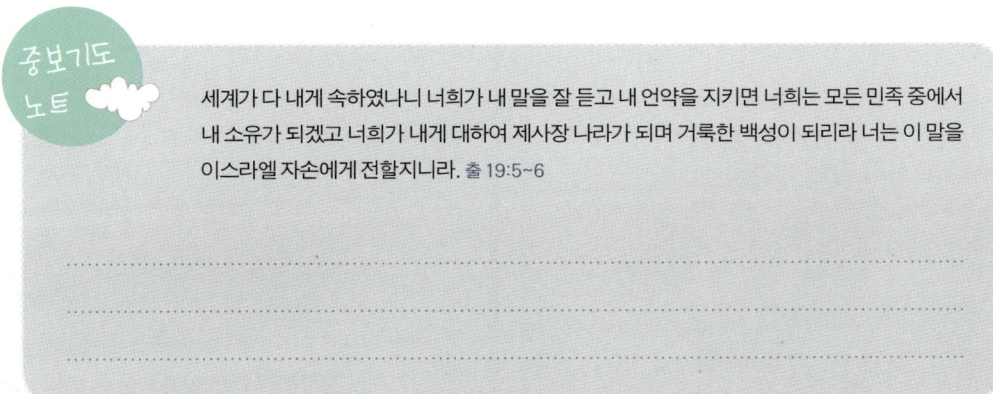

세계가 다 내게 속하였나니 너희가 내 말을 잘 듣고 내 언약을 지키면 너희는 모든 민족 중에서 내 소유가 되겠고 너희가 내게 대하여 제사장 나라가 되며 거룩한 백성이 되리라 너는 이 말을 이스라엘 자손에게 전할지니라. 출 19:5~6

기도가 한쪽으로 올라가면 두레박처럼 축복은 내려온다. _슬라브 격언

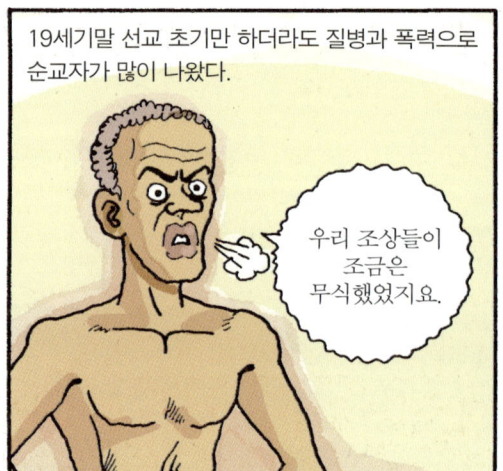

### ✚ 기도 제목

1. 파푸아뉴기니는 독립하기 위해 10년 전쟁을 치르고 휴전했는데도 아직 진정되지 않았다. 분쟁과 전쟁이 그치고 화평의 복음이 전해져 연합하고 용서를 구하여 주 안에서 하나 되는 역사를 일으켜주시도록 기도하자.

2. 호주와 그 밖의 식민지에 대한 영국의 조종과 토착민에게 행해진 불법 속에서 기독교인들이 공정한 화해를 주도하고 문화 차이를 인정하며, 종족 간의 조화를 위해 최선을 다하도록 기도하자.

3. 현대화, 세계화, 경제적 무능력, 대규모 실업사태, 원조에 대한 과중한 의존, 보건과 교육 혜택 부족, 현대적 소비재 이용 불가 등의 문제점과 리더의 부재 가운데, 요셉과 같이 하나님의 지혜로 다스리는 지도자가 나와서 먼저 그 나라와 의를 구하며 하나님의 복음 전파에 도구가 되어지도록 기도하자.

---

**중보기도 노트**

내 백성이여 내게 주의하라 내 나라여 내게 귀를 기울이라 이는 율법이 내게서부터 나갈 것임이라 내가 내 공의를 만민의 빛으로 세우리라. _사 51:4_

하나님은 당신을 기도하게 하기 위해 모든 것을 희생하셨노라. _미상_

태평양 3_교회

# 명목주의를 타파하라

### ✚ 기도 제목

1. 세속주의, 가정 파괴, 영성에 대한 무관심이 급증하면서 교회가 쇠퇴하기 시작했다. 교회는 좀 더 효과적인 훈련과 진리의 적용, 비전, 융통성 있는 체계, 문화 변혁에 대한 이해가 필요하다. 교회가 이를 위해 준비하며 실행할 수 있도록 기도하자.
2. 몰몬교가 명목주의 개신교인을 포섭하면서 폴리네시아와 주변에서 빠르게 성장하고 있다. 몰몬교와 다른 이단들을 예수 그리스도의 이름으로 대적하고, 하나님의 생명을 잃어버린 교회를 새롭게 하시도록 기도하자.
3. 남태평양 복음주의 연맹은 각국의 복음주의자들 간에 협력이 잘되지 않고 있다. 연합과 일치를 통하여 이 땅이 부흥케 되는 역사를 일으키시도록 간구하자.

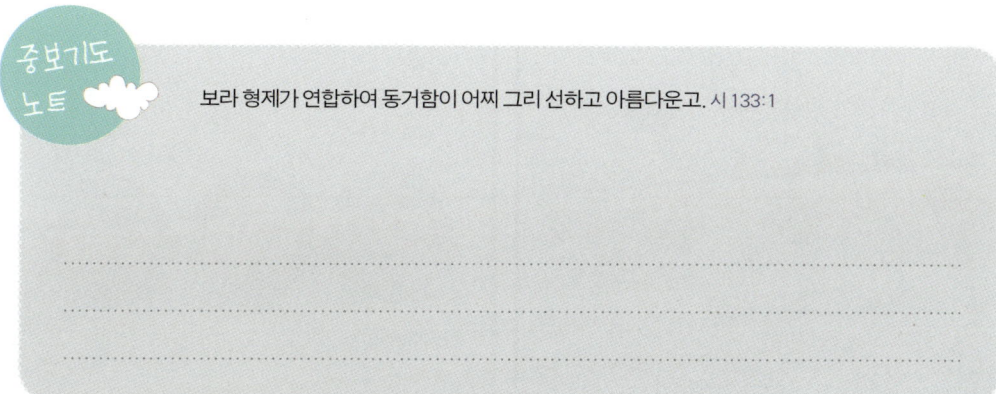

보라 형제가 연합하여 동거함이 어찌 그리 선하고 아름다운고. 시 133:1

기도는 생명의 맥박이다. _뮤레이

2월 7일                                                                                    가나 1

# 코코아의 나라

- **면적** 238,533㎢(한반도의 107.7%)
- **인구** 18,845,300명
- **수도** 아크라  **도시화** 37%
- **GNP** $680
- **종족** 약 100개
- **공용어** 영어  **문자해독률** 70%
- **종교** 기독교 70%, 이슬람교 16.6%, 전통 종족종교 8.5%, 무교 6.2%, 기타 0.7%

아프리카 서부 기니 만에 면한 공화국으로, 금·은·다이아몬드 등의 광산자원이 풍부하고 초콜릿을 떠올릴 정도로 카카오의 주요 산지이다.

한때 아프리카에서 부유한 나라였지만 지도자들의 부정부패로 생활수준이 바닥으로 떨어졌다.

영국에서 독립한 후 수차례의 쿠데타가 있었고 민간 정부가 수립되기까지 홍역을 치렀다.

기독교인과 무슬림과 전통주의자 간의 긴장은 계속되고 있지만 종교의 자유는 있다.

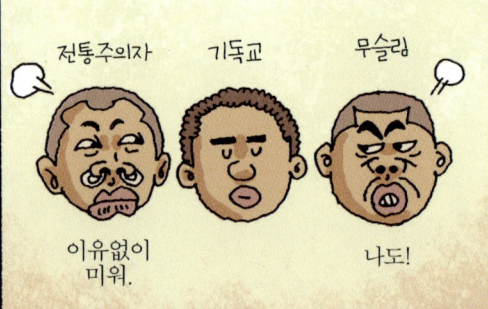

### ✚ 기도 제목

1. 아프리카 남부지역 전역에 수많은 복음주의, 카리스마주의, 오순절교회들이 생겨나고 있다. 계속해서 성장하고 부흥하도록 기도하자.
2. 아프리카의 기독교는 정령 숭배와 마술, 영적 무감각과 형식주의에 빠져 거듭나지 못하고 있다. 마음속에 진정한 복음과 자유가 비춰지도록 기도하자.
3. 가나 복음주의 협회에서 범국민적으로 사회를 조사했다. 이것으로 인해 많은 교단의 갱신을 이루었고, 교회의 비전과 개척 목표 등이 세워졌다. 이런 비전과 목표가 성취될 수 있도록 기도하자.
4. 가나는 급속한 성장이 있었지만 경제적 압박은 여전하고, 교리적 혼란이 만연해 있다. 또한 성숙한 기독교 지도자가 매우 부족하다. 복음을 증거할 수 있는 지도자들이 일어나도록 기도하자.

**중보기도 노트**

> 내가 달려갈 길과 주 예수께 받은 사명 곧 하나님의 은혜의 복음을 증언하는 일을 마치려 함에는 나의 생명조차 조금도 귀한 것으로 여기지 아니하노라. 행 20:24

기도할 수 있는데 왜 걱정하는가. _미상

2월 8일   가나 2

# 코코아의 나라

## ✚ 기도 제목

1. 성경 번역은 지난 20년간 크게 진보했지만 여전히 언어 조사와 번역은 시급하다. 여러 문맹 퇴치 프로그램이 개발, 활용되어 성경을 읽게 함으로써 많은 이들이 주께 돌아오도록 기도하자.

2. 최근 몇 년간 가나는 경제 위기 속에서 부랑아의 수가 4만 5천 명을 넘고 있다. 영원한 생명의 떡이신 주님을 만나도록 기도하자.

3. 이슬람교가 크게 증가하고 있다. 무슬림과 기독교인 사이에 대립과 폭력은 고조되고 있다. 무슬림들이 평화의 주 예수 그리스도께 굴복하도록 기도하자.

4. 가나의 교회는 대부분 규모가 작고 미약하며, 대개는 많은 지도자들이 문맹자로 기본적인 훈련만 받았을 뿐이다. 영적 추수를 위해 가나인 및 외국 사역자들을 보내주시길 기도하자.

---

**중보기도 노트**

우리가 너의 승리로 말미암아 개가를 부르며 우리 하나님의 이름으로 우리의 깃발을 세우리니 여호와께서 네 모든 기도를 이루어 주시기를 원하노라. 시 20:5

하나님께 무엇을 명령하시든 기도는 위대한 것이니, 오! 기도의 용사가 되게 하소서. _헨리 마틴

**2월 9일**　　　　　　　　　　　　　　　　　　　　　　　　　　　가봉

# 아프리카에서 제일
# 잘 나가는 나라

**면적**　267,667㎢(한반도의 120.9%)
**인구**　1,226,100명
**수도**　리브르빌
**도시화**　75%
**GNP**　$7,890
**종족**　반투 83.3%, 기타 아프리카 12.5%
**공용어**　프랑스어　**문자해독률**　63%
**종교**　기독교 77.9%, 전통 종족종교 13.5%, 이슬람 6.5%

중부 아프리카의 적도 해안에 위치한 나라로 77%가 열대우림이다.

천연자원이 풍부하여 아프리카에서 가장 부유한 나라에 속한다.

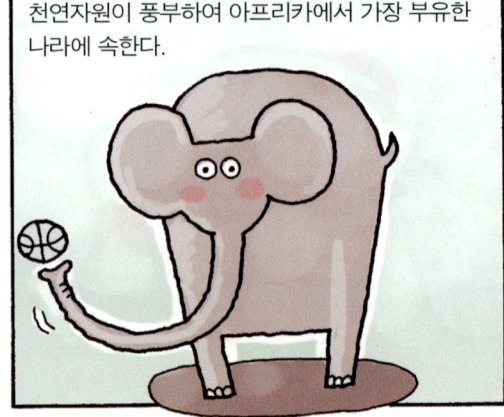

종교의 자유는 있으나 내륙지방에서는 복음주의자들을 제한하고 있다.

1973년 무슬림이 대통령이 됨으로써 이슬람교가 가봉에서 무섭게 성장하고 있다.

### ➕ 기도 제목

1. 영적 전쟁터인 가봉은 대통령, 정부 지도자가 이슬람교로 개종했고, 많은 사람들이 기독교인이라고 주장하지만 여전히 자신들의 전통 종교를 의지한다. 그리스도의 이름으로 승리하길 기도하자.
2. 가봉의 무슬림은 지난 20년간 배가되었고, 국가에 강력한 영향을 끼치고 있다. 교회와 선교단체가 복음의 능력으로 무장하고 나아가도록 기도하자.
3. 가톨릭교회의 교인들은 여전히 정령 숭배를 추종하고 있고 교회에서 빠져나가고 있다. 교회가 성령이 임하시는 거룩한 능력을 회복하여, 토착교회가 부족한 이곳에 주께 헌신된 자들이 일어나도록 기도하자.
4. 내륙의 58개 미전도 종족에게 빠른 시간 안에 각자의 언어로 된 성경이 배포되어 모든 가봉 사람들이 복음을 들을 수 있도록 기도하자.

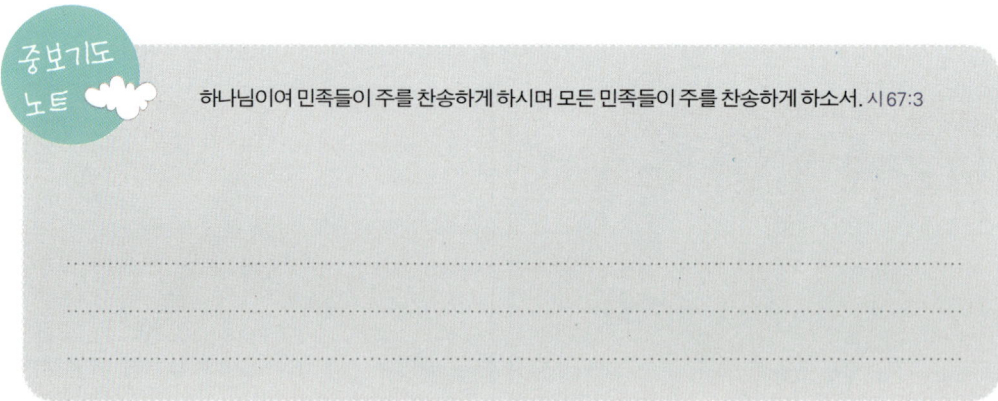

하나님이여 민족들이 주를 찬송하게 하시며 모든 민족들이 주를 찬송하게 하소서. 시 67:3

기도하지 않고 회개하지 않는 자는 금수보다 못하다. _존 번연

2월 10일　　　　　　　　　　　　　　　　　　　　　　가이아나

# 인종 간 대립을
# 극복하라

**면적** 215,000㎢(한반도의 97.1%)
**인구** 861,300명
**수도** 조지타운　　**도시화** 36%
**GNP** $1,370
**종족** 남아시아인 49.4%, 아프리카·유럽인 42.7%, 아메리카 인디언 6.8%
**공용어** 영어　　**문자해독률** 98.6%
**종교** 기독교 43.6%, 힌두교 33%, 무종교·기타 10%, 이슬람 8.7%

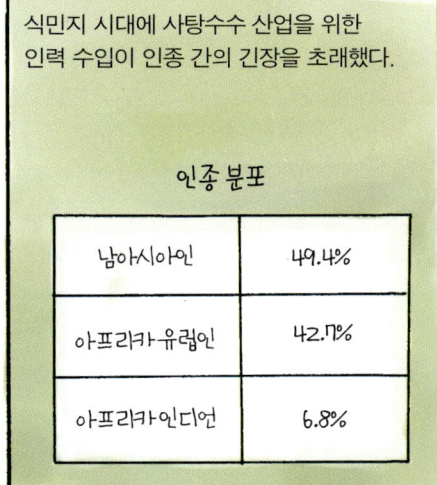

123

### 기도 제목

1. 베네수엘라와 수리남이 국토의 일부를 자기 나라 땅이라고 주장하고 있다. 또한 국내적으로는 인종 간의 갈등을 겪고 있다. 정부가 사회적 불화를 감소시키고, 미래에 대한 소망을 줄 수 있도록 기도하자.
2. 많은 가이아나인이 기독교인이지만 명목주의가 팽배해 있고, 혼합주의적인 비정상적 신앙을 가지고 있다. 교단 전체를 감화할 수 있는 부흥과 삶의 변화가 일어나는 갱신을 위해 기도하자.
3. 청년들은 미래에 대한 기대가 낮다. 이들을 위해 사역하는 선교단체가 꿈과 소망을 주고 이들을 하나님께 인도하기를 기도하자.

**중보기도 노트**

너는 청년의 때에 너의 창조주를 기억하라 곧 곤고한 날이 이르기 전에, 나는 아무 낙이 없다고 할 해들이 가깝기 전에 해와 빛과 달과 별들이 어둡기 전에, 비 뒤에 구름이 다시 일어나기 전에 그리하라. 전 12:1~2

기도는 서로 사랑하는 두 인격 사이의 대화이다. _로절린 링커

**2월 11일**  감비아

# 소설 《뿌리》의 주인공들

**면적** 10,689㎢ (한반도의 4.8%)
**인구** 1,305,400명
**수도** 반줄
**도시화** 37%
**GNP** $410
**종족** 25개 이상
**공용어** 영어  **문자해독률** 38%
**종교** 이슬람 88.8%, 전통 종족종교 6.7%, 기독교 4.1%, 바하이교 0.4%

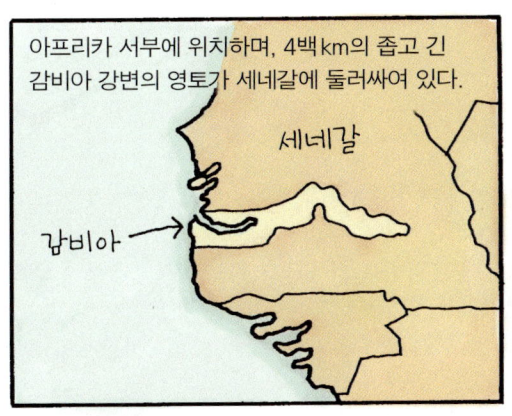

아프리카 서부에 위치하며, 4백km의 좁고 긴 감비아 강변의 영토가 세네갈에 둘러싸여 있다.

감비아는 외국의 원조와 세네갈에서 들어오는 밀수품에 의존하여 살아가는 매우 가난한 나라다.

다수의 무슬림이 강세인데도 종교 간의 대립은 없으며 어느 정도 종교의 자유도 있다.

잘 지내보자구요.
그렇게 하든지.

알렉스 헤일리의 소설 《뿌리》로 유명해진 만딩가 사람들이 감비아의 주요 종족이다.
사우디아라비아가 많은 재정 지원을 하고 있다.

오일 달러로 감비아를 감동시킬 거야.

명목상 신자들이 많고 복음주의적 신자들은 드물다. 반면, 교도소 복음 전도가 활발하다.

복음 전파에 대한 자유가 지속되고, 무슬림들의 마음이 열려서 진리를 받아들이도록 기도하자.

## ✚ 기도 제목

1. 이슬람교가 지배적이나 아직은 복음에 열려 있다. 복음 전파에 대한 자유가 지속되고, 무슬림들의 마음이 열려서 복음의 진리를 받아들이도록 기도하자.

2. 주요 교단에는 명목뿐인 교회가 많고, 몇몇 지도자들이 교회 갱신을 위해 애쓰고 있다. 가속되고 있는 교회 개혁과 추진력, 성장하려는 열심을 위해 기도하자.

3. 기독교 사역 중 교도소 복음 전도, 〈예수〉 영화 상영, 기독교 라디오, 기독교 TV 프로그램, 복음 테이프(16개 종족 언어)가 배포되고 있다. 이것들이 삶에 실제적으로 영향력을 미칠 수 있도록 기도하자.

4. 젊은이들이 일자리를 찾아 교회로 모여들고 있다. 이로 인해 사역 개척이 가능했다. 계속해서 이들에게 단순한 빵이 아닌 복음의 영향력을 미치는 교회가 되기를 기도하자.

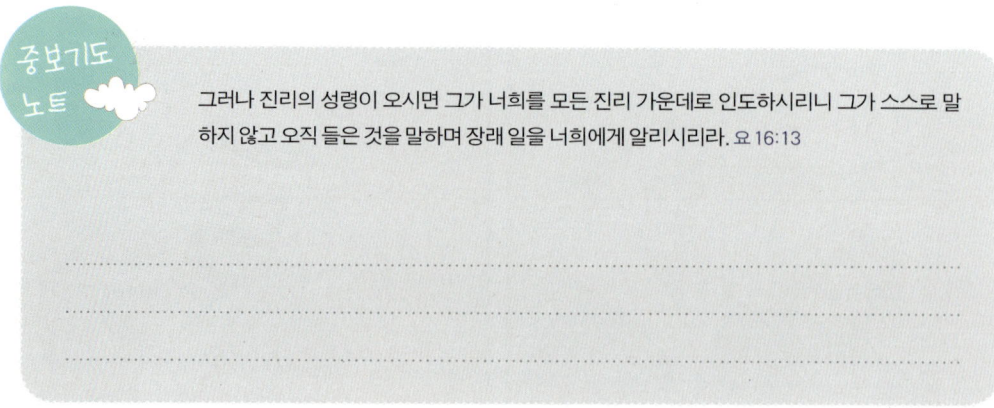

그러나 진리의 성령이 오시면 그가 너희를 모든 진리 가운데로 인도하시리니 그가 스스로 말하지 않고 오직 들은 것을 말하며 장래 일을 너희에게 알리시리라. 요 16:13

기도의 정상에서 만납시다. _미상

**2월 12일**　　　　　　　　　　　　　　　　　　　　　　　　과들루프

# 거듭난 신자가
# 희귀한 나라

**면적**　1,780㎢(한반도의 0.8%)
**인구**　455,700명
**수도**　바스테르
**도시화**　99.4%
**GNP**　$10,700
**종족**　아프리카계 카리브 89%, 아시아계 카리브 8%, 프랑스 2%, 아시아 1%
**공용어**　프랑스어
**문자해독률**　90%
**종교 기독교**　94.6%, 무종교·기타 4.1%

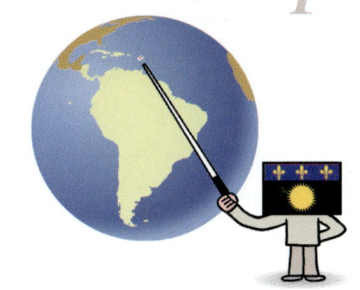

Guadeloupe

서인도 제도에 있는 섬나라로, 1개의 큰 섬과 5개의 작은 섬으로 구성되었다.

프랑스로부터 대규모의 지원을 받은 농업, 관광, 경공업으로 높은 생활수준을 유지하고 있다.

1946년 이후 프랑스의 해외 점령지로서 프랑스의 경제적 원조에 의존하고 있다.

우리 없이는 살기 힘들지.

기독교가 94%에 달하지만 여전히 신비술이 팽배해 있다.

산타마리아여, 우리를 도우소서!

## ✚ 기도 제목

1. 노예제도의 유산이 엄격하게 남아 있어 의미 있는 결혼생활이 어렵고, 신비술이 팽배하다. 복음으로 이들이 놀랍게 변화하고 향상되도록 기도하자.
2. 명목상의 가톨릭 신도들이 많으며, 여전히 힌두 신앙을 고수한다. 이 땅에 진정 하나님을 경외하고 두려워하는 백성들이 주께로 돌아오기를 간절히 기도하자.
3. 1946년 이전까지는 거듭난 신자가 거의 없었다. 사역단체와 교회들이 더 적극적으로 영적 자녀를 출생할 수 있도록 기도하자.
4. 변방의 보호령 섬들은 복음화가 미미하다. 세인트바틀레미, 세인트마틴, 마리갈란테 등이 그런 지역이다. 이곳의 복음화와 훈련된 사역자들이 보내지기를 기도하자.

### 중보기도 노트

너희는 옷을 찢지 말고 마음을 찢고 너희 하나님 여호와께로 돌아올지어다 그는 은혜로우시며 자비로우시며 노하기를 더디 하시며 인애가 크시사 뜻을 돌이켜 재앙을 내리지 아니하시나니. 욜 2:13

우리 능력은 한계를 느끼나 하나님의 능력이 한계에 도달하는 일은 없다. _허드슨 테일러

2월 13일  과테말라

# 마야 문명의 자존심

**면적** 108,889㎢ (한반도의 49%)
**인구** 11,385,300명
**수도** 과테말라시티
**도시화** 40%
**GNP** $2,530
**종족** 라티노 43%, 아메리카 인디언 54%, 아프리카계 카리브 2%
**공용어** 스페인어  **문자해독률** 56%
**종교** 기독교 97.5%, 무종교·기타 1.9%

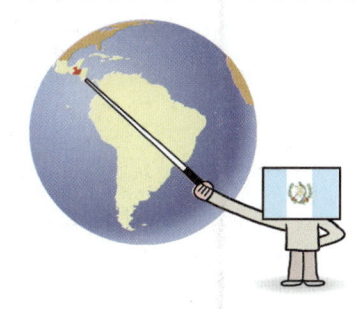

화산과 호수의 땅으로 멕시코 남부에 이웃해 있다.

라티노라고 불리는 유럽인과 인도인 혼혈족과 아메리카 인디언들이 주류 종족이다.

인구의 2%가 국토의 80%를 소유하고 있다.

가난한 것들은 멀리해야 해.

인구의 80%가 빈곤의 한계선상에 있다.

굶주림에다 기침감기까지, 죽을 것만 같아요.

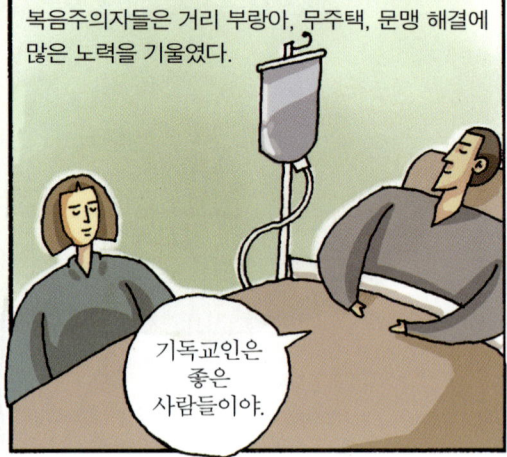

## ✚ 기도 제목

1. 36년간의 긴 내전이 종식되고 기독교는 성장하고 있다. 복음주의자의 비율은 1960년엔 인구의 3%였으나 2001년엔 25%로 성장했다. 더욱 복음이 역동성 있게 증거되기를 기도하자.

2. 다문화의 특성을 가지고 있는 이 나라에 바른 지도자가 나와서 나라를 치유하고 바로 세울 수 있도록 기도하자.

3. 빈곤의 위기에 처한 5세 미만의 아이들 중 27%가 체중 미달이다. 5만 6천 명의 전쟁고아가 있고, 수도에 살고 있는 거리의 부랑아도 5천 명 이상이다. 가난을 극복하고 비전을 꿈꾸며 사는 삶이 회복되길 기도하자.

4. 성경 번역을 위해 기도하자. 38개의 아메리카 인디언 종족에게 신약성경이 보급되었다. 더 많은 언어로 번역되어 말씀이 이들을 변화시키기를 기도하자.

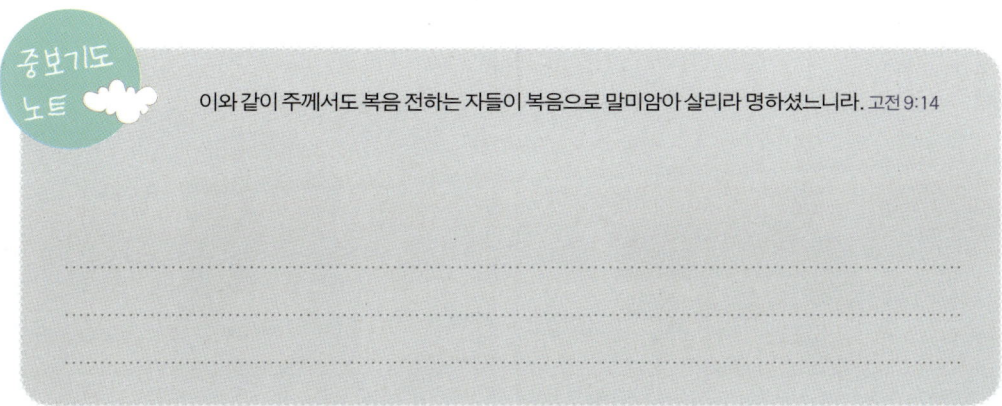

이와 같이 주께서도 복음 전하는 자들이 복음으로 말미암아 살리라 명하셨느니라. 고전 9:14

기도는 습득하는 것이 아니라 생성되는 것이다. _그린버그

**2월 14일**

# 공무원의 나라

괌

**면적** 541㎢ (한반도의 0.2%)
**인구** 167,600명
**수도** 아가나
**도시화** 45%
**GNP** $19,600
**종족** 미크로네시아 42.4%, 아시아 29.5%, 미국 16.7%, 혼합 9.7%
**공용어** 영어　**문자해독률** 96%
**종교** 기독교 95.6%, 불교·중국 종교 1.8%, 무종교·기타 1.5%

하와이 서쪽에 위치한 섬으로 영토의 3분의 1이 미군 기지로 사용되고 있다.

괌 인구의 45%가 정부와 군에 고용되어 있다.

이 맛에 살고 있습니다.

괌 주민들은 모두 미국 시민이다. 그 가운데 한국 이민 교회가 부흥하고 있다.

역시 한국인은 어딜 가도 일등!

1백 개나 되는 갱 집단 때문에 청소년들이 공포에 떨고 있다. 청소년들을 위해 기도하자.

**2월 14일**　　　　　　　　　　　　　　　　　　　　　　　　　　　　　　그레나다

# 콜럼버스가 발견한 신대륙

**면적** 345㎢(한반도의 0.15%)
**인구** 93,700명
**수도** 세인트조지스　　**도시화** 34%
**GNP** $5,570
**종족** 아프리카계 카리브 96%, 동인도 3%,
　　　유럽계 아메리카인·기타 1%
**공용어** 영어　　**문자해독률** 85%
**종교** 기독교 97%, 라스타파리안·심령술 1.3%

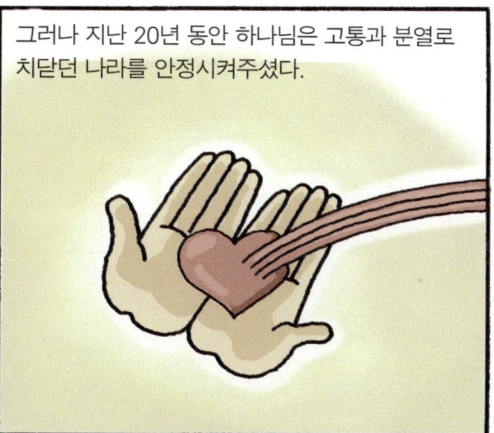

 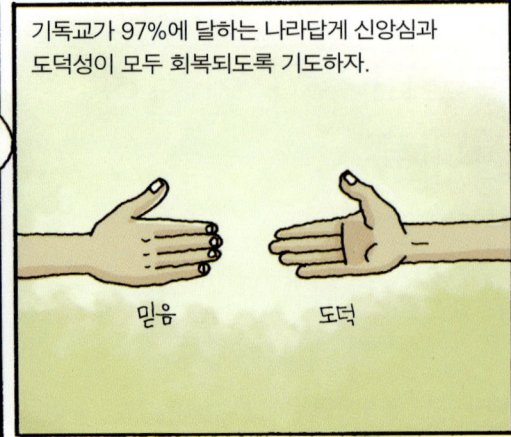

➕ **기도 제목**

**괌**

1. 가톨릭 교인이 다수를 차지하고 있는 괌 차모르족의 진정한 기독교 문화와 올바른 복음 증거를 위해 기도하자.
2. 선교의 주요 대상은 군 선교에서 교회 개척, 성경 공부, 개발 사역에 중점을 둔 토착인을 위한 사역으로 전환되고 있다. 이를 위한 주요 선교단체들을 위해 기도하자.

**그레나다**

3. 비극적인 과거사로 인해 겪은 고통과 교단 간의 의심 때문에 복음 전도와 선교에 있어서 협조자가 거의 없다. 교회가 서로 가까워지고, 공통의 비전을 품도록 기도하자.
4. 사생아 출생률이 82%이며, 양부모가 있는 안정된 가정은 거의 없다. 반면, 기독교인은 97%에 달한다. 삶으로 예배하는 성숙한 그리스도인이 되기를 기도하자.

**중보기도 노트**

여호와께서 그 구원을 알게 하시며 그의 공의를 뭇 나라의 목전에서 명백히 나타내셨도다.
시 98:2

기도는 아침의 열쇠이고, 밤의 자물쇠이다. _미상

2월 15일                                                                    그루지야

# 하나 됨이 필요한 나라

**면적** 69,700 ㎢ (한반도의 31.5%)
**인구** 4,967,600명
**수도** 트빌리시
**도시화** 56%
**GNP** $2,360
**종족** 인도계 유럽 94.2%, 투르크·알타이 5.6%
**공용어** 그루지야어  **문자해독률** 98%
**종교** 기독교 62.5%, 이슬람 20%, 무종교 17.1%

➕ 기도 제목

1. 독립 후 이 나라를 통제하고 조종하려는 러시아와의 끊임없는 견제와 긴장이 있다. 러시아의 내정 간섭 종식, 경제 안정, 인종 화합으로 국가가 다시 회복할 기회를 얻도록 기도하자.

2. 바라던 독립은 얻었지만, 러시아의 선동으로 끊임없이 발생하는 종족 간의 내전 때문에 국가는 혼란에 빠져 있다. 대량 실업과 심각한 경제 붕괴로 비참한 생활을 하고 있다. 평화와 화합으로 국가가 다시 회복할 기회를 얻도록 기도하자.

3. 소수 종족은 영적으로 궁핍하다. 이들은 복음을 들어야만 한다. 이들 종족을 위한 신약성경이 번역되고 회심이 일어나도록 기도하자.

4. 문서 배포, 성경 번역, 기독교 라디오 사역, 〈예수〉 영화 사역 등 기도와 후원이 필요한 지원 사역을 위해 기도하자.

나는 가난하고 궁핍하오나 주께서는 나를 생각하시오니 주는 나의 도움이시요 건지시는 이시라 나의 하나님이여 지체하지 마소서. 시 40:17

기도는 언어로 얻을 수 있는 최고의 성취다. _퍼스취

2월 16일  그리스

# 신화의 땅

**면적** 131,957㎢ (한반도의 59.6%)
**인구** 10,644,700명
**수도** 아테네
**도시화** 66%
**GNP** $28,270
**종족** 그리스 90.8%, 토착 소수 종족 4%, 이주민과 난민 5.2%
**공용어** 그리스어    **문자해독률** 95.2%
**종교** 기독교 95.2%, 무종교·기타 3.3%, 이슬람 1.5%

전 세계를 풍요롭게 만든 헬라 문명의 후예들이 사는 나라다.

EU 회원국 가운데 최대 규모의 선박을 보유하고 있다.

아테네 올림픽을 치름으로써 경제적 도약을 기대했지만 대규모 산불로 치명타를 입었다.

뜨거워!

그리스 정교회의 반대로 복음주의 교회는 핍박받고 있지만 조금씩 성장하고 있다.

성령

교회

## 그린란드 Greenland

# 빙하의 천국

- 면적  2,175,600 ㎢ (한반도의 982.5%)
- 인구  56,200명
- 수도  누크    도시화  82%
- GNP  $15,500
- 종족  그린란드 이뉴잇 87%, 덴마크 11.5%, 미국군 1%
- 공용어  이눅티투트어(그린란드어)
- 문자해독률  99%
- 종교  기독교 96.6%, 무종교·기타 2.2%

138

## ✚ 기도 제목

### 그리스

1. 그리스는 유럽에서 제일 먼저 복음화된 나라이다. 그러나 교회에 나가는 인구가 단 2%에 지나지 않는다. 다시 옛 복음의 영화가 회복되기를 기도하자.

2. 정교회는 그리스 주체성의 일부로 받아들여지고 있다. 다른 형태의 기독교는 모두 국가와 문화를 위협하는 것으로 본다. 복음에 무지하고 전도 활동에도 거의 반응하지 않는다. 편견, 영적 무지, 두려움이 깨어지고 정교회가 성경적으로 새롭게 서도록 기도하자.

### 그린란드

3. 많은 기독인들이 완전히 회심한 것은 아니다. 모든 곳에 교회 건물이 있지만 대부분의 교회 안에 신학, 사람, 생명력이 없다. 하나님이 생명력을 회복시키도록 기도하자.

4. 현대화의 물결로 사회와 문화는 황폐하게 되었다. 그 결과 도덕성 부재, 알코올 중독, 소외감, 정신병, 자살이 늘어가고 있다. 많은 사람들이 성경을 읽고 변화되어 진정한 교회와 그리스도인이 탄생되도록 기도하자.

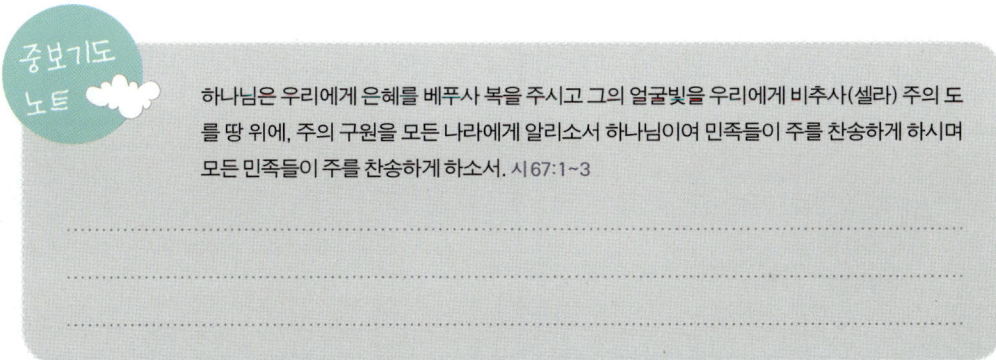

**중보기도 노트**

하나님은 우리에게 은혜를 베푸사 복을 주시고 그의 얼굴빛을 우리에게 비추사(셀라) 주의 도를 땅 위에, 주의 구원을 모든 나라에게 알리소서 하나님이여 민족들이 주를 찬송하게 하시며 모든 민족들이 주를 찬송하게 하소서. 시67:1~3

기도는 감옥을 하늘의 입구로 바꾸기도 한다. _R. A. 토레이

2월 17일                                          기니

## 가장 복음화되지
## 않은 나라

**면적** 245,857 ㎢ (한반도의 111%)
**인구** 7,430,300명
**수도** 코나크리    **도시화** 27%
**GNP** $470
**종족** 만데 46%, 서대서양인 43%, 만데-푸 11%
**공용어** 프랑스어    **문자해독률** 36%
**종교** 이슬람 85.4%, 전통 종족종교 9.7%, 기독교 4.7%

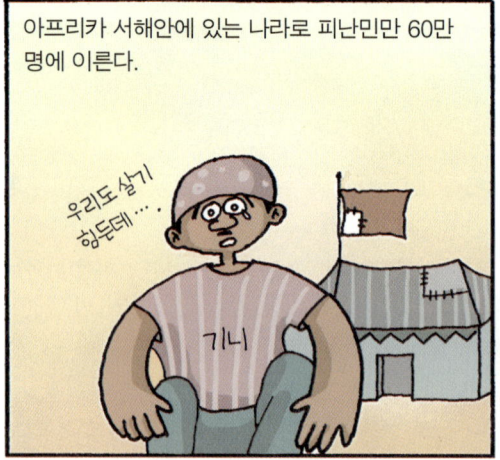

아프리카 서해안에 있는 나라로 피난민만 60만 명에 이른다.

넓은 국토와 비옥한 토양을 가졌지만 지도자들의 실정과 부패로 생계가 어려워지고 있다.

마르크시즘이 지나간 후 친이슬람 정부가 들어섰으며 최근 들어 무슬림의 종교적 횡포가 더욱 심해지고 있다.

기독교 인구는 여전히 소수이며, 코나크리와 남동부 산림지에 밀집되어 있다.

### ✚ 기도 제목

1. 아프리카에서 가장 복음화되지 않은 나라다. 특히 3개의 주요 종족은 완고한 무슬림들이다. 회심하는 사람이 많아지고 더 직접적인 복음의 길이 열리기를 기도하자.

2. 기독교 인구는 여전히 소수이다. 복음주의 교회는 지난 10년간 두 배 이상 늘어났다. 표면적인 성장이 아닌 개인과 가족과 부족을 진정으로 변화시켜주시도록 기도하자.

3. 선교사가 없는 18개의 종족과 지도자가 없는 교회 가운데 경건하고 훈련된 지도자가 세워지고 준비된 선교사가 파송되기를 기도하자.

4. 인구의 50%가 16세 미만이기 때문에 청년 사역에 비전을 가질 수 있다. 이들을 위해 사역하는 선교단체를 위해 기도하고, 또한 성령께서 친히 기니 청년들을 그리스도께 이끄시도록 기도하자.

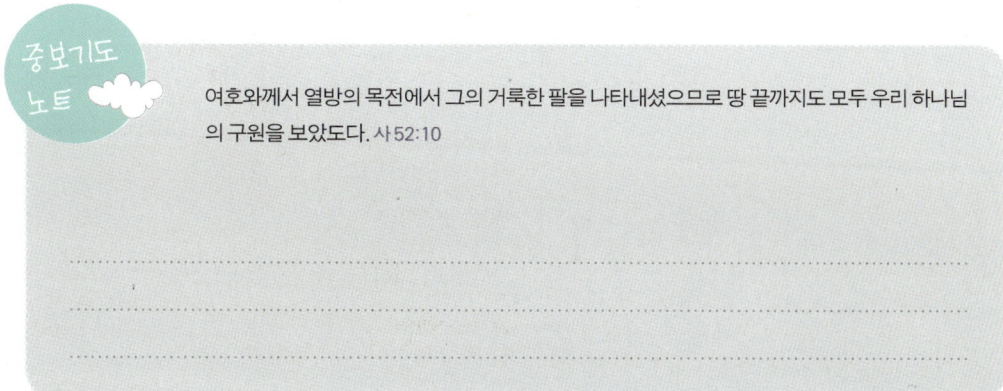

여호와께서 열방의 목전에서 그의 거룩한 팔을 나타내셨으므로 땅 끝까지도 모두 우리 하나님의 구원을 보았도다. 사 52:10

기도할 때 가장 멀리 볼 수 있다. _미상

2월 18일  기니비사우

## 라디오가 한몫한 나라

*Guinea-Bissau*

**면적** 36,125㎢ (한반도의 16.3%)
**인구** 1,213,100명
**수도** 비사우
**도시화** 30%
**GNP** $210
**종족** 27개가 넘는 종족 그룹
**공용어** 포르투갈어    **문자해독률** 25%
**종교** 이슬람 43%, 전통 종족종교 41%, 개신교 14.3%, 무종교·기타 1.7%

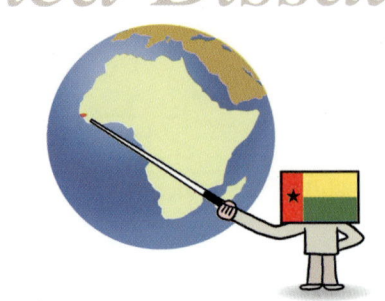

세네갈과 기니 사이에 끼인 해안 국가다. 세계에서 가장 가난한 나라에 속하며 정치적으로도 매우 불안하다.

"지긋지긋한 가난! 언제나 떨칠 수 있을지…."

이슬람교, 가톨릭, 아프리카 전통 종교가 혼합되어 있다.

이슬람 / 가톨릭 / 아프리카 전통 종교

이웃 국가들과 달리 복음 전도 활동이 허용되어 있다. 1998~1999년 내전을 치르는 동안,

복음주의 기독교인들은 비사우와 남부지역에 식량을 나누어주고 피난 차량도 보급했다.

서로를 적대시하는 정치 세력들 간에 화해를 조성함으로써 교회는 정부로부터 신임받게 되었다.

바파타 지역에 준비하고 있는 풀베어 기독교 라디오 방송국을 위해 기도하자. 라디오가 큰일을 하고 있다.

이런 나라에서는 테이프 사역의 잠재력은 크다. 테이프를 듣고 예수 믿는 사람들이 생겨나고 있다.

하나님께서 기니비사우를 사랑하사 독생자를 주셨습니다.

## ✚ 기도 제목

1. 내전을 통하여 복음이 전해지는 통로가 되었다. 정치 세력의 화해, 식량 지원, 난민 지원 등의 중요한 일을 기독교인들이 감당하여 좋은 이미지를 얻고 있다. 더욱 그리스도인들이 삶을 통하여 복음의 확장을 가져오기를 기도하자.
2. 선교사의 수가 증가하고 있는 데 대해 주께 찬양드리자. 이들의 강건함과 안전을 위해 기도하자.
3. 복음을 전하는 매체로 성경이 번역되어 박차를 가하고 있고 공중파를 통해 복음을 전할 준비를 하고 있다. 필요한 재정과 인력이 배치되도록 기도하자.
4. 교회의 지도자들이 복음 전도와 선교의 비전을 가지고 있고, 또한 성숙되었지만 여전히 영적 지도자들이 부족하다. 더 많은 교사와 목사들이 세워져 교회를 영적으로 잘 인도하도록 기도하자.

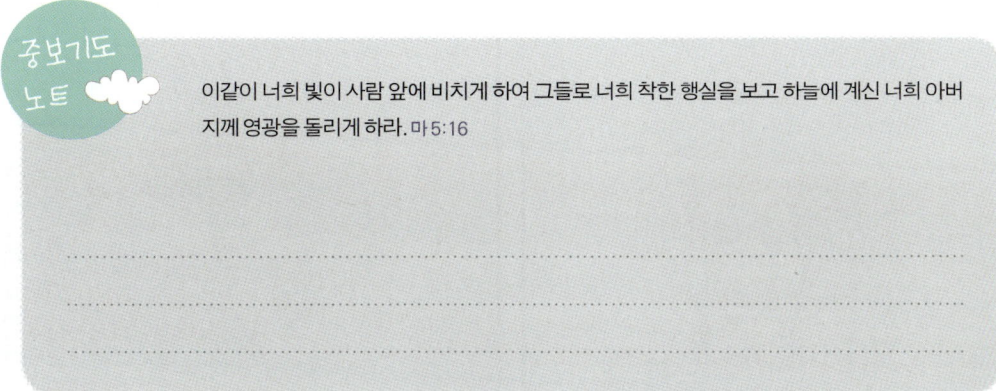

중보기도 노트

이같이 너희 빛이 사람 앞에 비치게 하여 그들로 너희 착한 행실을 보고 하늘에 계신 너희 아버지께 영광을 돌리게 하라. 마 5:16

기도는 약속을 간원하는 것이다. _존 트랩

**2월 19일**

# 메마른 땅에 단비를!

나미비아

**면적** 823,144㎢ (한반도의 371.7%)
**인구** 1,725,900명
**수도** 빈트후크
**도시화** 39%
**GNP** $3,580
**종족** 반투 73.1%, 코이산 8.6%, 다마라 6.4%, 유럽 4.5%
**공용어** 영어(소수만 사용, 대부분 아프리카어 사용)  **문자해독률** 76%
**종교** 기독교 80%, 전통 종족종교 15%, 무종교·기타 5%

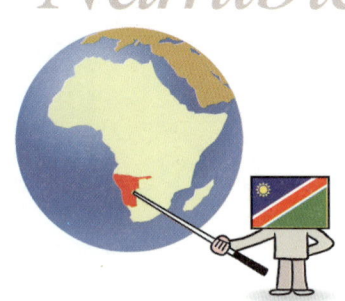

아프리카에서 가장 건조한 적도 이남지역에 위치하며 국토 대부분이 불모지다.

다이아몬드, 우라늄, 기타 광물질이 풍부하지만 대다수가 여전히 매우 빈곤하게 살고 있으며 1990년대에는 나라 전역이 심각한 가뭄에 시달렸다.

현 정부의 정치가 실패할 경우 경제가 붕괴되고 분쟁이 일어날 가능성이 크다.

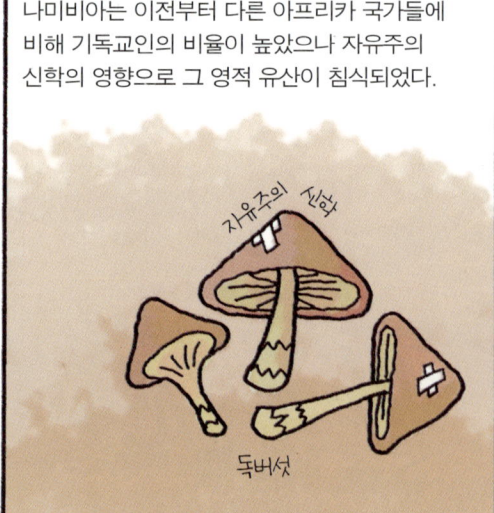

나미비아는 이전부터 다른 아프리카 국가들에 비해 기독교인의 비율이 높았으나 자유주의 신학의 영향으로 그 영적 유산이 침식되었다.

독버섯

## 나우루 Nauru

# 인산으로
# 뒤덮였던 나라

- **면적** 21㎢(한반도의 0.009%)
- **인구** 11,500명
- **수도** 야렌
- **GNP** $10,000
- **종족** 미크로네시아 78%, 기타 22%
- **공용어** 나우루어, 영어  **문자해독률** 93%
- **종교** 기독교 90.5%, 무종교·기타 4.9%, 중국 종교 3%, 바하이교 1.6%

## ✚ 기도 제목

**나미비아**

1. 종족 간의 분쟁으로 나누어진 마음이 예수님을 믿음으로써 온전한 화해가 이루어지고 상처가 치유되도록 기도하자. 교회가 먼저 하나님께 회개하여 세상에 진리와 생명의 길을 제시할 수 있도록 기도하자.

2. 신학교에 들어온 자유주의 신학의 영향으로 명목주의와 신비주의가 만연하고 있다. 교회들이 복음의 진리 위에 세워지고 바른 영적 지도자들이 세워지도록 기도하자.

**나우루**

3. 물질주의가 사람들의 영적 관심을 악화시키고 교회생활을 시들하게 만들고 있다. 물질만능주의를 물리치고 하나님을 의지하는 백성이 되도록 기도하자.

4. 인산광산에 몰려온 노동자들은 불안전하게 살고 있다. 노동 착취는 세계적으로 소문이 났다. 인권이 유린되지 않고 땀의 대가를 받는 공평과 공의가 있도록 기도하자.

5. 성장하고 있는 나우루의 교회들 안에 복음으로 진정한 생명의 변화가 일어나고, 복음의 증인 된 삶을 살 수 있도록 기도하자.

여호와의 말씀이니라 배역한 자식들아 돌아오라 나는 너희 남편임이라 내가 너희를 성읍에서 하나와 족속 중에서 둘을 택하여 너희를 시온으로 데려오겠고 내가 또 내 마음에 합한 목자들을 너희에게 주리니 그들이 지식과 명철로 너희를 양육하리라. 렘 3:14~15

기도는 영혼의 체육관이다. 즈위머

**2월 20일**

# 선교사를 파송하는
# 영적인 강국

**면적** 923,768㎢ (한반도의 417.2%)
**인구** 111,506,100명
**수도** 아부자  **도시화** 44%
**GNP** $ 1,160
**종족** 490개 이상의 종족 집단
　　　(기니 49.5%, 하우사 차드 20.6%, 반투 12%, 풀베 11.1%)
**공용어** 영어  **문자해독률** 64%
**종교** 기독교 52.6%, 이슬람교 41%, 전통 종족종교 6%

나이지리아 1

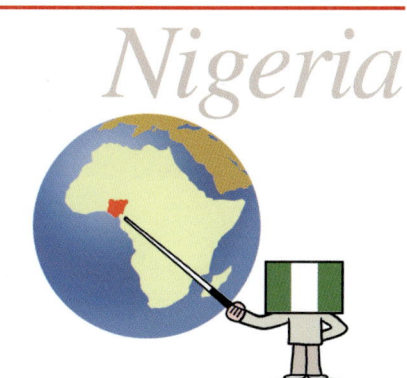

아프리카 서부 기니 만에 접해 있고 남부지역은 맹그로브와 열대림, 북부지역은 사바나와 대초원이다.

국토의 5분의 3을 차지하는 니제르 강과 베뉴 강의 영향으로 나라가 점차 사막으로 변하고 있다.

나도 못 살겠어.

농토가 넓고 광물자원이 풍부하며, 석유 매장량도 많다.

많으면 뭐 해요. 우리는 가난한데.

석유로 얻은 막대한 부가 부패한 통치자들의 착복으로 탕진되고 있다.

피 같은 돈으로 벤츠를 사야겠다.

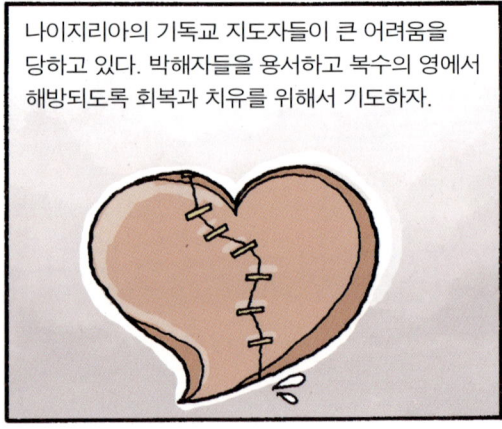

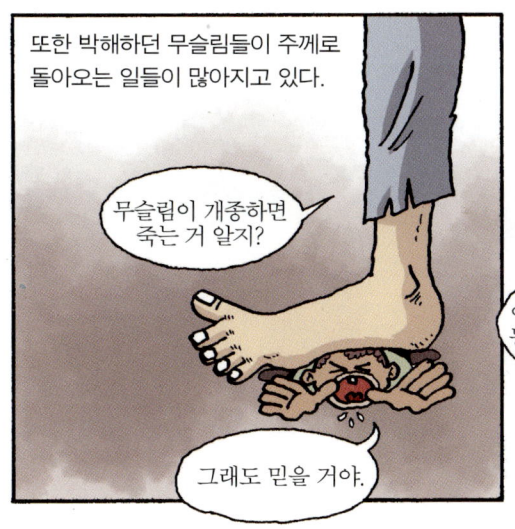

## ✚ 기도 제목

1. 외채문제를 개혁하고 내전과 구데타로 분열된 부족민을 섬기는 국가 위정자들이 되기를 기도하자. 또한 기독교가 연합을 이루는 통로가 될 수 있도록 기도하자.
2. 1991년부터 2000년 사이에 나이지리아 북부 주에서 일어난 박해로 수천 명의 신자들이 죽었고, 목회자들이 피살되었으며, 수백 개의 교회가 파괴되었다. 속히 상처가 치유되고 원형의 복음이 회복되도록 기도하자.
3. 막대한 국제 사기사건, 국제 범죄와 마약 유통으로 낙인찍히고 있다. 나이지리아의 하나님의 교회가 회개와 중보로 세상의 빛과 소금으로 서도록 기도하자.
4. 기독교 지도자들이 보편적으로 갖고 있는 약점은 독단적인 권위를 내세워 후배들에게 책임을 위임하지 않으려는 마음이다. 좋은 멘토 지도자들이 일어나 이 땅에 영적인 복이 임하게 기도하자.

내가 세상에 속하지 아니함같이 그들도 세상에 속하지 아니하였사옵나이다 그들을 진리로 거룩하게 하옵소서 아버지의 말씀은 진리니이다. 요 17:16~17

하나님이 하실 일은 그의 능력을 보이는 것이요, 우리의 할 일은 믿음을 보이는 것이다. _앤드루 A. 보나르

2월 21일  나이지리아 2

# 선교사를 파송하는
# 영적인 강국

✚ 기도 제목

1. 나이지리아를 추수하기 위해 필요한 사역자들이 더욱 많이 일어나기를 기도하자. 미전도 종족 가운데서 교회 성장과 개척을 위해 애쓰는 각 단체 간의 사역이 서로 협력하고 조정이 잘 이루어지도록 기도하자.

2. 나이지리아도 선교사를 파송하는 국가가 되었다. 외국 선교단체와 토착 선교단체들 간에 협력이 조화롭게 잘 이루어지도록 기도하자.

3. 상당히 혼합주의적인 알라두라, 케루빔과 세라핌 교회, 그리스도 사도교회와 관련된 아프리카 토착교회들과 교회 지도자들이 성경적인 교회로 세워지기를 기도하자.

4. 인구의 7~8%(240만 명)가 에이즈 바이러스 보균자이며 에이즈 고아들은 140만 명으로 추정된다(1999년 통계). 이들이 십자가의 길로 나아와 생명을 얻을 수 있도록 기도하자.

**중보기도 노트**

여호와를 자기 하나님으로 삼은 나라 곧 하나님의 기업으로 선택된 백성은 복이 있도다.
시 33:12

기도는 영혼의 방패요, 하나님께 드리는 제물이며, 사탄을 향한 채찍이다. _존 번연

2월 22일                                                     나이지리아 3

# 선교사를 파송하는
# 영적인 강국

➕ 기도 제목

1. 1995년 이후 악화된 남부지역의 기독교와 무슬림의 관계가 복음의 진리 안에서 회복되도록 기도하자. 남동부지역에서 생산되는 석유로 부를 얻었으나, 특히 오고니 지역은 심각한 오염과 환경 파괴로 어려움을 겪고 있다. 이 지역에 살고 있는 사람들에게도 복음의 빛이 비치도록 기도하자.

2. 헌신한 기독교인들이 복음을 받고 예수님의 참된 제자로 변화되어, 복음 전도가 미미한 지역으로 나아가도록 기도하자.

3. 소수 종족들을 위한 교회 개척 사역이 일어나도록 기도하자. 기독교인이 깊이 뿌리내리지 못한 온도, 오군, 에도, 델타 주와 같은 연안지역, 기타 빈곤지역을 위한 복음의 추수꾼을 보내주시도록 기도하자.

4. 무슬림 선교사의 활동으로 전통 종족종교를 믿는 사람들과 미성숙한 기독교인이 현혹되고 있다. 기독교인들이 믿음을 지키고 오히려 무슬림들에게 복음을 전하도록 기도하자.

중보기도 노트

> 내 이름으로 불려지는 모든 자 곧 내가 내 영광을 위하여 창조한 자를 오게 하라 그를 내가 지었고 그를 내가 만들었느니라 눈이 있어도 보지 못하고 귀가 있어도 듣지 못하는 백성을 이끌어 내라 […] 나 여호와가 말하노라 너희는 나의 증인, 나의 종으로 택함을 입었나니 이는 너희가 나를 알고 믿으며 내가 그인 줄 깨닫게 하려 함이라 나의 전에 지음을 받은 신이 없었느니라 나의 후에도 없으리라. 사 43:7~8, 10

기도는 영혼이 하늘을 나는 날개이고, 묵상은 우리가 하나님을 보는 눈이다. _미상

# 다이아몬드처럼 빛나라

**면적** 1,218,363 ㎢ (한반도의 550.2%)
**인구** 40,376,600명
**수도** 케이프타운
**도시화** 54%
**GNP** $5,910
**종족** 아프리카 76.7%, 백인 10.9%, 유색인 8.9%, 아시아 2.6%
**공용어** 종족 언어(영어와 아프리카어는 고등교육에 주로 사용)  **문자해독률** 82%
**종교** 기독교 73.5%, 전통 종족종교 15%, 무종교·기타 8.1%, 회교 1.5%

남아프리카 공화국 1

Republic of South Africa

2010 월드컵 개최로 들떠 있다. 아프리카에서 가장 부유하고 공업화된 나라다.

세계 최대의 금, 백금, 다이아몬드, 크롬, 석탄 수출국이다. 문제가 있다면 강우량이 적다는 것이다.

흑인에 대한 인종차별 정책이 종식된 이후 기대와는 달리 여전히 흑인들은 가난한다.

흑인이 대통령 돼도 안 되는 건 안 되는구만.

국민들은 여전히 불신에 싸여 있으며 각종 범죄가 끊이지 않는다.

헉

백인들이 나가야 우리가 산다! 털어라!

| | |
|---|---|
| 폭력이 난무하여 1990년에만 살인자가 20만 명에 달해 충격을 주었다. | 살인이 미국의 7배에 달하는데도 유죄 판결을 받은 사람은 거의 없다는 것이다. 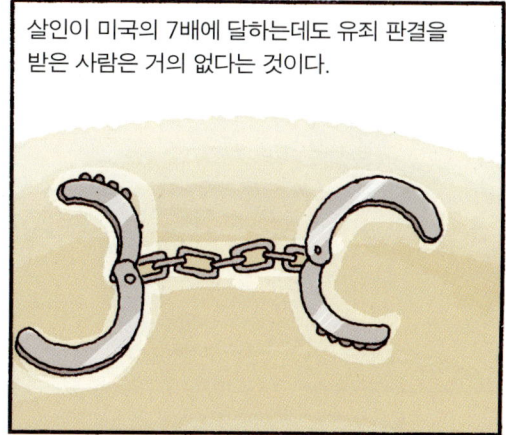 |
| 에이즈는 주 사망 원인이며 매일 1,200명이 죽어나가고 있다. <br>우리 남편이 죽었어요. | 2000년에만 43만 명의 에이즈 고아가 생겼고, 성인 인구의 20%와 모든 교사들 가운데 3분의 1이 에이즈에 감염되었다. <br>너희들은 에이즈 없는 세상에서 살아라. 먼저 간다.<br>우린 어떡해…. |
| 남아공의 교회가 일어서야 한다. 복음주의자들은 흑인을 차별하는 악에 도전하는 것을 꺼리고 있다. <br>우리도 백인이라서 흑인 문제는 좀…. | 수많은 아프리카 독립교회(AIC)에서 목회하고 있는 목회자들은 혼합주의적 신학을 가지고 있다. <br>성경하고 우리 전통하고 조금 섞었어요. |

### ✚ 기도 제목

1. 인종차별 정책이 종식되고 민주주의로 변화되었지만, 아직 국민의 가슴엔 경멸, 불신, 공포, 폭력 등으로 인한 깊은 상처가 남아 있다. 불신이 사라지고 신뢰하는 사회, 그리고 지속적인 평화를 위해 기도하자.

2. 격심한 빈부의 차로 인해 사회엔 많은 범죄와 부패가 만연하다. 가난한 자들이 속히 회복하고, 부패한 영역들은 하나님의 말씀이 다루시도록 기도하자.

3. 에이즈가 심각하여 사망의 주원인이 되었고, 폭력의 난무로 1990년 살인자가 20만 명이 넘었다. 이웃을 내 몸같이 사랑하고 생명의 소중함을 아는 민족이 되길 기도하자.

4. 많은 교회가 일어나고 교회 지도자가 훈련되고 있다. 더 많은 교회와 지도자들이 준비되어 하나님의 군사로 이 땅을 기경하도록 기도하자.

---

**중보기도 노트**

여호와께서 그의 앞으로 지나시며 선포하시되 여호와라 여호와라 자비롭고 은혜롭고 노하기를 더디 하고 인자와 진실이 많은 하나님이라. 출 34:6

나는 다른 이들을 위해 기도함으로써 많은 유익을 얻었다. _새뮤얼 러더퍼드

2월 24일

# 다이아몬드처럼 빛나라

남아프리카 공화국 2

Republic of South Africa

## ✚ 기도 제목

1. 49개의 신학교와 50개의 성경학교가 있었으나 재정적인 이유로 계속 감소하고 있다. 다시 지도자들을 양육하는 교육기관이 부흥하길 기도하자.

2. 전통적 세계관의 영향으로 교회와 신앙은 혼합주의적 성향을 가진다. 지도자들이 진리를 추구하는 삶을 살고 복음의 증인된 사도와 선지자와 교사들이 세워지길 기도하자.

3. 대다수의 교회 지도자들은 충분히 교육받지 못하여 전통적 사고방식을 가졌고 혼합주의적이다. 먼저 기독교 지도자들이 충족하게 하나님의 은혜와 지혜를 덧입기를 기도하자.

4. 젊은이들 곁엔 강간, 10대 임신, 살인, 에이즈 등의 재앙이 도사리고 있다. 교회만이 이 땅의 에이즈 희생자들에게 유일하고 영원한 소망의 길을 열어줄 수 있다. 교회가 이들에게 삶의 방향을 제시하고, 이들을 변화로 이끌 수 있다. 교회의 사명 감당을 위해 기도하자.

**중보기도 노트**

또한 모든 것을 해로 여김은 내 주 그리스도 예수를 아는 지식이 가장 고상하기 때문이라 내가 그를 위하여 모든 것을 잃어버리고 배설물로 여김은 그리스도를 얻고. 빌 3:8

상황과 조건의 변화는 진정한 변화가 아니다. 진정한 변화는 마음 중심의 변화이다. _김용의

2월 25일

# 다이아몬드처럼 빛나라

남아프리카 공화국 3

## ✠ 기도 제목

1. 전체적으로 선교에 대한 비전이 더욱 확대되고 있다. 계속 성장을 이루어, 선교단체들은 지역교회의 직접적인 참여를 수용하고 교회, 신학대학, 선교단체 사이에 좋은 협력과 복음의 연합전선이 이루어지도록 기도하자.

2. 성숙한 교회가 나타나면서 선교사가 수적으로 감소했다. 그러나 교회 개척, 지도자 훈련, 젊은이 사역, 문서 사역, 라디오 사역이 진행 중이다. 외국인 선교사들이 사역의 풍성한 열매를 거둘 수 있도록 기도하자.

3. 성경전서가 거의 모든 언어로 번역되어 보급되고, 23개 이상의 라디오, TV 방송국의 복음 전파 활동이 계속되고 있다. 성경을 읽는 사람들, 방송을 듣는 사람들이 더욱 늘어나고 변화되도록 기도하자.

4. 인구 45% 이상이 20세 미만의 청년들이다. 25개가 넘는 청년들을 위한 사역단체를 통해 비전이 발견되고 교육의 혜택이 누려지도록 기도하자.

---

**중보기도 노트**

이는 그리스도 예수 안에서 아브라함의 복이 이방인에게 미치게 하고 또 우리로 하여금 믿음으로 말미암아 성령의 약속을 받게 하려 함이라. 갈 3:14

나에게는 수많은 관심사들이 있으므로 기도하지 않을 수 없다. _필리프 멜란히톤

2월 26일

## 가장 개방적인 나라

네덜란드

# Netherlands

면적 41,785 ㎢(한반도의 18.9%)
인구 15,981,500명
수도 암스테르담
도시화 91%
GNP $46,260
종족 토착인 90.1%, 전 식민지인 3.1%, 기타 6.8%
공용어 네덜란드어, 프리슬란트어, 영어
문자해독률 99%
종교 기독교 55.9%, 무종교 38%, 이슬람교 5.4%

국토의 30% 이상이 해발보다 낮다. 무역 강국으로 세계의 수출을 주도하는 국가 중 하나다.

육지보다 바다가 높아요.

가톨릭에 반대하여 개신교 혁명을 주도했으며, 인도네시아를 식민지 삼기도 했고 지금도 세계 최대의 무역국가다.

관용이라는 미명 아래 기독교의 절대성을 무너뜨리고 있다.

종교를 통합하는 쪽으로 갑시다.

네덜란드는 기독교 국가로서 영광스러운 역사를 가졌으나 지금은 마약, 비정상적인 생활양식, 매춘, 동성연애, 낙태에 대한 제한이 거의 없다.

우리들의 천국!

쪽~

동성애자

## 네덜란드령 앤틸리스 Netherlands Antilles

# 라디오 선교 기지

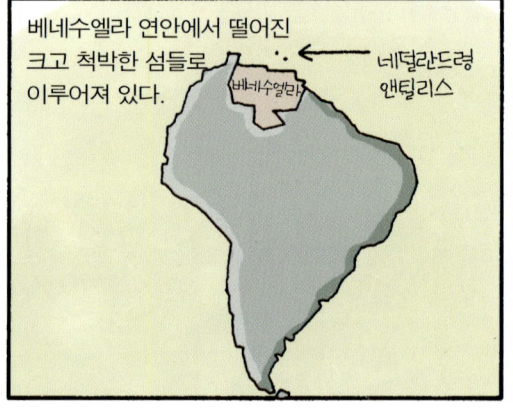

베네수엘라 연안에서 떨어진 크고 척박한 섬들로 이루어져 있다.

**면적** 800㎢(한반도의 0.36%)
**인구** 216,800명
**수도** 빌렘스타트
**도시화** 92%
**GNP** $11,500
**종족** 네덜란드 시민 86.9%, 외국인 13.1%, 기타 2%
**공용어** 네덜란드어　**문자해독률** 95%
**종교** 기독교 96%, 무종교·기타 2%, 힌두교 0.7%, 이슬람교 0.3%

## ✚ 기도 제목

### 네덜란드

1. 기독교인들의 수가 극감하고 있으며, 과거의 찬란한 기독교 유산을 포기하고 있다. 마약, 매춘, 동성연애, 무제한적인 낙태, 안락사 합법화 등 극도의 타락이 왔다. 영적으로 회복이 일어나도록 기도하자. 정부가 선한 영향력을 미치도록 기도하자.

2. 개신교의 본고장이라 할 수 있는 이곳은 인구의 절반가량이 복음을 접할 기회로부터 소외되어왔고, 기독교인들과 의미 있는 만남도 갖지 못하고 있다. 다시 한 번 진리의 영이 충만하여 올바른 교회들이 일어나기를 기도하자.

### 네덜란드령 엔틸리스

3. 복음이 전파되었으나 큰 열매는 나타나지 않고 있다. 그러나 꾸준히 사역하는 교회들과 선교단체를 통해 생명의 복음이 전파되고, 복음 안에 있는 그리스도의 생명을 누리는 그리스도의 증인들과 영적 지도자들이 세워지게 기도하자.

4. 1997년에 출판된 성경이 파피아멘토어를 사용하는 대다수의 사람에게 영향을 끼칠 수 있도록 기도하자. 문서 사역이 활발히 일어나도록 기도하자.

**중보기도 노트**

> 일어나라 빛을 발하라 이는 네 빛이 이르렀고 여호와의 영광이 네 위에 임하였음이니라 보라 어둠이 땅을 덮을 것이며 캄캄함이 만민을 가리려니와 오직 여호와께서 네 위에 임하실 것이며 그의 영광이 네 위에 나타나리니 나라들은 네 빛으로, 왕들은 비치는 네 광명으로 나아오리라. 사 60:1~3

*당신은 기도의 응답이 지연되는 것과 거절당하는 것 사이를 구별해야 한다.* \_토머스 브룩스

2월 27일　　　　　　　　　　　　　　　　　　　　　　　　　　네팔

# 세계 유일의 힌두 왕국

**면적** 147,181 ㎢ (한반도의 66.5%)
**인구** 23,930,500명
**수도** 카트만두
**도시화** 14%
**GNP** $400
**종족** 인도계 아리안 79%, 티베트 버마 17%, 기타 3.7%
**공용어** 네팔어　　**문자해독률** 40%
**종교** 힌두교 74.8%, 불교 16%, 이슬람교 5%, 기독교 1.9%

티베트와 인도 사이에 위치한 국가로, 히말라야 산맥으로 둘러싸여 있다. 세계에서 가장 높은 산 10개 중 8개가 네팔에 있다.

고립된 생존형 경제이며 대부분의 사람이 빈곤에 시달리고 있다. 젊은이들의 꿈은 영국의 용병이 되는 것이다.

용병 되면 가난도 벗고 결혼도 하고….

운동해야지.

최근 들어 급속한 산림 개간으로 환경이 심각하게 파괴되고 있다.

네팔마저 자연을 파괴하면 어떡합니까?

인도와 중동에 팔아넘겨진 네팔 소녀들은 25만 명에 이르며 그중 60~70%가 에이즈에 감염되었다. 이들의 수명은 25세를 넘기지 못한다.

### ✚ 기도 제목

1. 2007년 네팔 왕정이 종식되고 2008년 5월 공화정이 들어와 이제 네팔 기독교인들은 네팔의 인권 침해 및 종교 탄압이 나아질 것을 기대하며 기도하고 있다. 네팔의 기독교인들은 새롭게 선출된 위정자들이 기독 교인에게 예배와 전도의 자유를 더욱 허용해주기를 기도하자.

2. 공격적인 힌두교인들은 기독교인들을 네팔에서 쫓아내려고 악한 선전과 폭력으로 공격하고 있다. 온전한 종교의 자유가 헌법으로 보장하며 그들도 주 예수께 마음을 열도록 기도하자.

3. 네팔의 교회는 수적으로나 질적으로 크게 성장해왔다. 그러나 성장과 자유 속에서도 기도가 필요하다. 교회가 분열이나 교리적 논쟁과 오류에 빠지지 않도록 기도하자.

4. 네팔의 기독교 지도자의 첫 세대들은 튼튼한 초석을 놓았다. 다음 세대도 성령으로 충만한 비전을 가진 많은 사람들이 일어서도록 기도하자.

---

**중보기도 노트**

여호와께서 이같이 이르시되 은혜의 때에 내가 네게 응답하였고 구원의 날에 내가 너를 도왔도다 내가 장차 너를 보호하여 너를 백성의 언약으로 삼으며 나라를 일으켜 그들에게 그 황무하였던 땅을 기업으로 상속하게 하리라. 사 49:8

---

기도는 음악처럼 신성하며 구원이 된다. 기도는 신뢰이며 확인이다. _헤르만 헤세

**2월 28일**　　　　　　　　　　　　　　　　　　　　　　　　　　노르웨이

# 루터 교회의 주요 활동국

**면적** 323,878 ㎢(한반도의 146.3%)
**인구** 4,461,000명
**수도** 오슬로　　**도시화** 75%
**GNP** $83,920
**종족** 토착인 90.7%, 외국 기원 9.3%
**문자해독률** 96%
**공용어** 노르웨이어
**종교** 기독교 93.7%, 무종교·기타 5%, 이슬람교 1%

### ✚ 기도 제목

1. 인구의 90%가 기독교인이고 30%는 그리스도와 관계를 맺고 있다. 교회생활에 활동적이며 정기적으로 예배에 참석하는 인구는 5~10%에 불과하다. 살아계신 하나님 앞에 나아와 그 거룩한 전을 사모함으로 주께 온전한 예배와 헌신을 드리도록 기도하자.

2. 세계적으로 많은 선교사를 파송하고 있는 나라 중 하나이다. 계속해서 선교에 많은 열정과 헌신을 드리는 쓰임받는 나라가 되기를 기도하자.

3. 국교인 루터교의 소망과 열정이 동성애라는 사탄의 유혹에 빠져 방향을 잃어버렸다. 이때 먼저 교회의 목회자들이 복음으로 새롭게 태어나 견고하게 서기를 기도하자.

4. 동성애로 상처 입은 신학교와 성경학교가 다시 굳건하게 세워지고 진리로 무장되도록 기도하자.

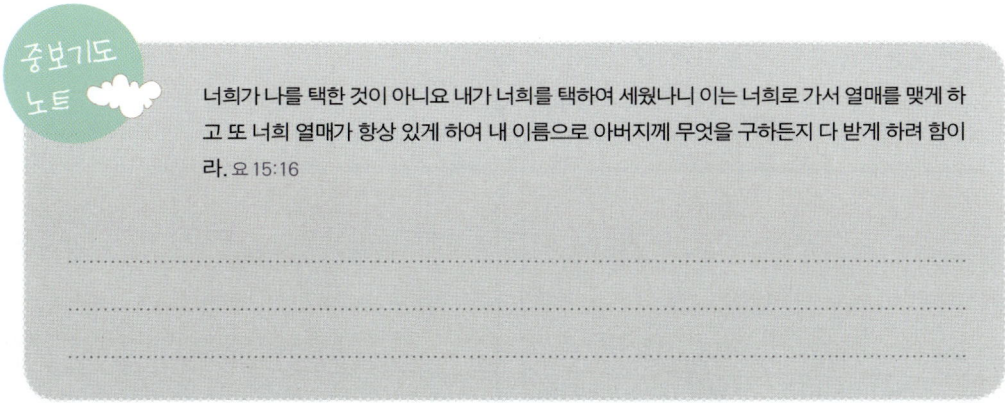

너희가 나를 택한 것이 아니요 내가 너희를 택하여 세웠나니 이는 너희로 가서 열매를 맺게 하고 또 너희 열매가 항상 있게 하여 내 이름으로 아버지께 무엇을 구하든지 다 받게 하려 함이라. 요 15:16

나는 하나님께서 오직 내 기도에 응답하심으로써만 그분의 위대한 사역을 행하실 것을 믿습니다. _루이스 스페리 채퍼

**3월 1일**

# 재미없는 천국

뉴질랜드

*New Zealand*

**면적** 267,515㎢ (한반도의 120.8%)
**인구** 3,861,900명
**수도** 웰링턴
**도시화** 84%
**GNP** $30,260
**종족** 유럽 77%, 폴리네시아 18.2%, 아시아 4.3%
**공용어** 영어, 마오리어   **문자해독률** 99%
**종교** 기독교 61.7%, 무종교 35%, 불교·중국 종교 1%

이 땅의 천국이라고 불리는 뉴질랜드는 1960년대 이후 교회에 활발한 성령의 역사가 있었다.

뉴질랜드는 기독교 인구 1인당 파송 선교사 수가 세계 4위다.

그러나 급속한 세속화의 영향으로 교회 출석이 갈수록 감소하고 있으며 동성연애와 뉴에이지 종교의 도전을 받고 있다.

골프가 나의 신앙이오.

특히 젊은이들 가운데 신실한 기독교인이 매우 적다.

믿긴 믿는데 확신이 없어요.

### ✚ 기도 제목

1. 교회가 세상으로부터 외면당하고 몹시 분열되어 있으며, 교인은 감소 추세에 있다. 많은 기독교인들이 성령의 새로운 역사를 위해 기도하고 있는데, 이를 위해 함께 기도하자.

2. 낙후된 복지 형편은 교회가 지역 푸드 뱅크와 재정 상담으로 불우한 계층을 도울 수 있는 더 많은 기회를 찾게 만들고 있다. 지역사회에서의 이런 사역들이 영적인 열매를 가져올 수 있도록 기도하자.

3. 기독교인 1인당 파송 선교사 수가 세계 4위인 뉴질랜드의 모든 교회 안에 참 진리의 충만한 은혜가 넘쳐나고, 이 나라가 주님의 축복의 통로로 사용되길 기도하자.

4. 많은 혼합 종교, 몰몬교 등의 추종 세력이 늘어나고 있다. 이 땅에 복음적인 교회와 진리에 서 있는 지도자들이 세워지기를 기도하자.

또 주여 태초에 주께서 땅의 기초를 두셨으며 하늘도 주의 손으로 지으신 바라 그것들은 멸망할 것이나 오직 주는 영존할 것이요 그것들은 다 옷과 같이 낡아지리니 의복처럼 갈아입을 것이요 그것들은 옷과 같이 변할 것이나 주는 여전하여 연대가 다함이 없으리라 하였으나.

히 1:10~12

기도의 자리를 거부하는 것은 원형의 삶을 거부하는 것이다. _순회선교단_

**3월 2일**

# 니켈 광산으로
# 부를 이룬 나라

**뉴칼레도니아**

## New Caledonia

**면적** 18,734 ㎢ (한반도의 8.5%)
**인구** 214,000명
**수도** 누메아
**GNP** $15,720
**종족** 멜라네시아 52%, 폴리네시아 14%, 코카서스 28.8%, 아시아 5.2%
**공용어** 프랑스어
**문자해독률** 92%
**종교** 기독교 82.8%, 무종교·기타 13%, 이슬람교 3.5%

길이 4백km의 큰 섬을 중심으로 하여 여러 작은 섬들로 이루어졌고 니켈, 크롬의 세계적 산지로 유명하다.

2차 세계대전 때 미군들이 뉴칼레도니아에 들어오면서 은둔의 섬은 자본주의에 노출되었다.

멋진 섬 발견!

지구 상의 40%가 매장되어 있는 니켈 때문에 주민들은 부자가 되었다.

오 솔레 미오~

가톨릭이 주류를 이루는 이 나라는 점점 세속화되고 있고, 대부분의 사람들이 교회와 관계없이 살아가고 있다.

해는 져서 어두운데 오는 사람은 없고….

문 닫자.

### ✚ 기도 제목

1. 정령 숭배, 마술적인 관습과 복음의 가르침을 구별하지 못하는 목회자가 많이 있다. 성경적이면서 토착적인 기독교인의 복음 전도가 일어나 생명력이 이 땅에 충만하도록 기도하자.

2. 많은 개신교 교회들은 자유주의 신학의 영향을 받고 있다. 교회를 통하여 경건하고 하나님을 경외하는 리더들이 많이 일어나도록 기도하자.

3. 세속화의 영향으로 대부분이 교회와 상관없이 살아가는 사람들이다. 세속주의의 강력한 사탄의 권세를 파하고 복음의 능력으로 충만한 교회와 성도가 되기를 기도하자.

4. 뉴칼레도니아 사람들은 19세기에 이주해온 정착민과 죄수들의 후손인데, 이들은 주로 외부의 영향을 받지 않는 지역에 거주하고 있어 복음주의자적인 신자들이 드물다. 관리자 혹은 사업차 체류하는 프랑스인도 현재 대부분이 교회에 관심이 없다. 복음 전도가 미약한 이들을 향한 복음 선포 사역이 이루어지도록 기도하자.

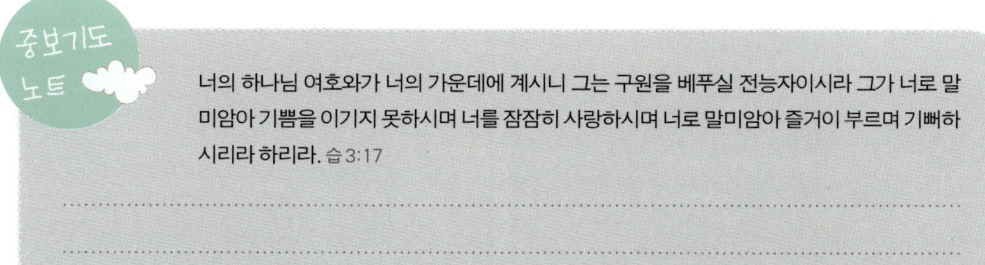

너의 하나님 여호와가 너의 가운데에 계시니 그는 구원을 베푸실 전능자이시라 그가 너로 말미암아 기쁨을 이기지 못하시며 너를 잠잠히 사랑하시며 너로 말미암아 즐거이 부르며 기뻐하시리라 하리라. 습 3:17

기도의 자리를 포기하는 것은 하나님 나라의 부흥과 재림의 영광을 포기하는 것이다. _순회선교단

**3월 3일**　　　　　　　　　　　　　　　　　　　　　　　　　　니제르

# 사하라의 나라

**면적** 1,186,408㎢ (한반도의 535.8%)
**인구** 10,639,700명
**수도** 니아메
**도시화** 17%
**GNP** $310
**종족** 차드 46.3%, 닐로-사하라 27%, 투아레그 12.2%, 풀베(풀라) 10%
**공용어** 프랑스어, 하우사어　　**문자해독률** 17%
**종교** 이슬람교 97.6%, 정령 숭배 2%, 기독교 0.4%

아프리카 서부의 사하라 사막 남쪽에 있는 나라로 사막이 영토의 대부분을 차지하고 있다.

전 인구의 90% 가까이가 남부 일대에 집중해서 살고 있다.

우라늄과 기타 광물의 생산으로 약간의 경제적인 여유를 누리고 있으나, 사바나 지역의 기근과 나이지리아의 국경 폐쇄로 경제가 황폐화되었다.

이 메마른 땅에서 모래만 먹고살 순 없잖아요.

거의 전 국민이 이슬람교를 믿는 반면, 90%가 최저 생활수준에서 살고 있다.

알라여, 먹고 사는 문제는 안 되나요?

### ✚ 기도 제목

1. 1975년 1개였던 복음주의 교회가 2000년에는 50개 이상으로 늘어났다. 계속 성장하여 무슬림들 가운데 복음의 꽃이 피게 되기를 기도하자.
2. 나라가 개방되어 주님을 알게 하는 데 방해되는 민속 이슬람교와 강한 이슬람 조직, 이슬람 대학 등 사탄의 억압이 제거되도록 기도하자.
3. 이 척박한 땅에서 일할 많은 선교사들이 필요하다. 호감을 불러일으키는 박애적인 사역이 더욱 확장되고 많은 지원과 선교 동원이 일어나기를 기도하자.
4. 아직 복음 전도가 연약한 종족과 병원 사역, 매춘부 사역, 문서 사역 등을 통해서 하나님의 견고가 나라가 세워지고 더 전략적이고 전문적인 사역이 진행되도록 기도하자.

내가 그들에게 한 마음을 주고 그 속에 새 영을 주며 그 몸에서 돌 같은 마음을 제거하고 살처럼 부드러운 마음을 주어 내 율례를 따르며 내 규례를 지켜 행하게 하리니 그들은 내 백성이 되고 나는 그들의 하나님이 되리라. 겔 11:19~20

하나님을 아는 것은 하나님과 교제를 나누는 것과는 전혀 다른 것이다. _A. 토저

### 3월 4일

# 재난에서 일어서라

니카라과

# Nicaragua

- **면적** 127,849 ㎢ (한반도의 57.7%)
- **인구** 5,200,000명
- **수도** 마나과    **도시화** 54%
- **GNP** $950
- **종족** 스페인어 사용 86.7%, 영어·크리올어 8.3%, 아메리카 인디언 방언 4.7%
- **공용어** 스페인어    **문자해독률** 66%
- **종교** 기독교 90.9%, 무종교·기타 9.1%

중미 공화국 중 가장 큰 나라로, 인구의 대부분이 태평양 저지대와 고지대 근방에 살고 있다.

풍부한 광물자원과 낮은 인구밀도로 성장 잠재력이 있으나 독재정치와 자연재난으로 인해 파산 지경에 처했다.

1998년 허리케인 '미치' 때문에 나라가 더욱 황폐해졌다.

9천 명 이상이 사망했고 2백만 명이 집을 잃었다. 복구하는 데만도 자그마치 15년 또는 그 이상이 걸릴 것이다.

### ✚ 기도 제목

1. 심각하게 분열된 나라이다. 정치인, 지역 공동체, 노동조합, 교회, 가정 등이 분열되었다. 정부가 모든 집단들을 화해시키고 중재하여 속히 불신이 사라지고 화해와 연합이 오도록 기도하자.

2. 자연재해로 인해 종종 큰 피해를 입는 나라이다. 교회 출석자 중 약 70%가 실직상태이다. 속히 복구되고 필요한 물적 자원과 인적 자원이 공급되도록 기도하자.

3. 복음주의자들은 현재 인구의 5분의 1을 차지하고 있다. 현재의 부패한 정치 체제에서 선지자적 사명을 감당하고 진리에 반응하도록 기도하자.

4. 명목상 가톨릭인이고 스페인화된 인디언과 대부분이 정령 숭배자인 가리푸나족을 위한 복음 전도 사역이 아직 과제로 남아 있다. 진리로 무장된 군사들을 예비해주시고 복음의 능력이 그들에게 나타나기를 기도하자.

> **중보기도 노트**
>
> 그에게 권세와 영광과 나라를 주고 모든 백성과 나라들과 다른 언어를 말하는 모든 자들이 그를 섬기게 하였으니 그의 권세는 소멸되지 아니하는 영원한 권세요 그의 나라는 멸망하지 아니할 것이니라. 단 7:14

기도는 인간의 약함을 성스러운 위력으로 감싸준다. _미상

**3월 5일** 대만 1

# 헌신하는 기독교인이 필요한 나라

**면적** 36,000 ㎢ (한반도의 16.3%)
**인구** 22,405,600명
**수도** 타이페이
**도시화** 75%
**GNP** $16,610
**종족** 한족 97.3%
**공용어** 만다린어  **문자해독률** 94%
**종교** 중국 종교 43.2%, 불교 25%, 무종교·기타 25.3%, 기독교 6.1%

인구의 대다수는 불교, 도교, 유교가 혼합된 독특한 종교를 신봉한다.

대만 어느 지역을 가든지 상점, 가정, 직장에서 불상을 모셔놓고 아침저녁으로 절한다.

대만 전 지역에 사찰이 1만 개 이상 있으며 수만 명의 민간 신앙 성직자가 활동하고 있다.

사이비 도사들의 천국!

대만에서는 다른 종교보다 불교가 급속하게 성장하고 있다.

어허 둥둥! 불교 만세!!

소수의 기독교인이 있지만 헌신하는 사람이 거의 없다. 시골 교회에 목사는 거의 없고, 교회에서 주는 사례비도 매우 낮다.

이런 상황에서 어떻게 사역을 하겠어요.

1백만 명에 이르는 대학생들이 희망이다. 이들은 복음에 가장 많은 반응을 보이는 계층이다.

대학 복음화로 대만 선교를!

## ✚ 기도 제목

1. 대만은 불교, 도교, 유교가 혼합된 독특한 종교를 신봉한다. 불교는 급속하게 성장하고 있다. 우상 숭배가 떠나가고 교회가 더욱 영향력을 미칠 수 있기를 기도하자.

2. 복음의 길들이 잘 열리시 않는 곳의 대표 나라가 대만이다. 특히, 조상신 숭배와 물질주의는 큰 장애이다. 복음을 받아들이는 것을 막는 모든 장애가 없어지도록 기도하자.

3. 도박, 단단히 뿌리내린 조상 숭배 사상, 물질주의의 팽배, 타 종교의 심한 저항 등에 신자들이 십자가 복음의 영적 능력으로 나아가도록 기도하자.

4. 복음에 가장 반응을 보이는 이들은 청년들이다. 1백만 명에 이르는 대학교와 단과대학의 학생들은 황금 어장이다. 대만의 소망인 많은 젊은이들이 주께로 돌아오기를 기도하자.

중보기도 노트

땅이 싹을 내며 동산이 거기 뿌린 것을 움돋게 함같이 주 여호와께서 공의와 찬송을 모든 나라 앞에 솟아나게 하시리라. _사 61:11_

하루 중 최상의 시간을 하나님과의 교제를 위해 할애하라. _테일러_

3월 6일                                                          대만 2

# 헌신하는 기독교인이
# 필요한 나라

## ✚ 기도 제목

1. 오지에 살고 있는 부족과 650개가 넘는 산지 교회가 있다. 급작스럽게 밀려드는 세속 문화의 영향으로 가정이 무너지고 있다. 순수 신앙을 지키며 이들의 가정 회복과 교회의 부흥을 위해 기도하자.

2. 사역자가 너무 부족한 상황이다. 지방교회에서는 사역자에 대한 대우도 열악하다. 33개가 넘는 신학교와 성경학교를 통하여 귀한 하나님의 사역자가 길러지고 파송되기를 기도하자.

3. 교회의 성장을 저해하는 요소들은 음주나 도박 등 개인적 측면과, 단단히 뿌리내린 조상 숭배 사상, 물질주의의 팽배, 타 종교의 심한 저항 등 사회적 측면에서 볼 수 있다. 또한 교회에 대한 낮은 헌신, 목사와 전임 사역자의 부족, 불균형이 심한 기독교인 분포, 명목주의가 문제이다. 신자들과 사역자들이 이러한 장애를 뛰어넘고 전적으로 헌신하도록 기도하자.

4. 부정부패가 사회 전반에 만연해 있고, 그를 통해 부를 축적하는 정치가들도 많았다. 부패가 근절되고 위정자들이 국민을 위하고 정부가 투명하고 건강하게 되기를 기도하자.

**중보기도 노트**

만군의 하나님이여 우리를 회복하여주시고 주의 얼굴의 광채를 비추사 우리가 구원을 얻게 하소서. 시 80:7

회복이란 메뚜기 떼가 먹어치운 여러 해 분량의 손실을 기도로 복구하는 것이다. _제임스 A. 스튜어트

**3월 7일**  덴마크

# 형식에 생명을 불어 넣어주소서

**면적** 43,092 ㎢ (한반도의 19.5%)
**인구** 5,368,900명
**수도** 코펜하겐
**도시화** 85%
**GNP** $57,260
**종족** 덴마크 95%, 외국인 5%
**공용어** 덴마크어   **문자해독률** 99%
**종교** 기독교 85.9%, 무종교·기타 11%, 이슬람교 3%

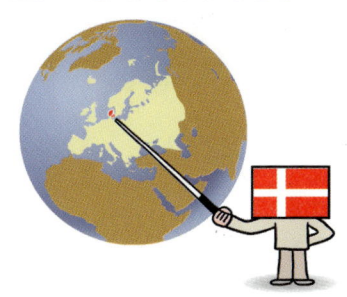

서비스업, 농업, 경공업에 기반을 둔 강한 수출 지향적 경제국가로, 인구의 약 90%가 루터교 교인이다.

바이킹의 후손들이죠.

많은 사람들이 스스로 기독교인이라고 말하지만 대부분의 교구에서 1~4% 정도가 교회에 출석하고 있다.

축구장에 출석 중!

루터 교회는 너무 형식적이어서 성령의 새로운 바람이 불어야 할 필요가 있다.

의무적으로 움직일 뿐이죠.

자유주의 신학의 악영향과 물질주의 포스트 모더니즘이 교회를 어렵게 하고 있다.

성경을 100% 안 믿었더니 믿음이 확 달아나더군요.

### ✚ 기도 제목

1. 인구의 90%가 국교인 루터교를 믿으며 스스로 기독교인이라고 하지만 교구에서 1~4% 정도만 교회에 출석한다. 명목상의 기독교인이 아니라 진심으로 주를 경배하고 진정 거듭난 그리스도인이 되기를 기도하자.

2. 형식적인 루터 교회 안에 성령의 새 바람이 불어오고 있다. 복음주의 목사님들이 교회 갱신을 위해 일하고 있다. 교회의 개혁을 위해 일하는 사람들에게 지혜를 주시고, 개혁을 통해 진정한 그리스도인이 되도록 기도하자.

3. 선교에 부르심을 받은 이들이 더욱 증가하도록 기도하자. 덴마크 선교단체들이 국제적인 선교운동에 효과적으로 기여하도록 기도하자.

4. 비선교적 신학, 자유주의 신학은 교회에 방해가 되고 있다. 모든 신학교와 성경학교가 복음으로 다시 갱신하여 선교의 비전을 완성하도록 기도하자.

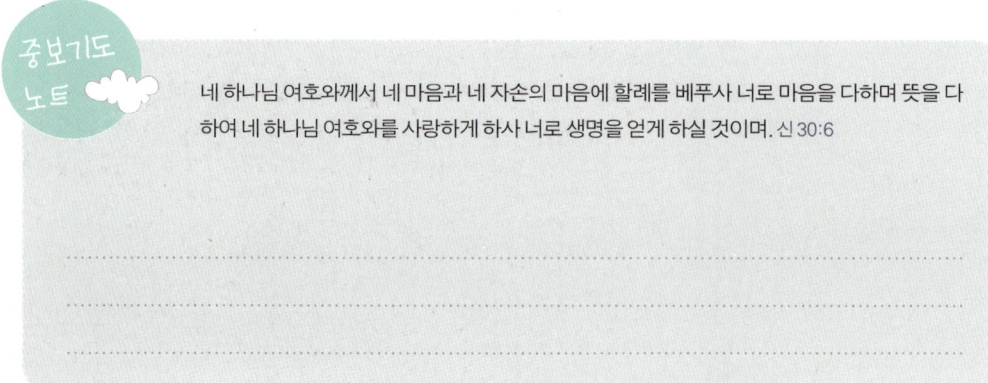

중보기도 노트

네 하나님 여호와께서 네 마음과 네 자손의 마음에 할례를 베푸사 너로 마음을 다하며 뜻을 다하여 네 하나님 여호와를 사랑하게 하사 너로 생명을 얻게 하실 것이며. 신 30:6

오늘날 이 세상의 위대한 사람들은 기도하는 사람이다. 고든

3월 8일                                                    도미니카

## 전임 사역자가
## 필요한 나라

**면적** 750㎢ (한반도의 0.3%)
**인구** 71,700명
**수도** 로조  **도시화** 30%
**GNP** $4,330
**종족** 아프리카계 카리브 96.3%, 아메리카 인디언 2.4%, 기타 1.3%
**공용어** 영어  **문자해독률** 90%
**종교** 기독교 94.9%, 심령술 2.7%, 바하이교 1.7%

카리브 해의 화산섬으로 이루어진 공화국으로, 허리케인의 폐해가 심각하며, 산이 많아 지형이 거친 편이다.

1759년까지 프랑스의 지배를 받으면서 종교와 문화에 결정적인 영향을 받았다.

라따뚜이입니다. 요리해 드릴까요?

아프리카계 카리브인이 절대적이며(96.3%) 바나나 수출을 많이 한다.

우리 식량을 왜 수출하는 거야?

교회가 성장하고 있지만 경제문제 때문에 많은 목사들이 다른 직업을 가져야만 한다.

전임 사역 하고 싶어요.

## 도미니카 공화국 Dominican Republic

# 명목상 기독인들이여, 일어나라!

**면적** 48,443㎢ (한반도의 21.9%)
**인구** 8,495,300명
**수도** 산토도밍고　　**도시화** 56%
**GNP** $4,150
**종족** 스페인 85%, 아이티 14%, 기타 1%
**공용어** 스페인어　　**문자해독률** 82%
**종교** 기독교 95.2%, 무종교·기타 2.5%, 심령술 2.2%

### ✚ 기도 제목

#### 도미니카

1. 사역자들이 경제 사정 때문에 다른 직업을 가져야만 한다. 많은 목사님들이, 주님이 모든 삶의 보장이며, 능력인 것을 믿게 해주시고, 말씀과 기도에 전무하기를 기도하자.
2. 스스로 기독교인이라고 고백하지만, 혼외정사로 태어난 아이들이 75% 이상이다. 회개의 영을 부어주시고, 말씀에 따라 정결한 삶을 살아가도록 기도하자.
3. 카리브 인디언들은 도미니카 북동 해안에 고립되어 있는 보호구역에 살고 있다. 대부분이 명목상 기독교인들이며, 그리스도를 믿는 믿음대로 사는 사람은 소수에 불과하다. 사회적으로 소외된 이들이 그리스도 안에서 진정한 정체성과 만족을 얻도록 기도하자.

#### 도미니카공화국

4. 종교는 자유가 보장되지 않고 가톨릭만이 인정된다. 복음주의 기관들을 축복하시어 이들을 통해 복음의 전파가 활발히 이루어지도록 기도하자.
5. 불법 이주, 부패한 정부로 인해서 극도로 가난한 국민이 40%에 이르고 실업자는 28%에 해당한다. 국가 경제가 일어서고 정치가들이 올바르게 정치하도록 기도하자.

**중보기도 노트**

그러므로 형제들아 내가 하나님의 모든 자비하심으로 너희를 권하노니 너희 몸을 하나님이 기뻐하시는 거룩한 산 제물로 드리라 이는 너희가 드릴 영적 예배니라 너희는 이 세대를 본받지 말고 오직 마음을 새롭게 함으로 변화를 받아 하나님의 선하시고 기뻐하시고 온전하신 뜻이 무엇인지 분별하도록 하라. 롬 12:1~2

기도는 인간의 영을 내뿜고 하나님의 영을 들이켜는 것이다. _미상

3월 9일 독일 1

# 인본주의 신학의 근원지

**면적** 357,042㎢(한반도의 161.2%)
**인구** 82,220,500명
**수도** 베를린
**도시화** 82%
**GNP** $40,420
**종족** 토착인 91%, 유럽 연합 2.5%, 기타 서구인 3%, 기타 3.4%
**공용어** 독어  **문자해독률** 100%
**종교** 기독교 69.5%, 무종교·기타 26.6%, 이슬람교 3.7%

독일은 세계적인 경제 대국이다.

그러나 인본주의와 19세기 파괴적인 성서 비평이 교회를 약화시켰고, 20세기 나치 정권과 타협하게 되는 결과를 낳았다.

빨닥 겟업! 게르만들이여, 일어서라!

교회는 시대에 뒤떨어져 소외되어왔지만 인구의 70%가 기독교인이라고 주장한다.

하지만 8%만이 정기적으로 예배에 출석할 뿐이죠.

사람들은 기독교에 대한 것이면 무엇이든지 적대감을 가지고 있으며 점성술, 알코올 중독, 사탄주의, 뉴에이지 세계관이 증가하고 있다.

교회는 말만 들어도 기분 나빠집니다.

180

### ➕ 기도 제목

1. 1991년 동·서독의 통일로 베를린이 수도가 된 것은 과거의 비극을 딛고 새롭게 시작하는 계기가 되고 있다. 젊은이들 사이에 영적 열정이 커지고 복음주의와 카리스마틱 교회가 더욱 성장하도록 기도하자.
2. 유럽에서 차지하는 부, 권력, 전략적 위치 때문에 독일은 기독교 가치관을 가진 강하고 용기 있는 지도자가 필요하다. 이 나라에 능력 있는 지도자를 보내주시길 기도하자.
3. 인구의 70%가 기독교인이라고 주장하지만, 단지 45%만 하나님을 인격적으로 믿고 있으며, 8%만이 정기적으로 예배에 출석하고 있다. 주님의 빛 가운데 나아와 눈을 뜨고 현시대를 올바로 주도하는 기독인이 되기를 기도하자.
4. 보수적인 복음주의 감독관은 소수이며, 복음주의 목사들이 교회에서 사역하는 일이 점점 더 어려워지고 있다. 성경을 신뢰하고, 교회 안에서 진리의 말씀을 적용하는 일이 회복되기를 기도하자.

**중보기도 노트**

오직 너 하나님의 사람아 이것들을 피하고 의와 경건과 믿음과 사랑과 인내와 온유를 따르며 믿음의 선한 싸움을 싸우라 영생을 취하라 이를 위하여 네가 부르심을 받았고 많은 증인 앞에 서 선한 증언을 하였도다. 딤전 6:11~12

하나님과 나누는 고요한 시간은 생애 전체와 맞바꿀 만한 가치가 있다. _로버트 머리 맥체인

3월 10일 　　　　　　　　　　　　　　　　　　　　　　　독일 2

# 인본주의 신학의 근원지

➕ **기도 제목**

1. 독일은 큰 규모의 개신교 공동체를 보유하고 있는데도 선교사를 파송하고 있는 비율이 아주 낮은 나라 중 하나다. 곳곳에 선교사를 보내고 복음의 열정이 일어나 많은 사람들을 변화시키는 도구로 사용하시길 기도하자.

2. 개신교회와 복음주의 동맹 안에서 연합이 일어나고, 이 교회들의 복음주의 전도 및 선교의 고리가 연결되어 동역하도록 기도하자.

3. 신학교는 지난 수십 년간 자유주의 신학 및 기타 비성경적 신학자에 의해 독단적으로 운영되어, 복음주의자들이 소외되고 있다. 진리를 선포할 수 있는 교수들과 복음주의 학생들을 위해 기도하자.

4. 학생 사역은 교회의 미래에 있어서 중요하다. 젊은이들에게 영향력을 줄 수 있는 새로운 방식과 효과적인 방법으로 이 사역들이 더욱 풍성하게 자라도록 기도하자.

**중보기도 노트**

> 그의 십자가의 피로 화평을 이루사 만물 곧 땅에 있는 것들이나 하늘에 있는 것들이 그로 말미암아 자기와 화목하게 되기를 기뻐하심이라. 골 1:20

천하만물을 열심히 사랑하는 사람이 열심히 기도하는 사람이다. _콜리지

3월 11일  독일 3

# 인본주의 신학의 근원지

### ✚ 기도 제목

1. 개혁의 영향에도 불구하고, 북부 평원, 바바리아, 벨기에 국경 에이펠 지역 등에는 생명력 있는 복음 증거가 없다. 많은 도시는 세속화되어 영적 도전을 받고 있다. 생명력 있는 복음 전도를 위해 기도하자.

2. 이슬람교 단체는 자신들의 활동을 심화시키고 영역을 넓혀가고 있다. 약 2,200개의 모스크와 기도처를 가지고 있다. 이들에게 그리스도의 사랑과 관심을 보여주며 그리스도를 전할 수 있는 기회를 놓치지 않도록 기도하자.

3. 기도가 필요한 종족은 터키인, 쿠르드족, 이란인, 북아프리카 아랍인 및 베르베르인, 알바니아 및 보스니아 무슬림, 남부 유럽인, 중부 유럽인, 로마(집시)인, 유대인들이다. 이들에게 복음이 전해지고 구원의 은혜가 넘쳐나길 기도하자.

4. 기독교 문서와 출판과 복음주의 잡지, 라디오 방송국, 위성 방송국, 인터넷 등을 통해 복음 전도의 영향력이 커지고 있는데, 하나님 나라의 원리로 복음이 온전히 전파되도록 기도하자.

---

**중보기도 노트**

> 내가 잠시 너를 버렸으나 큰 긍휼로 너를 모을 것이요 내가 넘치는 진노로 내 얼굴을 네게서 잠시 가렸으나 영원한 자비로 너를 긍휼히 여기리라 네 구속자 여호와께서 말씀하셨느니라.
> 사 54:7~8

기도하는 한 사람이 기도 없는 한 민족보다 강하다. _존 낙스

**3월 12일**  라오스

# 고통받고 있는
# 라오스 교회

**면적** 236,800㎢(한반도의 106.9%)
**인구** 5,433,000명
**수도** 비엔티안
**도시화** 22%
**GNP** $660
**종족** 라오 타이 58.9%, 몬 크메르 30.8%, 호몽 미엔 7.1%, 중국 티베트 2.7%
**공용어** 라오어    **문자해독률** 57%
**종교** 불교 61.1%, 전통 종족종교 31.2%, 무종교·기타 4.2%, 기독교 1.9%

태국, 베트남, 중국 사이에 위치한 인도차이나 반도의 내륙 국가이며, 국토의 55%가 산림지대이다.

대다수가 메콩 강 유역의 저지대에 거주하며 생존형 농업에 의존하고 있다.

아이고, 허리야~

기독교인에 대한 공산주의자들의 핍박이 갈수록 심해지고 있다.

2000년에는 24건의 교회 지도자 투옥사건이 있었다.

기독교는 라오스의 적이오. 다 잡아들여!

### ✚ 기도 제목

1. 선교사들이 힘들게 씨를 뿌려서 영적 돌파구가 열렸지만 아직은 미미한 상태다. 기독교가 다양한 인종적, 언어적 경계를 넘어 이 나라 전체가 복음에 마음 문을 열도록 기도하자.

2. 공산 정권 정부의 엄한 감독으로 고통받고 있는 자들에게 인내와 은혜를 주시고 복음 전도와 교회 개척 및 건축을 자유롭게 할 수 있도록 기도하자.

3. 소수 종족의 복음화에 대한 비전을 가지고 라오스에 있는 복음주의 교회와 가정 모임의 지도자들이 연합하여 라오스 땅을 성령으로 덮고 변화시켜가도록 기도하자.

4. 선교사들을 공식적으로 허용하지 않지만, 외국인 사역자들이 농업 개발, 기술 지원 등 여러 방식으로 사역을 계속한다. 사역의 기회들이 더 폭넓어져서 성경 번역 팀, 성경 교사들과 교회 개척자들이 이 나라에 들어갈 수 있도록 기도하자.

**중보기도 노트**

> 여호와가 우리 하나님이신 줄 너희는 알지어다 그는 우리를 지으신 이요 우리는 그의 것이니 그의 백성이요 그의 기르시는 양이로다. 시 100:3

중보기도에 게으른 것은 경건한 생명의 결핍을 가리킨다. _F. B. 마이어

**3월 13일**　　　　　　　　　　　　　　　　　　　　　　라이베리아

# 노예들이 세운 나라

**면적** 99,067㎢ (한반도의 44.7%)
**인구** 3,226,800명
**수도** 몬로비아　**도시화** 45%
**GNP** $200
**종족** 만데 47.2%, 크루 41.3%, 서대서양 7.9%, 기타 3.6%
**공용어** 영어　**문자해독률** 38%
**종교** 전통 종족종교 48.4%, 기독교 38.3%, 이슬람교 13%

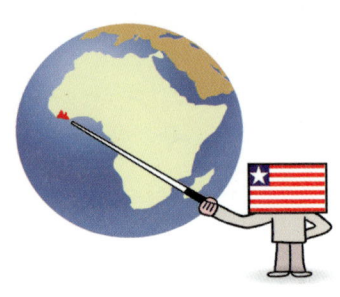

아프리카 서부 대서양 연안에 있는 국가로서 산림이 울창하고 물이 풍부하며 철과 다이아몬드 같은 천연자원이 많이 생산된다.

그러나 내전 때문에 도로와 건물의 대부분이 파괴되었고, 가난을 면치 못하고 있다.

이 나라는 미국에서 해방된 노예들을 아프리카로 송환시키려는 미국 식민협회의 노력으로 건설되었다.

자유를 찾아 왔노라!

본래 기독교 국가로 건국되었으나 실제로는 신비주의가 지배하고 있다.

이러려고 나라를 세운 건 아닌데…

### ➕ 기도 제목

1. 잘못된 지도자들이 국가를 힘든 상황으로 몰아가고 국민에게 많은 상처를 주었다. 그 결과 많은 국민들이 정신적, 육체적 고통을 받고 있다. 이 땅이 복음으로 회복될 수 있도록 기도하자.

2. 복음의 능력을 상실하고 악과 타협한 기독교가 죄, 신비술, 알코올 중독, 일부다처제와 같은 문제를 묵과하는 결과를 낳았다. 교회가 사탄의 속임에서 벗어나 성령의 자유와 능력을 힘입도록 기도하자.

3. 젊은이와 아이들을 위한 사역이 전쟁으로 중단되었다. 학생 사역을 다시 세워나가고 있는 단체와 사역자들이 힘을 입어 계속 사역하도록 기도하자.

4. 공급받아야 할, 가난하고 비참하며 고통받고 있는 개인, 가족, 사회를 위한 사역이 필요하다. 정착하는 농부들을 돕고 있는 기관과 많은 선교단체들에게 하나님이 지혜를 주시도록 기도하자.

**중보기도 노트**

여호와의 손이 짧아 구원하지 못하심도 아니요 귀가 둔하여 듣지 못하심도 아니라 오직 너희 죄악이 너희와 너희 하나님 사이를 갈라놓았고 너희 죄가 그의 얼굴을 가리어서 너희에게서 듣지 않으시게 함이니라. 사 59:1~2

하나님께서 통회하여 찢어진 마음의 그 조각들을 모아 하시는 일은 심히 놀랍다. _새뮤얼 채드윅

**3월 14일**　　　　　　　　　　　　　　　　　　　　　라트비아

# 영적 무관심을
# 제거해주소서

**면적** 64,610㎢(한반도의 29.2%)
**인구** 2,385,200명
**수도** 리가　**도시화** 69%
**GNP** $11,990
**종족** 인도계 유럽 98.5%, 기타 1.5%
**공용어** 라트비아어　**문자해독률** 99.5%
**종교** 기독교 58.3%, 무종교·기타 40.3%

유럽 러시아 서북쪽에 있는, 발트 해와 면한 공화국으로, 호수가 많고 비옥한 평야지대에 둘러싸여 있다. 중세 이후 독일, 덴마크, 폴란드, 스웨덴, 러시아의 지배를 받았다.

루터교 신자가 많은 이 나라는 나치와 공산주의 치하에서 혹독한 핍박을 받았다.

구소련으로부터 독립한 후 영적인 목마름이 컸으나 이제는 무관심이 더 크게 자리 잡고 있다.

루터 교회는 여전히 명목주의, 가르침의 부재, 사역자의 부족으로 어려움을 겪고 있다.

### ✚ 기도 제목

1. 교회는 영적 무관심의 위기에 놓여 있다. 종교의 자유에도 불구하고 인구의 2%만이 규칙적으로 교회에 참석하고 있다. 루터 교회, 가톨릭은 여전히 명목주의, 가르침의 부재, 사역자의 부족으로 어려움을 겪고 있다. 교회가 복음으로 건강하게 성장할 수 있도록 기도하자.

2. 부자와 가난한 자의 빈부 차이가 급속도로 커지고 있다. 정부는 돌봄이 필요한 노인과 어린이들보다는 경제 성장에 우선권을 두고 있다. 복음만이 이들의 능력이요 소망임을 깨닫고, 믿음 안에서 굳건히 서도록 기도하자.

3. 교회 안에 지도자 훈련 역시 중요하다. 신학교, 대학교의 신학부, YWAM, 침례교단은 훈련 센터를 세웠다. 훈련받고 있는 학생들이 경건하고 헌신된 지도자가 되도록 기도하자.

4. 청년 사역은 상승세를 타기 시작했다. 젊은이들 가운데 하나님을 믿는 자가 80%이지만, 극소수에게만 그리스도가 소개되었다. 청년 사역에 비전을 가진 사역자들이 더 많아지도록 기도하자.

---

**중보기도 노트**

그러나 너는 배우고 확신한 일에 거하라 너는 네가 누구에게서 배운 것을 알며 또 어려서부터 성경을 알았나니 성경은 능히 너로 하여금 그리스도 예수 안에 있는 믿음으로 말미암아 구원에 이르는 지혜가 있게 하느니라. 딤후 3:14~15

---

기도는 인간이 발휘할 수 있는 최고의 힘을 필요로 한다. _콜리지_

3월 15일                                                           러시아 1

# 동토의 땅을
# 복음의 땅으로!

**면적** 17,075,400 ㎢ (한반도의 7,711.2%)
**인구** 146,933,800명
**수도** 모스크바   **도시화** 73%
**GN** $9,080
**종족** 인도계 유럽 88.7%, 터키 알타이 8.2%, 핀 우그르 2.3%
**공용어** 러시아어   **문자해독률** 98%
**종교** 기독교 54.1%, 무종교 31.1%, 이슬람교 10.2%, 기타 2.5%

전 세계에서 가장 광활한 영토를 가진 국가로 11개의 시간대를 갖고 있다.

인구의 대부분이 동부에 살고 있으며 시베리아는 사람이 거의 살지 않는다.

우리가 시베리아를 지키고 있소.

자원 개발로 일부 계층은 막대한 부를 소유하고 있지만 아직도 약 30%의 사람들이 하루에 1천 원도 안 되는 돈으로 살고 있다.

내가 알 바 아니오.

국민 대다수가 가난하고 미래에 대한 소망을 잃어버려서 범죄, 마약 남용, 알코올 중독에 노출되어 있으며 자살 충동으로까지 연결되고 있다.

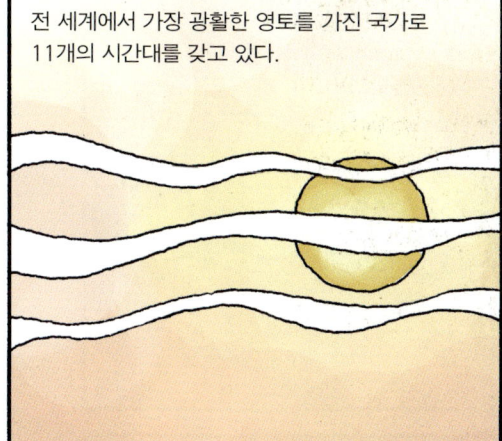

일부 지역은 핵 재앙과 생물학적 오염으로 사람이 살 수 없게 되었다.

석유산업 역시 엄청난 지역을 오염시키고 있다.

우리가 기른 농산물이 모두 오염되었어요.

근세에 러시아 교회는 다른 어떤 나라보다도 혹독하고 지속적인 박해를 받았다.

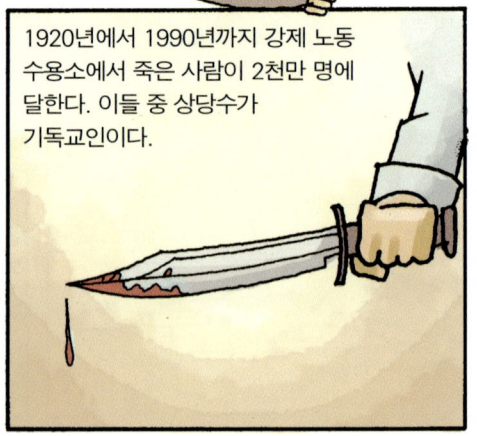

1920년에서 1990년까지 강제 노동 수용소에서 죽은 사람이 2천만 명에 달한다. 이들 중 상당수가 기독교인이다.

이런 핍박 속에서도 교회가 살아남도록 지키신 하나님을 찬양하자.

민족주의 바람을 타고 러시아 정교회가 성장하고 있다. 1985년 3천만 명에서 2000년에는 6천만 명으로 증가하였다.

개신교, 각오하라!

### ➕ 기도 제목

1. 국민 대다수가 가난하고 소망이 없기 때문에 범죄, 마약 남용, 알코올 중독, 가정 파괴 그리고 자살의 충동을 받고 있다. 주님만이 유일한 소망이심을 깨닫고 소망을 주께 두도록 기도하자.

2. 러시아의 광활한 땅은 핵 실험과 화학적, 생물학적 오염으로 사람이 살 수 없게 되었다. 이제 핵 실험도 중단되고 환경문제도 해결하여 온 국토와 국민에게 평화가 찾아오도록 기도하자.

3. 러시아 정교회는 자신들이 유일하고 진정한 사도교회라고 하며 다른 교회는 무가치하다고 주장한다. 정교회의 비관용적 태도, 뇌물 수수 등 부패가 뿌리 뽑히며, 진정한 회개와 영적 부흥이 있도록 기도하자.

4. 러시아에는 대략 3만 명당 1개의 교회가 복음을 전하고 있다. 2020년까지 5천 명당 1개의 교회를 세우는 비전을 가지고 있다. 이 사역이 이루어지도록 기도하자.

오라 우리가 여호와께로 돌아가자 여호와께서 우리를 찢으셨으나 도로 낫게 하실 것이요 우리를 치셨으나 싸매어 주실 것임이라 여호와께서 이틀 후에 우리를 살리시며 셋째 날에 우리를 일으키시리니 우리가 그의 앞에서 살리라. 호 6:1~2

당신도 쉬지 말며, 여호와께서도 쉬지 못하시게 하라. _데이비드 브라이언트

3월 16일                                                                 러시아 2

# 동토의 땅을
# 복음의 땅으로!

✚ 기도 제목

1. 경건한 복음주의 지도자가 거의 없다. 성경적인 지도자 모델과, 조직적인 신학교육이 필요하다. 건강한 신학과 바른 지도자들이 세워지기를 기도하자.

2. 무슬림들이 눈에 띄게 공개적으로 활동하고 있어서 급진적인 이슬람의 영향력이 커지고 있다. 무슬림들은 기독교인을 무력으로 개종시키려 했던 정교회 십자군들과 같다고 생각한다. 복음에 장애가 되는 역사적, 사회적, 영적 장벽들이 제거되도록 기도하자.

3. 청년들 중 많은 이들이 학생이다. 360만이 넘는 학생들이 48개 대학교와 866개의 고등교육기관에서 공부하고 있다. 복음의 증인들이 청년과 지성인들에게 생명을 흘려보내도록 기도하자.

4. 러시아만큼 알코올과 마약 중독이 심각한 나라는 없다. 이들을 패도하기 위해 교회 훈련, 사역자 훈련, 문서 사역 등을 하고 있다. 이들이 복음 안에서 참 소망을 발견하도록 기도하자.

너희는 너희가 범한 모든 죄악을 버리고 마음과 영을 새롭게 할지어다 이스라엘 족속아 너희가 어찌하여 죽고자 하느냐 주 여호와의 말씀이니라 죽을 자가 죽는 것도 내가 기뻐하지 아니하노니 너희는 스스로 돌이키고 살지니라. 겔 18:31~32

기도는 인생에서 가장 소중한 일이다. _마르틴 루터

3월 17일  러시아 3

# 동토의 땅을 복음의 땅으로!

✚ 기도 제목

**북극 종족을 위한 기도**

1. 카렐리아는 2차 세계대전 이후 핀란드에 점령당했고, 카렐리아의 핀족 대부분은 핀란드로 이주하였다. 인구의 74%가 러시아인이며, 이곳에는 1만 5천 명의 복음주의자들이 있다. 교회가 충분한 지도력을 발휘하도록 기도하자.

2. 우랄 산맥의 코미와 코미페르먀크는 광물자원이 풍부하다. 코미의 핀 우그리족은 그 수가 34만 4천 명이고 대부분이 신앙이 없으며, 이 지역에는 전도하는 자도 없다. 복음을 전하는 자들이 파송되기를 기도하자.

3. 복음이 미치지 못하는 네네츠족(3만 5천), 핀 우그르 칸티족(2만 2천), 만시족(8천), 사아미족(3천)은 대부분이 무속주의자들이다. 러시아의 권력이 미치지 않는 한 복음에 대해 열려 있다. 사역의 길들이 열리고 복음을 전할 많은 사람들이 파송되기를 기도하자.

4. 북극 종족들과 캄차카 반도 종족들 사이에서 성경 번역 사역이 시작되어 2000년에 만시어와 칸티어 마가복음이 출판되었다. 하루빨리 성경 66권이 번역 출판되어 삶의 뿌리를 말씀에 두도록 기도하자.

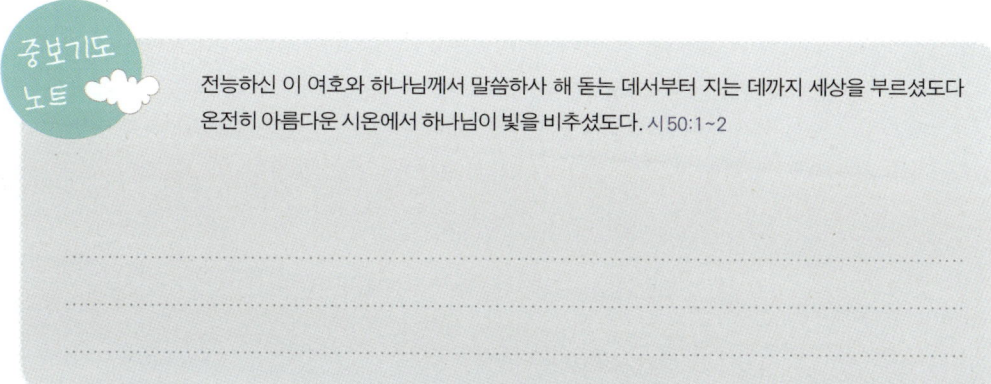

중보기도 노트

전능하신 이 여호와 하나님께서 말씀하사 해 돋는 데서부터 지는 데까지 세상을 부르셨도다 온전히 아름다운 시온에서 하나님이 빛을 비추셨도다. 시 50:1~2

굳은 마음은 기도할 수 없다. 통회하는 마음만이 기도로 가득 차 있는 마음이다. _존 메이슨

3월 18일　　　　　　　　　　　　　　　　　　　　　러시아 4

# 동토의 땅을
# 복음의 땅으로!

➕ **기도 제목**

**북부 코카서스 지방 종족을 위한 기도**

1. 코카서스 지방의 집단 종족들은 오랫동안 러시아의 지배에 반감을 가지고 있다. 1990년대의 체첸 전쟁은 전 지역을 불안정하게 만들었다. 현재의 위기와 어수선한 상황을 안정시킬 지혜, 규제, 절제, 공정한 정치 해결책을 위해 기도하자.

2. 체첸은 오랫동안 러시아의 통치에 저항해왔다. 체첸 게릴라와 러시아 간의 전쟁으로 나라는 큰 타격을 받았고 기독교인들은 제거되거나 추방당했다. 단 10명의 신자가 있는 것으로 알고 있는데, 이런 고통 중에도 체첸 교회가 생겨나도록 기도하자.

3. 다게스탄은 94%가 무슬림이며, 34개 종족 집단의 본거지이다. 34개 토착 종족 가운데 신자가 10명이 넘지 않는다. 속히 구원의 복음이 전파되어 많은 영혼이 구원을 얻도록 힘써 기도하자.

4. 오세티야인들은 그루지야와 세베르나야 오세티야 사이에 거주한다. 공화국은 체첸 전쟁으로 발생한 난민과 잉구시 전쟁으로 야기된 분열을 해결하기 위해 애쓰고 있다. 이들 가운데 극소수의 복음주의자와 전도 활동이 더 크게 확대되고 영향을 미치도록 기도하자.

**중보기도 노트**

마침내 위에서부터 영을 우리에게 부어 주시리니 광야가 아름다운 밭이 되며 아름다운 밭을 숲으로 여기게 되리라 그때에 정의가 광야에 거하며 공의가 아름다운 밭에 거하리니 공의의 열매는 화평이요 공의의 결과는 영원한 평안과 안전이라. 사 32:15~17

기도는 인생을 정결하게 하는 것이며, 자신에게 들려주는 설교이기도 하다. _미상

3월 19일                                              러시아 5

# 동토의 땅을
# 복음의 땅으로!

➕ 기도 제목

**알타이-몽골 종족을 위한 기도**

1. 칼미키야인은 몽골족과 가까운 종족이며, 유럽에서 유일한 불교도이다. 여러 가지 신비술과 연관되어 있다. 우크라이나 선교 단체의 교회 개척을 비롯하여 다른 선교 단체들이 뒤이어 들어오고 있다. 이들을 통하여 복음의 길들이 열리길 기도하자.

2. 45만의 부리야트 종족은 시베리아에 있는, 규모가 가장 큰 토착 종족 집단이다. 라마 불교는 1990년 이후 상당히 부흥하였다. 현재는 미약하지만 영국이 복음화를 위해 사역하고 있다. 교회가 점차 성장하고 부흥하도록 기도하자.

3. 투바 북서쪽에 있는 카카시야인 종족은 극소수이다. 기독교인이 거의 없고, 복음 사역이 거의 이루어지지 않았다. 소수 종족의 복음화를 위해서 기도하자.

4. 바슈코트족은 오랜 토속 신앙과 신비주의가 강하게 남아 있다. 2001년까지 6개의 모임과 150명의 신자들이 있는 것으로 알려져 있다. 교회 등록을 정부가 방해하고 있어 매우 어려운 현실에 처해 있다. 교회의 개척과 성장을 위하여 기도하자.

**중보기도 노트**

> 땅의 모든 끝이 여호와를 기억하고 돌아오며 모든 나라의 모든 족속이 주의 앞에 예배하리니 나라는 여호와의 것이요 여호와는 모든 나라의 주재심이로다. 시 22:27~28

기도하는 중 하나님을 제한하는 것을 주의하라._뮤레이

3월 20일   레바논

# 백향목의 나라

면적 10,230㎢ (한반도의 4.6%)
인구 3,281,700명
수도 베이루트   도시화 87%
GNP $6,570
종족 아랍 91.5%, 기타 8.5%
공용어 아랍어, 프랑스어, 영어   문자해독률 92%
종교 이슬람교 59.8%, 기독교 31.9%,
     드루즈파 7%, 무종교·기타 1.3%

아시아 서부 지중해에 면한 공화국으로 이스라엘과 시리아 사이에 위치한다. 고대부터 백향목으로 유명했던 비옥한 중동의 산악국가이며 무역의 중심지였다.

그러나 내전으로 60만 명이 이민을 떠나고 17만 명이 죽었으며 산업 기반마저 무너졌다.

50여 년간 진행된 레바논 내전은 세계적인 뉴스거리였다.

지겹다.

전쟁은 종식되었지만, 그 여파는 지금도 계속 이어지고 있다.

관광객이 오지를 않아요.

90% 바겐세일

### ✚ 기도 제목

1. 레바논은 아직까지는 자유롭게 법적으로 자신의 종교 등록을 바꿀 수 있는 유일한 중동 국가이다. 그래서 아랍권 신자의 훈련을 위해서 자유롭게 레바논으로 들어갈 수 있다. 선교의 거점이 되고, 종교의 자유가 계속되도록 기도하자.

2. 내전, 외국의 개입, 납치 등 지난 50여 년간의 비극으로 한때 부유했던 경제가 파괴되었고, 중산층이 몰락했다. 전쟁은 종식되었지만, 강제 추방을 당하거나 사랑하는 사람들을 잃었으며, 집과 일자리를 잃었다. 깊은 상처가 치유되고, 속히 정부가 복구되도록 기도하자.

3. 교회 지도자의 부재와 선교사의 감소, 현지인 지도자의 이주, 사역자 부족으로 많은 교회들이 효과적으로 목양을 할 수 없었다. 하나님 나라의 확장을 위해 신학교 학생들이 잘 훈련되고 학업 환경이 잘 갖추어지도록 기도하자.

4. 젊은이들의 마약 남용은 가장 심각한 문제이며, 더 많은 학생들의 사역이 필요하다. 이들을 위해 필요가 공급되고 하나님의 사랑을 깨닫게 되기를 기도하자.

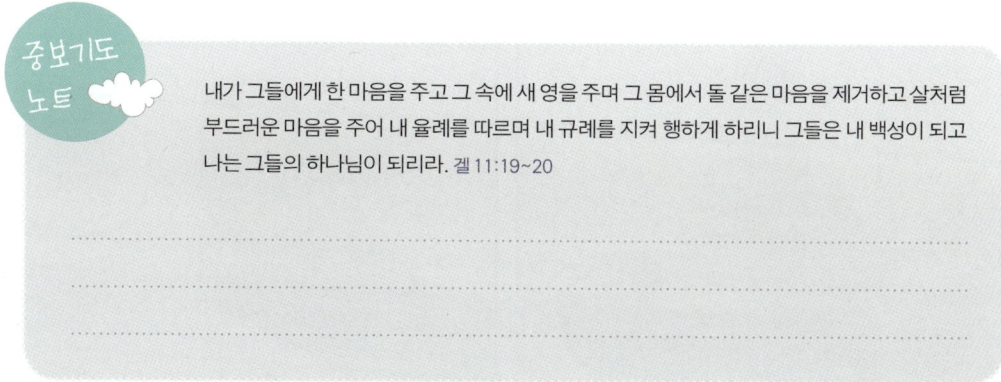

기도는 일의 대용물이 아니다. 그것은 힘껏 일을 해내도록 만드는 것이다. _조지 산타야나

3월 21일   레소토

# 남아프리카공화국에
# 갇혀 있는 나라

**면적** 30,300㎢ (한반도의 13.7%)
**인구** 2,177,000명
**수도** 마세루   **도시화** 21%
**GNP** $670
**종족** 반투 99.7%, 기타 0.3%
**공용어** 소토어, 영어   **문자해독률** 71%
**종교** 기독교 71.9%, 전통 종족종교 27%, 바하이교 1.1%

남아프리카 공화국에 완전히 둘러싸인 산악국가로 국토의 11% 정도만 경작이 가능하다.

경작지 부족, 인구 과잉으로 계속 가난을 면치 못하고 있다.

1998년 정치적 위기를 잠재우기 위한 남아프리카 공화국의 침략은 수도와 산업 시설 파괴로 이어져 나라를 더욱 가난하게 만들었다.

에이즈는 무서운 현실이 되었고 HIV의 감염률은 성인 인구의 24%까지 증가하고 있다.

### ✚ 기도 제목

1. 레소토인들은 지형학적으로 열악한 위치에 놓여 있고, 정치인들은 무력하며, 자원은 결핍된 현실에 처해 있다. 1998년 남아공의 침공은 국민에게 분노와 좌절을 가져왔다. 하나님을 두려워하는 정직한 지도자들이 선한 일을 위해 일어나도록 기도하자.

2. 국민 대다수가 대대로 내려오는 기독교인들이지만 전통주의와 명목주의가 교회 안에 팽배해 있다. 열심을 가진 복음주의 교회 수가 급속도로 증가함으로써, 적개심을 품고 있는 여러 교단 사이에 조화가 이루어지고, 또한 이 나라가 성령의 힘으로 변화되도록 기도하자.

3. 교단과 선교 단체가 성장을 보이고 있는 이때에, 성경적 가르침이 제대로 이루어지고 이 나라를 그리스도께 인도할 수 있는 지도자들이 협력하여 선을 이루도록 기도하자.

4. 에이즈 감염 인구가 성인의 24%까지 증가하고 있다. 교회가 이런 재난에 대처해갈 수 있는 재원과 비전을 가지도록 기도하자. 혼합주의가 심한 토착교회에 많은 사람들이 진리에 서서 성경을 분명히 알고 깨달을 수 있도록 기도하자.

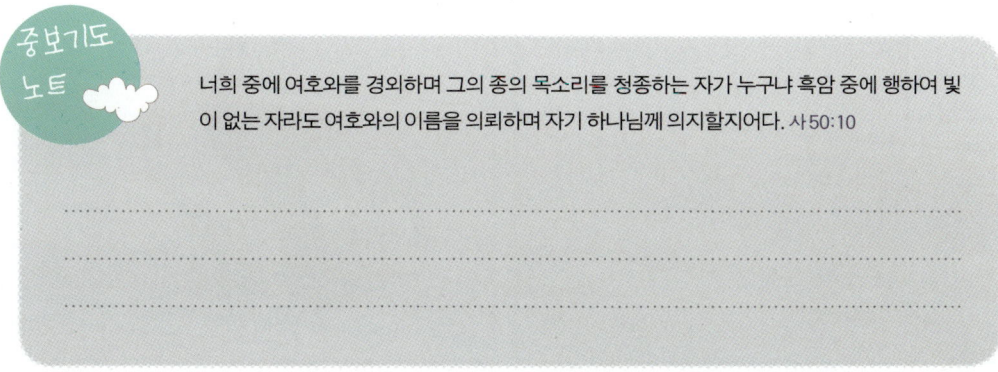

그리스도인이란 그리스도로만 설명되어지는 사람이다. _미상

**3월 22일**          레위니옹

# 섬들아, 여호와를 앙망하라

**면적** 2,544㎢(한반도의 1.14%)
**인구** 743,900명
**수도** 생드니    **도시화** 68%
**GNP** $8,880(2000년)
**종족** 크리올 59.4%, 남아시아 28.2%, 유럽 4.4%, 기타 8%
**공용어** 프랑스어    **문자해독률** 91%
**종교** 기독교 84.9%, 힌두교 6.7%, 무종교 6.2%, 이슬람교 2.2%

아프리카 남동부 마다가스카르 섬에서 동쪽으로 7백km에 위치한 인도양의 화산섬이며, 마스카레네 군도 중 가장 큰 섬이다.

1513년, 무인도이던 이 섬을 포르투갈인들이 발견했다.

지상의 낙원이다!

1848년에 폐지된 노예제도의 유산이 지금도 어두운 그림자를 드리우고 있다.

가난, 실업, 알코올 중독, 가족 해체와 높은 문맹률이 심각하다.

## ✚ 기도 제목

1. 많은 교회들이 미신에 사로잡혀 있는 사람들을 자유로 이끌었고, 예수 행진을 통해 교회의 연합이 이루어졌다. 열정적인 신생 교회들이 은혜를 누리고, 수적으로 증가할 뿐 아니라 영적으로도 계속해서 성장하도록 기도하자.

2. 폐지된 노예제도의 유산이 지금도 어두운 그림자를 드리우고 있다. 가난, 실업, 알코올 중독, 가정의 붕괴와 높은 문맹으로 인해, 다수의 하층민들은 사회에서 소외되었다. 모든 사람들이 예수를 믿는 믿음을 통해 과거와 결별할 수 있도록 기도하자.

3. 가톨릭이 주 종교로 알려져 있지만, 실제로 인구의 절반이 힌두교와 아프리카 마법이 혼합된 말라바르교를 믿고 있으며, 인구의 약 90%가 이 종교와 연관되어 있다. 명목상의 기독교인들이 빈곤에서 벗어나고 구세주에 대해 눈을 열도록 기도하자.

4. 청년들이 유일한 희망이다. 교회 청년들이 성결한 삶을 살며 장래의 영적 지도자로 길러지도록 기도하자. 또한 교육의 혜택을 받지 못하는 청년들을 위해 접근을 시도하려는 사역 단체들이 많이 있다. 이들을 위해서도 기도하자.

**중보기도 노트**

> 그러므로 예수께서 자기를 믿은 유대인들에게 이르시되 너희가 내 말에 거하면 참으로 내 제자가 되고 진리를 알지니 진리가 너희를 자유롭게 하리라. 요 8:31~32

불이 타오르면서 존재하듯 교회는 선교에 의해 존재한다. _에밀 브루너

3월 23일  루마니아 1

# 로마 사람들이 세운 나라

**면적** 238,533 ㎢ (한반도의 107.7%)
**인구** 22,364,000명
**수도** 부쿠레슈티
**도시화** 55%
**GNP** $7,700
**종족** 루마니아 85.1%, 헝가리 7.1%, 로마(집시) 5.4%
**공용어** 루마니아어
**문자해독률** 97%
**종교** 기독교 87.9%, 무종교·기타 11.1%, 이슬람교 1%

유럽 발칸 반도 동북부에 있는 공화국으로, 다뉴브 강 하류에 위치한 국토는 비옥하고 넓은 평지로 이루어져 있다.

동방으로 이동한 로마인의 후손들이 세운 나라다.

동방에 로마를 건설하자!

농업, 광물자원, 석유가 풍부한 나라였으나, 탐욕스러운 공산주의 정권이 나라를 망쳤다.

그래도 우리보다는 낫잖아.

김정일

심한 경제 침체로 대부분의 사람들이 가난에 허덕이고 있다.

어른들이 미워!

### 🟣 기도 제목

1. 루마니아는 유럽에서 세 번째로 복음주의자가 많은 나라였으나, 1990년 이래 신자들이 증가하지 않고 정체되어 있다. 교회에서 선포하는 복음을 듣고, 많은 사람들이 그리스도께 돌아오도록 기도하자.

2. 공산주의자들이 남긴 비극적인 과거의 짐이 온갖 사회 범죄로 채워지고 있다. 물질 남용, 매춘, 폭력 범죄가 증가하고, 세계 최고의 낙태율을 보이고 있는 나라이다. 지도자들이 이러한 사회문제를 지혜로운 방법으로 용감하게 해결할 수 있도록 기도하자.

3. 종교의 자유가 다시 위협받고 있다. 수백만 명의 루마니아인들은 한 번도 복음에 대해 제대로 듣지 못하고 명목상의 기독교인으로 살고 있다. 정교회 지도자들의 강요로 정부는 다른 종교 집단의 등록과 활동을 엄격하게 제한하고 있다. 복음을 선포할 수 있는 완전한 자유와 주요 교회들 간의 존중과 신뢰를 위해서 기도하자.

4. 복음주의자들은 지역교회와 선교단체 간의 연합과 협력의 부족으로 고민하고 있다. 효과적인 연합과 협력으로 복음을 전도하고, 강력한 비전이 고양되도록 기도하자.

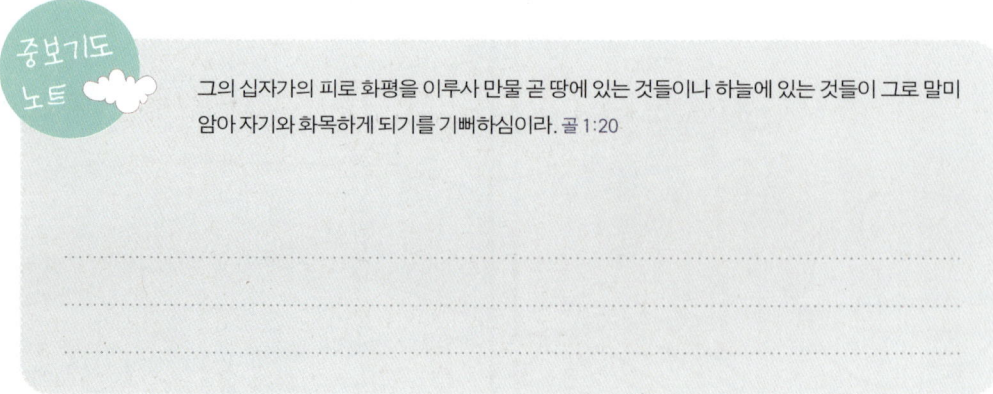

그의 십자가의 피로 화평을 이루사 만물 곧 땅에 있는 것들이나 하늘에 있는 것들이 그로 말미암아 자기와 화목하게 되기를 기뻐하심이라. 골 1:20

안전보장과 승리에 대한 확신은 기도의 결과이다. _미상

## 3월 24일

## 로마 사람들이 세운 나라

루마니아 2

### ✚ 기도 제목

1. 지도자들과 지도자가 될 사람들의 훈련이 가장 필요하다. 성경학교와 신학교에 양질의 교사, 교육과정, 환경이 조성되도록 기도하자. 그리고 여러 교단 간의 협력으로 사역이 잘 이루어져서 경건하고 비전을 품은 지도자들이 많이 배출되도록 기도하자.

2. 공산주의의 몰락 후, 엄청나게 많은 선교단체가 도움을 주기 위해 루마니아로 몰려왔다. 대부분은 유용했지만 더러는 융통성이나 지혜 없이 사역했다. 섬기도록 부르심을 받은 사역자들이 배우고 협력하며 사역하는 능력을 갖추도록 기도하자.

3. 젊은 세대는 공산주의가 남긴 상처와 그 후유증에 시달리고 있다. 많은 외국 및 국제 선교단체가 어린이와 청년들을 위한 사역을 하고 있다. 청년들이 실제적으로 그리스도의 사랑을 체험하고 교회와 융화되어 하나님의 능력으로 쓰임받아 미래 세대들을 향해 나아가도록 기도하자.

4. 무슬림 중에 극소수만이 복음을 들었다. 남동부지역에는 복음주의 교회가 없는 마을이 많다. 신자들이 이 지역에 책임감을 느끼고 복음의 빛을 이들에게 전하도록 기도하자.

---

**중보기도 노트**

일어나 너의 발로 서라 내가 네게 나타난 것은 곧 네가 나를 본 일과 장차 내가 네게 나타날 일에 너로 종과 증인을 삼으려 함이니. 행 26:16

---

기도는 죄를 멈추도록 이끌지만, 죄는 기도를 멈추도록 유혹할 것이다. _존 번연

3월 25일 　　　　　　　　　　　　　　　　　　　　　　　　　룩셈부르크

## 작지만 부유한 나라

**면적** 2,586 ㎢ (한반도의 1.2%)
**인구** 430,600명
**수도** 룩셈부르크　　**도시화** 88%
**GNP** $104,670
**종족** 룩셈부르크 69.8%, 외국인 30.2%
**공용어** 룩셈부르크어, 프랑스어, 독일어　　**문자해독률** 100%
**종교** 기독교 93.9%, 무종교·기타 4.5%, 이슬람교 1.1%

베네룩스 3국 중에서 가장 작은 국가며, 유럽 공동체에서 가장 작은 회원국이다.

다양화된 산업 경제로 은행업과 금융업이 상당히 중요한 역할을 하고 있다. EU 기관의 본부가 많이 있다.

"작지만 부유한 나라."

종교의 자유가 있으나 실질적으로 가톨릭이 국교이다.

"여긴 우리 땅이야."

그러나 많은 가톨릭 교인들이 불교와 뉴에이지에 호기심을 보이고 있다.

"한국의 선불교 매력적이던데!"

### ✚ 기도 제목

1. 룩셈부르크는 가톨릭 국가이지만, 대부분의 사람들이 분명한 복음을 듣지 못했다. 불교와 뉴에이지에 대한 호기심과 세속주의는 가톨릭교회에 심각한 도전이 되고 있다. 이들이 사람을 변화시키는 살아계신 그리스도를 만나도록 기도하자.

2. 성경적인 가르침과 사역자들을 필요로 한다. 추수의 주인께서 더 많은 일꾼들을 보내주시고, 이미 이곳에 와 있는 사역자들을 붙들어주시도록 기도하자.

3. 일자리를 위해 이 나라에 많은 외국인들이 와 있다. 영적인 것에 관심을 보이지 않는 이들의 마음이 열리고, 교회가 이들에게 나아가도록 기도하자.

4. 이 나라 사람들이 사랑하는 언어인 레체부에르게쉬어 성경은 복음의 빛에 많은 사람들이 마음을 여는 열쇠가 될 수 있다. 현재 마가복음과 시편이 번역되었다. 속히 전 권이 완역되어 복음이 빛을 발하도록 기도하자.

---

**중보기도 노트**

이에 제자들에게 이르시되 추수할 것은 많되 일꾼이 적으니 그러므로 추수하는 주인에게 청하여 추수할 일꾼들을 보내어주소서 하라 하시니라. 마 9:37~38

---

기도는 하나님의 승리를 열렬하게 원하고 바라고 소원하는 삶이다. _조지 캠벨 모건

**3월 26일**　　　　　　　　　　　　　　　　　　　　　　　　르완다

# 상처난 곳에 치유가!

**면적** 26,338 km² (한반도의 11.9%)
**인구** 7,733,100명
**수도** 키갈리
**도시화** 5.4%
**GNP** $350
**종족** 후투(반투) 81%, 투치(나일 강 유역) 18%
**공용어** 프랑스어, 영어, 킨야르완다어(대부분의 사람이 사용)　　**문자해독률** 60%
**종교** 기독교 80.8%, 이슬람교 10.5%, 무종교·기타 4.5%, 전통 종족종교 4%

아프리카 동남부에 있는 공화국으로 산악 국가이나, 땅이 비옥하여 농업을 주산업으로 하고 있다.

지상낙원이 따로 없죠.

1994~1995년의 대량학살 때 1백 일 동안 거의 80만 명이 사망했고 1백만 명 이상이 쫓겨났다.

천연자원은 없지만 기름진 농토를 가지고 있어 커피, 차를 주로 생산한다.

후투족과 투치족의 극심한 종족전쟁이 40년간 계속되고 있는 상황이다.

## ✚ 기도 제목

1. 1994년에 자행된 대량학살은 이 나라의 국민을 비극에 몰아넣었다. 죽음과 절망이 걷히고, 전통 종족 간의 증오가 종식되며, 르완다에 진정한 평화가 오도록 기도하자.

2. 대량학살에 책임져야 할 사람들이 많이 방치되어 있다. 범죄자와 무고한 사람들이 잘 구별되어 정의가 구현되도록 기도하자.

3. 동아프리카의 부흥이 시작되었던 나라이다. 기독교인이 90%에 육박했지만, 대량학살의 만행에 대항한 기독교인은 매우 적었고, 심지어 범죄자들을 묵인하기도 했다. 깊은 회개의 영과 교회 부흥이 다시 한 번 일어나도록 기도하자.

4. 수천 명의 영적 지도자들이 살해되어 절망에 빠져 있었다. 성경학교와 신학교는 미래의 지도자를 길러낼 수 있는 기반을 회복하는 일에 힘쓰고 있다. 하나님의 사람들이 일어나며, 종교 간, 종족 간의 증오를 선동하는 극단주의자들로부터 보호받도록 기도하자.

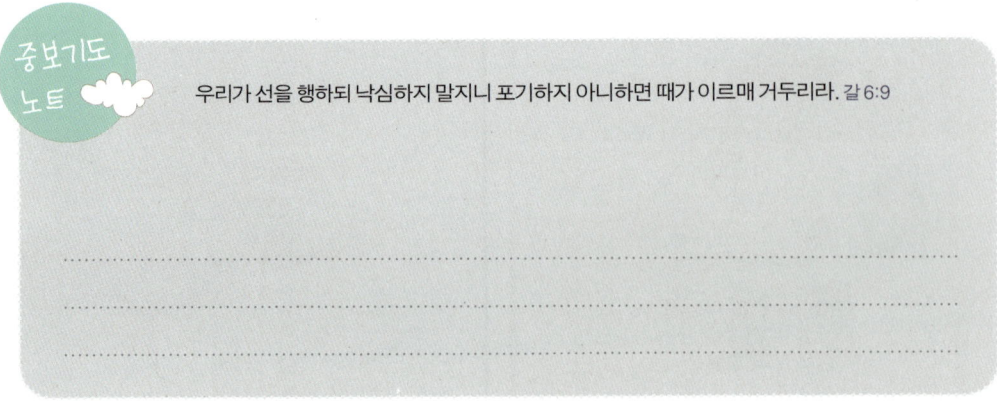

중보기도 노트

우리가 선을 행하되 낙심하지 말지니 포기하지 아니하면 때가 이르매 거두리라. 갈 6:9

기도는 바로 그 궁극적인 승리를 위해 언제 어디서나 투쟁하고 분투하는 삶이다. _조지 캠벨 모건_

**3월 27일**  리비아

# 변덕쟁이 독재정부

- **면적** 1,775,500 ㎢ (한반도의 801.8%)
- **인구** 5,604,700명
- **수도** 트리폴리
- **도시화** 86%
- **GNP** $9,370
- **종족** 토착인 75%, 외국인 25%
- **공용어** 아랍어  **문자해독률** 76%
- **종교** 이슬람교 96.5%, 기독교 3%

### 기도 제목

1. 공적인 복음 전도가 불가능한 리비아의 외국인 사역자들은 비밀경찰의 방해로 절망하고 있다. 많은 아랍 기독교인들과 전문인 사역자들을 부르시도록 기도하자. 그리고 여전히 복음에 문을 열지 않는 이 나라를 위해 기도하자.

2. 리비아인들의 상용 언어인 아랍어로 성경이 번역되도록 기도하자. 또한 기독교 카세트테이프와 예수 영화를 통해 열매가 맺히도록 기도하자. 그리고 자료들이 안전하게 검열을 통과하도록 기도하자.

나는 주의 힘을 노래하며 아침에 주의 인자하심을 높이 부르오리니 주는 나의 요새이시며 나의 환난 날에 피난처심이니이다. 시 59:16

당신의 희망이 무너지고 당신의 기쁨이 거꾸러졌을 때 가장 좋은 방법은 무릎을 꿇는 것이다. _찰스 H. 스펄전

3월 28일                                                              리투아니아

## 신화를 벗어나 복음으로!

**면적** 65,301 ㎢ (한반도의 29.5%)
**인구** 3,670,200명
**수도** 빌뉴스  **도시화** 70%
**GNP** $11,350
**종족** 발트 71.6%, 슬라브 27.6%
**공용어** 리투아니아어  **문자해독률** 98%
**종교** 기독교 76.2%, 무종교·기타 23.6%

유럽 러시아 서북부 발트 해 연안에 있는 공화국이다. 발트 3국 중 가장 남쪽에 위치하고 있으며 많은 산림과 호수가 있다.

유럽에서 가장 기독교화가 늦게 된 국가다. 아직도 미신과 신화들이 사람들에게 영향을 미치고 있다.

"사슴 신화 아시나요?"

발트 지역에서 떡갈나무는 죽은 이들의 영혼이 깃드는 나무로서 아직까지도 발트인들이 숭배하는 대상이다.

완전한 가톨릭 국가라고 하지만 아직도 교회 행사에 이교도적 형태가 많이 남아 있다.

"마지막 잎새를 믿습니다."

복음주의 교회를 교회로 인정하지 않으며 여러 가지 면에서 복음주의 교회를 차별하고 있다.

신생 교회가 급속히 성장하고 있으나, 훈련받은 지도자들이 부족하다. 이단과 신학적 오류를 바로잡을 복음적인 지도자들이 절실히 필요하다.

### ✚ 기도 제목

1. 복음주의 교단에 대한 정부의 차별대우가 사라지도록, 복음주의자들이 연합하여 함께 효과적으로 사역하도록 기도하자.

2. 리투아니아에서 잘 조직된 복음주의 집단들인 침례교, 오순절교, 재림교는 지난 세월 동안 생존을 가능하게 했던 극보수주의, 자기방어가 오히려 성장을 방해하고 있다. 지도자들이 성령의 인도하심으로 진보의 필요성을 인식하도록 기도하자.

3. 훈련받은 지도자들이 부족하다. 이단과 신학적 오류들이 존재하며, 성경적 기초를 군건히 다질 필요가 있다. 교단에서 세운 신학교들이 경건하고, 잘 훈련받고, 비전을 가진 리더들을 훈련하는 일에 쓰임받도록 기도하자.

4. 복음주의자가 거의 없는 미전도 소수 종족들, 곧 러시아, 폴란드 공동체 및 작아지고 있는 유대인 공동체, 무슬림 타타르 공동체를 위해 기도하자.

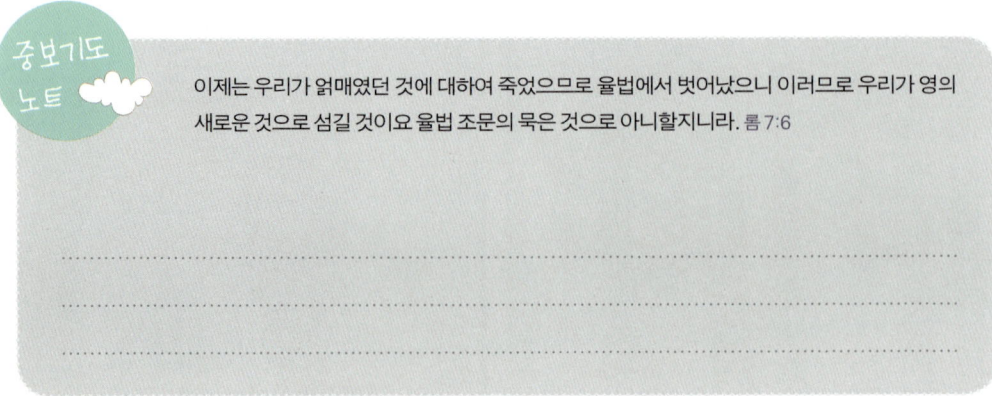

그의 은혜와 능력은 심히 커서 아무리 구해도 다함이 없다. _존 뉴턴

**3월 28일**　　　　　　　　　　　　　　　　　　　　　리히텐슈타인

# 영세 중립국

## Liechtenstein

**면적** 160㎢ (한반도의 0.07%)
**인구** 32,800명
**수도** 파두츠　**도시화** 45%
**GNP** $37,000
**종족** 게르만 87.5%, 기타 12.5%
**공용어** 독어　**문자해독률** 100%
**종교** 기독교 88.7%, 무종교·기타 7.8%, 이슬람교 3.4

라인 강 최상류에 있는 산악국가로 스위스와 오스트리아 사이에 위치하고 있다.

국가 세입의 30%는 거의가 리히텐슈타인에 등록된 7만 5천 개의 외국자본 지주회사로부터 거두어들인다.

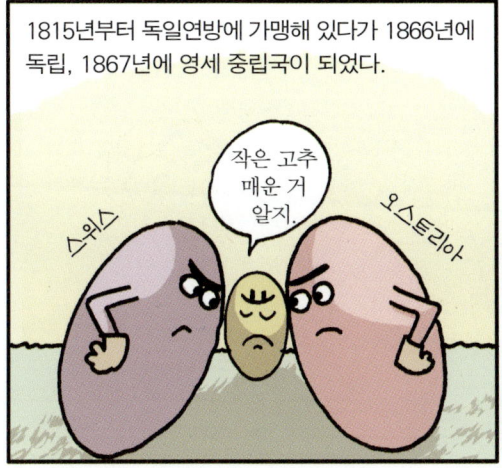

1815년부터 독일연방에 가맹해 있다가 1866년에 독립, 1867년에 영세 중립국이 되었다.

1867년부터 납세와 병역의 의무가 없으며, 빈부의 차도 실업도 범죄도 없는 평화로운 나라이다.

### ✚ 기도 제목

1. 거의 토착인 전체가 가톨릭 교인이지만, 극소수의 사람들만이 믿음을 가지고 있다. 개신교인이라고 고백하는 사람들 중 소수만 교회에 출석한다. 외국인들 중 대다수가 명목상 기독교인이다. 이들이 부활하신 그리스도를 만나도록 기도하자.
2. 납세나 병역의 의무도 없고 빈부의 차도 없는 평화로운 나라이다. 지속적인 평화가 유지되고 나누어줄 수 있는 마음을 가지도록 기도하자.
3. 외부와의 접촉이 점점 늘고 있는 가운데 많은 사람들이 그리스도를 접하는 계기가 되기를 기도하자.

너희는 여호와를 만날 만한 때에 찾으라 가까이 계실 때에 그를 부르라 악인은 그의 길을, 불의한 자는 그의 생각을 버리고 여호와께로 돌아오라 그리하면 그가 긍휼히 여기시리라 우리 하나님께 돌아오라 그가 너그럽게 용서하시리라. 사 55:6~7

담대함 없이 기도하는 사람은 그의 기도가 들으심을 받을 것이라고 기대할 수 없다. _프랑수아 페늘롱

**3월 29일**

## 희귀 동식물의 낙원

마다가스카르

*Madagascar*

**면적** 587,041㎢ (한반도의 265.10%)
**인구** 15,941,700명
**수도** 안타나나리보
**도시화** 25%
**GNP** $430
**종족** 마다가스카르 98.6%, 기타 1.4%
**공용어** 마다가스카르어, 프랑스어　**문자해독률** 46%
**종교** 기독교 47.6%, 전통 종족종교 44.8%, 이슬람교 7%

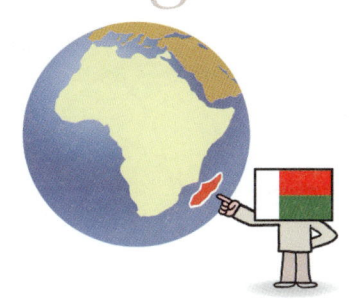

세계에서 네 번째로 큰 섬으로, 인도네시아계, 아프리카계, 아랍계가 혼합된 마다가스카르족이 주요 종족 집단이다.

〈마다가스카르〉라는 영화 보셨죠?

생존형 농업경제이지만 자급자족하기에는 충분치 않다. 화전농으로 인해 울창한 숲이 파괴되어 대규모 침식이 일어나고 있다.

경기 침체 영향으로 말라리아와 영양실조가 심각하며 2000년 초 엄청난 사이클론이 여러 차례 몰아쳐 큰 피해를 입었다.

종교의 자유는 있지만, 구 마다가스카르 민속 종교가 여전히 지배하고 있다.

### ✚ 기도 제목

1. 이교도의 지배와 프랑스 가톨릭 식민 지배로 당한 고통에도 불구하고 개신교회는 많은 부흥운동이 있었다. 일시적인 부흥이 아니라, 성경적 근거 위에 굳건히 믿음의 뿌리를 내려 하나님이 원하시는 진정한 부흥이 임하도록 기도하자.

2. 전통주의자들은 서부의 다수 종족 가운데 있다. 남부 인구의 80% 이상이 여전히 비기독교인들이다. 무당 치료사, 귀신들림, 박수가 많이 있다. 진리 되시는 하나님의 영이 통치하고 다스리시도록 기도하자.

3. 신학의 부재로 교회가 약해졌다. 대부분 신학적으로 자유롭고 특히 점성학과 이방의 관습을 쉽게 받아들이고 있다. 성경 중심으로 돌아가며 성령의 인도를 받도록 기도하자.

4. 영적 갈망이 많다. 반면에 무슬림이 서부 해안과 북부에서 증가하고 있다. 영적 공백이 복음으로 채워지도록 기도하자.

**중보기도 노트**

> 그런즉 그들이 믿지 아니하는 이를 어찌 부르리요 듣지도 못한 이를 어찌 믿으리요 전파하는 자가 없이 어찌 들으리요 보내심을 받지 아니하였으면 어찌 전파하리요 기록된바 아름답도다 좋은 소식을 전하는 자들의 발이여 함과 같으니라. 롬 10:14~15

믿음은 언제나 기도한다. 기도는 언제나 믿는다. _E. M. 바운즈_

**3월 29일**  마르티니크

# 재난 속에 핀 꽃

- **면적** 1,901㎢(한반도의 0.9%)
- **인구** 395,300명
- **수도** 포르드프랑스
- **GNP** $10,000(2000년)
- **종족** 아프리카계 카리브 94%, 아시아계 카리브 2.3%, 프랑스 2.7%, 기타 1%
- **공용어** 프랑스어  **문자해독률** 93%
- **종교** 기독교 91.6%, 무종교·기타 7.1%

서인도 제도의 동부, 앤틸리스 제도에 있는 화산섬으로 언덕이 많고 사탕, 바나나, 럼주 등이 생산된다.

주기적으로 일어나는 큰 화산 폭발과 지진으로 고통받고 있다.

1902년 펠레 산의 화산 폭발로 3만 명이 죽었다.

주여, 왜?

이 아름다운 섬에 살고 있는 사람들이 하나님을 두려워하도록 기도하자.

주께로 돌아 갑니다.

## ✚ 기도 제목

1. 주기적으로 잦은 큰 화산 폭발과 지진으로 고통받고 있다. 두려움에 떠는 이들이 평안과 참 생명의 주관자인 하나님께 돌아오도록 기도하자.
2. 점점 교회에 복음주의 회중이 증가하고 있다. 많은 젊은이들이 헌신된 사역자로 부르심을 받아 이 땅을 사랑하고 변화시켜가도록 기도하자.
3. 많은 기독교인들이 가정불화의 경험이 있고, 부도덕했으며, 마약을 남용한 배경을 가진 자들이다. 속히 치료의 손이 임하사 깨어진 마음이 치유되고 회복되길 기도하자.

**중보기도 노트**

주의 성도들아 여호와를 찬송하며 그의 거룩함을 기억하며 감사하라 그의 노염은 잠깐이요 그의 은총은 평생이로다 저녁에는 울음이 깃들일지라도 아침에는 기쁨이 오리로다 내가 형통할 때에 말하기를 영원히 흔들리지 아니하리라 하였도다. _시 30:4~6

기도는 하나님의 자녀를 위한 일종의 심리요법이다. _시몬

3월 30일                                                                                   마케도니아

## 영광은 언제
## 회복되는가

**면적** 25,713㎢(한반도의 11.6%)
**인구** 2,023,500명
**수도** 스코페
**도시화** 59%
**GNP** $3,660
**종족** 슬라브 65.6%, 알바니아 22.9%, 로마(집시) 7.5%, 투르크 4%
**공용어** 마케도니아어  **문자해독률** 89%
**종교** 기독교 63.4%, 이슬람교 25%, 무종교·기타 11.5%

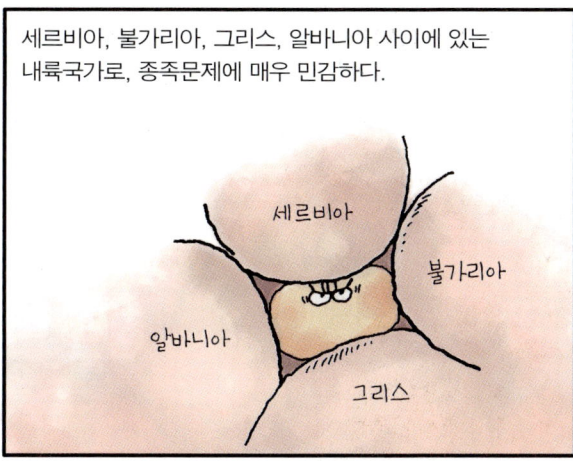

세르비아, 불가리아, 그리스, 알바니아 사이에 있는 내륙국가로, 종족문제에 매우 민감하다.

구 유고슬라비아 연방 중 가장 가난한 지역이다.

마케도니아에 수천 명의 이슬람 알바니아 종족이 유입됨으로써 코소보 위기가 발발했으며,

2001년에는 코소보 알바니아 게릴라와 마케도니아 세력 간에 교전이 있었다.

### ✚ 기도 제목

1. 마케도니아의 다원주의는 조화를 이루기보다는 분리된 상태에 더 가깝다. 소수 종족들이 바라는 요구들 사이에서 균형 잡아야 하는 정부의 입장은 매우 곤란하다. 정부가 평화를 추구하고, 모두를 위한 정의를 실천하도록 기도하자.

2. 정교회는 많은 성도들을 목양한다고 주장한다. 그러나 1,100개의 교회는 거의 텅 비어 있다. 그리고 활발하게 활동하는 복음주의자와 복음주의 사역을 방해한다. 주께서 정교회를 만지시고 회복을 주시기를 기도하자.

3. 미약하지만 복음주의 전도자들의 포교를 통하여 교회가 성장하고 있다. 신자들 간의 단합을 위해서, 활발한 복음 전도에 대한 비전을 가지도록 기도하자.

4. 높은 출생률로 인한 알바니아인들, 코소보 사태에 의한 이주민과 소수 인종들이 많으며, 이들 모두를 위한 사역이 필요하다. 한 영혼의 가치를 소중히 여기고 점진적으로 사역이 확대되어지기를 기도하자.

하나님이 뭇 백성을 다스리시며 하나님이 그의 거룩한 보좌에 앉으셨도다 뭇 나라의 고관들이 모임이여 아브라함의 하나님의 백성이 되도다 세상의 모든 방패는 하나님의 것임이여 그는 높임을 받으시리로다. 시 47:8~9

중요한 것은 우리가 하나님을 위해 하는 일이 아니라 하나님께서 우리를 통해 하시는 일이다. _오스월드 체임버스

3월 31일  말라위

# 기도로 회복되어가는 나라

- **면적** 118,484㎢ (한반도의 53.5%)
- **인구** 10,925,200명
- **수도** 릴롱궤
- **도시화** 11%
- **GNP** $260
- **종족** 마라비 81%, 남부 종족 16%, 북부 종족 1.6%, 기타 1.4%
- **공용어** 체와어, 영어  **문자해독률** 56%
- **종교** 기독교 80%, 이슬람교 13%, 전통 종족종교 6.2%

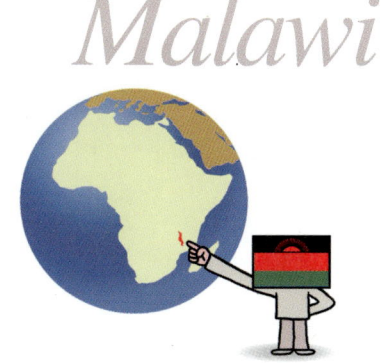

말라위 호수와 그 호수로부터 흘러나오는 쉬레 강을 따라 펼쳐 있는 중앙아프리카 국가다.

용수가 풍부하고 토지가 비옥하지만, 매우 가난해서 많은 말라위 사람들이 다른 나라에서 일하고 있다.

우리 아빠 엄마도 외국에서 일해요.

무슬림 대통령의 통치는 말라위 사람들의 삶에 별다른 유익을 주지 못했다.

알라를 믿는다고 해서 변한 게 없잖아.

기존의 기독교 국가에서 이슬람교의 성장은 큰 도전이 아닐 수 없다.

대통령이 무슬림! 공무원인 나도 무슬림!

## 🕂 기도 제목

1. 말라위는 중앙아프리카에서 영적으로 가장 수용적인 나라이다. 복음이 사회의 모든 영역에 파고 들어갔고, 곳곳에서 지엽적이나마 부흥이 있었다. 더 큰 영적 부흥이 이 땅에 임하길 기도하자.

2. 대통령이 무슬림이어서 많은 아시아인들이 무슬림이 되었다. 이슬람교의 세력은 더욱 확고해지고 있다. 무슬림들이 개인적으로 그리스도와 관계를 맺게 할 효과적인 사역을 위해서 기도하자.

3. 에이즈로 평균 수명이 43세로 줄었고, 40만 명에 이르는 에이즈 고아가 있다. 가족, 마을은 물론, 국가 경제, 심지어 국가의 동력까지 위협받고 있다. 성결한 삶을 회복하고 진리의 영이 이곳을 덮도록 기도하자.

> 또 우리 형제들이 어린양의 피와 자기들이 증언하는 말씀으로써 그를 이겼으니 그들은 죽기까지 자기들의 생명을 아끼지 아니하였도다 그러므로 하늘과 그 가운데에 거하는 자들은 즐거워하라. 계 12:11~12

기도는 초자연적인 행위이다. _루이 에블리

4월 1일　　　　　　　　　　　　　　　　　　　　　　　말레이시아 1

# 밀림 속의 십자가

**면적** 330,434 ㎢ (한반도의 149.2%)
**인구** 22,244,000명
**수도** 콸라룸푸르
**도시화** 57%
**GNP** $6,950
**종족** 토착 종족 57.7%, 비토착 종족 35.8%, 기타 이주민 6.5%
**공용어** 말레이어　**문자해독률** 84%
**종교** 이슬람교 58%, 불교·중국 종교 21.6%, 기독교 9.21, 힌두교 5%

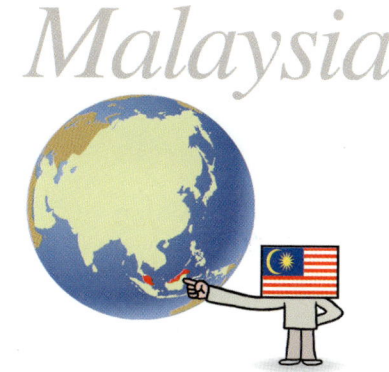

229

### ✚ 기도 제목

1. 무슬림에게 기독교 신앙을 선전하는 일이 제한받고 있는데도 불구하고, 교회는 규모나 성숙도에 있어서 계속 성장하고 있다. 더욱 복음이 편만하게 증거되고 확장되어 성장하도록 기도하자.

2. 교회는 꾸준히 성장하고 있으나 가장 큰 문제는 훈련받은 사역자와 목사들이 거의 없다는 것이다. 이 나라 복음화에 필요하고 적절히 훈련된 사람들을 세워주시도록 기도하자.

3. 종교의 자유를 위협하며 이슬람화를 강요하고 있다. 기독교인들이 흔들리지 않고 담대하게 반응하고 행동하며, 믿음을 변함없이 굳건히 지키도록 기도하자.

4. 말레이어가 공식 언어로 지정되고 성경의 번역과 사용이 제한적이어서 활발한 기독교 문서 사역을 필요로 하고 있다. 문서 사역이 더욱 활발히 이루어지고 성경이 널리 읽히도록 기도하자.

**중보기도 노트**

이는 그들로 마음에 위안을 받고 사랑 안에서 연합하여 확실한 이해의 모든 풍성함과 하나님의 비밀인 그리스도를 깨닫게 하려 함이니. 골 2:2

"주님께서 그들을 위하여 위대한 일을 행하셨도다"라고 이교도들은 반복해서 고백할 것이다. _제임스 A. 스튜어트

4월 2일                                                    말레이시아 2

# 밀림 속의 십자가

**➕ 기도 제목**

1. 교회는 성장하고 있으나 계속 이슬람교로부터 압력을 받고 있다. 또한 이슬람교는 압박 속에서도 타협을 요구하면서 물질로 유혹을 하고 있다. 담대함을 주셔서 하나님의 역사를 이루도록 기도하자.

2. 핍박과 압력 속에서 교회가 존속하고 성장하기 위해서 협력과 교단 간의 자원 공유가 이루어져야 한다. 교회가 하나임을 인식하고 함께 화합하여 복음의 확장을 위해 기도하자.

3. 말레이시아 교회는 재정과 자원은 충분히 갖추고 있으나 미전도 종족에 대한 복음 전파의 열정은 미미하다. 따라서 헌신과 용기가 필요하다. 담대히 하나님의 말씀을 증거할 사역자들이 세워지기를 기도하자.

**중보기도 노트**

용사가 빼앗은 것을 어떻게 도로 빼앗으며 승리자에게 사로잡힌 자를 어떻게 건져낼 수 있으랴 여호와가 이같이 말하노라 용사의 포로도 빼앗을 것이요 두려운 자의 빼앗은 것도 건져낼 것이니 이는 내가 너를 대적하는 자를 대적하고 네 자녀를 내가 구원할 것임이라. 사 49:24~25

기도는 하나님께 이야기함으로 시작하지만 더 조용하게 들어가보면 결국에 기도는 듣는 것이다. _키케가드_

4월 3일 　　　　　　　　　　　　　　　　　　　　　　　　　　　　　말레이시아 3

# 밀림 속의 십자가

### ✚ 기도 제목

1. 사바 주 정부는 부패해 있고 산림을 약탈해 좋지 않은 평을 얻고 있다. 정치 지도자와 지배층이 정직하고, 종족 간의 화합을 도모하며, 주민들의 삶을 귀중히 여기도록 기도하자.
2. 사바는 선교단체의 사역으로 교회가 빠르게 성장하고 있다. 그러나 명목주의, 부족민들의 도시 이주, 전임 사역자 수의 심각한 부족현상 같은 문제들이 있다. 선교사들의 비자 문제가 자유로이 해결되고 많은 사역자들이 이 땅에 보내지기를 기도하자.
3. 사라와크 지역은 지속적으로 성령의 강한 역사를 경험했다. 여러 교단들의 사역을 통해 많은 소수 부족 가운데서 회심과 부흥이 일어났다. 다가오는 세대에도 부흥이 계속 일어나도록 기도하자.
4. 사라와크 지역에는 사역자가 부족해서 성장이 뒷걸음치고 있다. 교회는 목회자 수가 부족하고, 재정 부족으로 사역자들은 시간제로 일해야 한다. 때문에 개척 사역자들을 후원하고 파송하는 일이 제한된다. 더 많은 젊은이들이 부르심을 받고 후원받도록 기도하자.

---

**중보기도 노트**

만일 너희가 믿음에 거하고 터 위에 굳게 서서 너희 들은바 복음의 소망에서 흔들리지 아니하면 그리하리라 이 복음은 천하 만민에게 전파된 바요 나 바울은 이 복음의 일꾼이 되었노라.
골 1:23

---

기도하지 않고 회개하지 않는 자는 금수보다 못하다. _존 번연

**4월 4일**

# 메뚜기 떼로
# 고통당하는 나라

**면적** 1,240,192 ㎢ (한반도의 560.1%)
**인구** 11,233,800명
**수도** 바마코
**도시화** 26%
**GNP** $520
**종족** 서부 아프리카 93.5%, 아랍 1.2%, 기타 1.6%
**공용어** 프랑스어   **문자해독률** 31%
**종교** 이슬람교 87%, 전통 종족종교 11%, 기독교 2%

말리

*Mali*

바다가 없는 내륙국가로, 건조한 남부 대초원과 사하라 사막으로 이루어져 있다.

가뭄과 기근, 메뚜기 떼의 출현으로 국토는 황폐해졌고, 생존형 농업마저 위협받고 있다.

채광량이 많은 금광을 보유하고 있으나 독재정치의 부패와 행정 미숙이 경제 파탄을 가중시켰다.

독재자는 물러가라! 지겹다!

이슬람교는 북부와 중부 지역에서 강력하며 그 영향력은 남부까지 미치고 있다.

### ✚ 기도 제목

1. 말리의 복음화를 완성하기 위해서는 많은 선교사가 필요하다. 특히 북부 지역으로 선교사가 더 많이 파송되도록 기도하자.
2. 교회와 선교단체의 구호 활동으로 많은 사람들이 복음에 수용적인 태도를 갖게 되었다. 가난해진 마음에 복음이 깊이 심겨지도록 기도하고, 더 많은 사람들이 구호 사업에 참여하며 복음을 전할 수 있도록 기도하자.
3. 규모가 큰 종족들의 집단 회심이 있었고, 많은 무슬림들이 예수님을 믿게 되었다. 생명력이 넘치는 교회로 일어서게 하시고 더 많은 무슬림 종족에게 복음이 전해지도록 기도하자.
4. 수도인 바마코는 30개의 작은 교회와 1백 명의 외국인 선교사가 있다. 단지 소수만이 도시교회의 개척에 관여하고 있다. 전략의 중심이 되는 이 도시에 복음이 효과적으로 전파되도록 기도하자.

---

**중보기도 노트**

> 너는 또 여호와의 손의 아름다운 관, 네 하나님의 손의 왕관이 될 것이라 다시는 너를 버림받은 자라 부르지 아니하며 다시는 네 땅을 황무지라 부르지 아니하고 오직 너를 헵시바라 하며 네 땅을 쁄라라 하리니 이는 여호와께서 너를 기뻐하실 것이며 네 땅이 결혼한 것처럼 될 것임이라. 사 62:3~4

기도는 헌신에 대한 엄격한 검사 행위입니다. _새뮤얼 채드윅

4월 5일					멕시코 1

# 인디오 문명의 발상지

면적　1,958,201 ㎢ (한반도의 884.3%)
인구　98,881,200명
수도　멕시코시티
도시화　72%
GNP　$8,480
종족　메스티소 61.1%, 아메리카 인디언 28%, 유럽계 아메리카 9%
공용어　스페인어　문자해독률　89%
종교　기독교 94.5%, 무종교·기타 3.6%, 전통 종족종교 1.8%

### ✚ 기도 제목

1. 긍정적인 변화를 기대하면서 평화로운 민주주의 정부로 전환하였다. 역동적으로 성장하는 이 나라가 스페인과 인디언의 뿌리 속에서 정체성을 찾고 있다. 사람들이 예수 그리스도에 대한 인격적인 믿음 가운데서 정체성을 발견하도록 기도하자.

2. 가난한 시골 사람들, 소외된 아메리카 원주민들, 착취당한 슬럼 거주자들, 대량의 마약 거래 등이 드러나면서 경제적, 정치적, 사회적 개혁 의지가 생겨났다. 정부가 용기를 가지고 부당 이익과 특권에 잘 대처해 가면서, 사회 모든 계층의 이익을 위해 변화를 일으키도록 기도하자.

3. 가톨릭교회가 3백 년을 지배하였다. 사람은 문화적으로는 가톨릭이지만, 아직도 죄와 편협한 전통주의, 혼합 종교 의식에 묶여 있고 10%만이 규칙적으로 교회에 참석한다. 성경의 진리로 회복되도록 기도하자.

4. 복음주의자들이 꾸준히 성장해 2000년에는 7백만이 넘었다. 기독교 공동체를 강제로 추방하고, 복음주의 활동에 대해 공격하며, 날조된 죄목으로 신자들을 체포하는 등의 핍박이 일어나고 있다. 교회가 핍박 가운데서 오히려 개혁과 부흥이 일어나고 종교의 자유가 완전히 실현되게 기도하자.

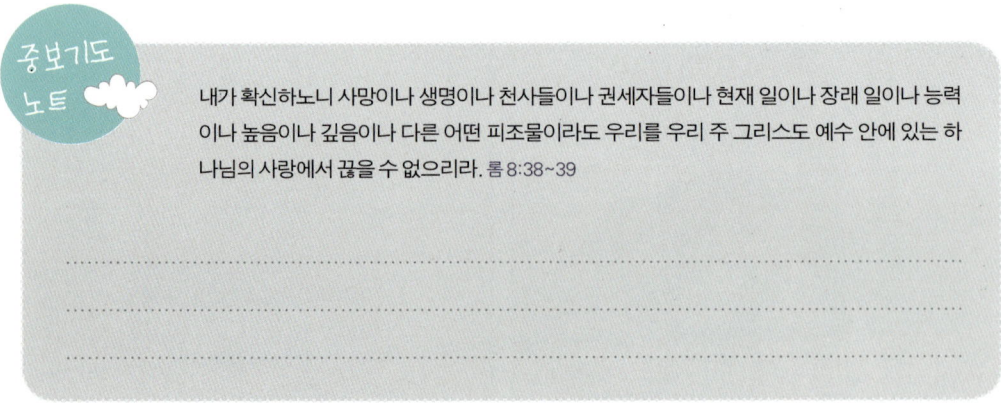

**중보기도 노트**

내가 확신하노니 사망이나 생명이나 천사들이나 권세자들이나 현재 일이나 장래 일이나 능력이나 높음이나 깊음이나 다른 어떤 피조물이라도 우리를 우리 주 그리스도 예수 안에 있는 하나님의 사랑에서 끊을 수 없으리라. 롬 8:38~39

하나님은 나의 삶에 순위를 매길 수 있는 수준의 분이 아니시다. _미상

4월 6일  모나코 / 멕시코 2

# 환상의 도시국가 모나코

- **면적** 1.95㎢
- **인구** 31,800명
- **수도** 모나코
- **도시화** 100%
- **GNP** $27,000(2000년)
- **종족** 모네가스크 16%, 프랑스 36%, 이탈리아 16%, 기타 32%
- **공용어** 프랑스어  **문자해독률** 99%
- **종교** 기독교 87.7%, 무종교·기타 9.9%, 유대교 1.7%

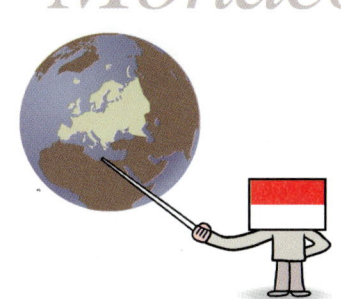

프랑스 남부 해안에 위치한 도시국가로, 면적이 세계에서 두 번째로 작은 나라이며, 조세 천국이다.

왕실이 운영하고 있는 도박장 및 우표 판매가 주요 수입원이고, 관광 휴양지로 유명하다.

가톨릭이 국교이며 타 종교로 개종하는 것을 암묵적으로 금지하고 있다.

개종하면 불이익이 돌아옵니다.

외국인들이 인구의 84%를 차지할 정도로 많다.

돈 벌러 왔지요.

모나코는 아랍지역에 기독교 방송을 내보내는 전진기지다.

현대 효과적인 기술을 통해 강력한 송신 시설을 갖추고, 재정적인 도움도 이루어지도록 기도하자.

## 기도 제목

### 멕시코

1. 인디언들은 명목상으로는 가톨릭이나 실제로는 이교도이다. 261개 종족 가운데 129개 종족은 한 명의 복음 증거자도 없다. 인디언 부족 내에 교회가 개척되도록 기도하자.
2. 보수적인 가톨릭 마을과 도시들은 복음 전도가 제한되어 있다. 이들에게 효과적으로 복음이 전해지도록 기도하자.

### 모나코

3. 모나코는 문화적으로 가톨릭이고, 모네가스트 사람들은 거의 모두가 가톨릭 교인이다. 모네가스트에 복음주의 신자가 있는지에 대해서는 알려진 바 없다. 이 땅에 복음을 전하는 일꾼을 보내주시고, 모든 이들이 구원의 은혜를 받게 기도하자.
4. 외국인이 인구의 84%를 차지한다. 공식적으로 외국인 공동체를 섬기는 세 교회가 있다. 성공회, 프랑스 개혁교회, 복음주의 모나코 기독인회이다. 세 공동체의 헌신된 신자들이 하나님의 능력으로 사회에 영향력을 끼치게 기도하자.
5. 기독교 라디오 방송 사역은 널리 인정받고 있다. 강력한 중단파 수신기로 17개의 유럽어와 3개의 아프리카어로 방송하고 있다. 전파를 통해 그리스도가 널리 알려지고 사역이 계속 확장되기를 기도하자.

우리는 십자가에 못 박힌 그리스도를 전하니 유대인에게는 거리끼는 것이요 이방인에게는 미련한 것이로되 오직 부르심을 받은 자들에게는 유대인이나 헬라인이나 그리스도는 하나님의 능력이요 하나님의 지혜니라. 고전 1:23~24

하나님, 어린아이와 같은 고요한 심령을 주시고 화평의 상속자가 되게 하여주시옵소서. _알렉산드리아의 클레멘스

4월 7일 　　　　　　　　　　　　　　　　　　　　　모로코 1

# 오래된
# 이슬람 문명 국가

**면적** 458,730 ㎢ (한반도의 207.5%)
**인구** 28,220,800명
**수도** 라바트
**도시화** 51%
**GNP** $2,390
**종족** 아랍어 65%, 베르베르 34%, 기타 1%
**공용어** 아랍어　**문자해독률** 44%
**종교** 이슬람교 99.9%, 기독교 0.1%

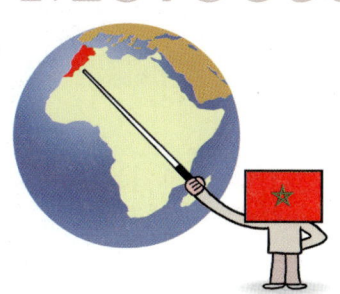

아프리카 서북부의 모서리에 위치한 나라로, 북부는 비옥하고 남부는 황량하다.

모로코와 서부 사하라에 묻혀 있는 인산은 전 세계 매장량의 70%를 차지한다.

1980~90년대에 심한 가뭄을 겪었고 젊은이의 50%가 실업상태에 있다.

수백만 명의 모로코인들은 세계 각지에서, 특히 유럽에서 일하고 있다.

호텔에서 일하고 있지요.

### ✠ 기도 제목

1. 일찍이 들어온 이슬람은 성경의 진리에 대항하는 편견을 낳았고, 이로 인해 인구의 5%도 못 미치게 복음이 전해졌다. 이 나라가 복음을 전하는 자들에게 문을 개방하도록 기도하자.

2. 선교 사역이 허용되지 않는다. 따라서 다양한 직업을 통해 믿음을 나누는 신자들의 삶을 통해 주의 이름이 높아지게 하시고 압박, 절망에도 불구하고 담대하게 추수하는 믿음을 갖기를 기도하자. 또한 선교사, 기독교인이 이 땅에 입국하는 길이 열리도록 기도하자.

3. 복음을 증거하는 데 사탄의 방해가 많지만 복음에 대한 관심이 커지고 있고, 종교의 자유가 보장되지만 마음대로 이슬람교를 떠날 수 없다. 개종한 모든 사람이 담대하게 복음을 증거할 수 있도록 기도하자.

내가 맹인들을 그들이 알지 못하는 길로 이끌며 그들이 알지 못하는 지름길로 인도하며 암흑이 그 앞에서 광명이 되게 하며 굽은 데를 곧게 할 것이라 내가 이 일을 행하여 그들을 버리지 아니하리니. 사 42:16

다른 이들을 위한 기도는 오직 평안한 마음에서만 나올 수 있다. _J. 버틀러 스토니_

4월 8일                                                      모로코 2

# 오래된
# 이슬람 문명 국가

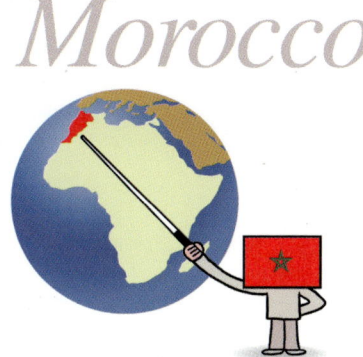

### ✚ 기도 제목

1. 법적으로 성경을 수입할 수 있지만 아랍어판은 몰수되었다. 아랍어와 베르베르어로 된 성경의 수입과 효과적인 배포를 위해 기도하자. 이 성경을 통하여 많은 심령이 변화되기를 기도하자.

2. 방송 사역과 미디어 사역은 잠재력이 크고 실제로 많은 영향을 미치고 있다. 따라서 방해도 많이 따른다. 이 사역들이 보다 효과적으로 운영되고 이를 통해 많은 사람들이 변화되도록 기도하자.

3. 많은 모로코인들이 위험을 무릎쓰고 일자리를 찾아서 프랑스, 네덜란드, 벨기에, 스페인, 독일, 영국, 북아프리카 도시인 스페인령 세우타와 메릴라에 불법으로 이주하고 있다. 이런 곳에서 사역하고 있는 선교단체들을 위해 기도하자.

4. 많은 위험에 노출된 채 미디어와 방송 사역을 섬기는 사역자들을 위해 기도하자. 또한 방송과 미디어 매체를 통하여 제자 훈련이 되고 지속적인 양육과 효과적인 교회 개척을 위한 통로가 되도록 기도하자.

내가 유다의 포로와 이스라엘의 포로를 돌아오게 하여 그들을 처음과 같이 세울 것이며 내가 그들을 내게 범한 그 모든 죄악에서 정하게 하며 그들이 내게 범하며 행한 모든 죄악을 사할 것이라. 렘 33:7~8

기도는 하나님께 소원하는 것을 구하는 것이 아니라, 하나님이 우리에게 소원하시는 것을 구하는 것이다. _미상

243

4월 9일  모리셔스

## 힌두교가 강세인 섬나라

- **면적** 1,865 ㎢ (한반도의 0.84%)
- **인구** 1,183,000명
- **수도** 포트루이스
- **도시화** 44%
- **GNP** $5,520
- **종족** 인도 66%, 크레올 27.5%, 중국 3%, 유럽 3%
- **공용어** 영어  **문자해독률** 83%
- **종교** 힌두교 49.4%, 기독교 32.9%, 이슬람교 16.3%

인도양 서남부, 마다가스카르 섬의 동쪽에 있는 입헌 왕국이다. 1개의 큰 섬과 3개의 작은 섬으로 구성되어 있다. 화산섬으로 중앙부는 고원이며 북부에는 산지가 있다.

금융업, 관세 수입으로 아프리카 경제국 가운데 성공을 거둔 나라 중 하나다.

아프리카에서 유일하게 안정적인 의회 민주주의를 유지해오고 있다.

이런 나라 거의 없습니다.

전 국민의 50% 이상이 힌두교를 믿으며 선교사들을 매우 싫어한다.

나한테 전도하지 마세요.

### ✚ 기도 제목

1. 모리셔스 사람들에게 대대로 내려오는 전통과 힌두 문화는 이들이 기독교인이 되는 것을 어렵게 한다. 그런데도 많은 힌두교도들이 담대한 전도를 통해서 예수님께 나아오고 있다. 더욱 담대한 믿음을 주시어 이 땅의 많은 사람이 돌아오길 기도하자.

2. 가톨릭 교인들이 교회 내에 들어온 힌두교 신자들에게 동화되고 있다. 이를 극복하기 위해 가톨릭교회는 성경 읽기 운동을 하고 있으며 활발한 모임을 갖고 있다. 진리가 고수되길 기도하자.

3. 복음 중심의 기독교인들이 늘어나고 있다. 그러나 이들에 대한 차별이 있고, 기독교인은 나라를 버린 사람처럼 취급된다. 기독교인들이 어려움 가운데서도 하나가 되어서 믿지 않는 사람들에게 복음을 전하도록 기도하자.

4. 젊은이들은 가족들의 압박과 자유주의 교회 지도자들 때문에 하나님께 헌신하는 일을 주저하고 있다. 여러 단체들이 젊은이들에게 다가갈 방법을 찾고 있다. 젊은이들을 향한 복음의 통로를 여시도록 기도하자.

**중보기도 노트**

곧 하나님께서 그리스도 안에 계시사 세상을 자기와 화목하게 하시며 그들의 죄를 그들에게 돌리지 아니하시고 화목하게 하는 말씀을 우리에게 부탁하셨느니라. 고후 5:19

나는 너무나 바빠서 기도합니다. _빌 하이벨스

**4월 10일**

# 아프리카의
# 미전도 종족

**면적** 1,030,700 ㎢ (한반도의 465.5%)
**인구** 2,669,500명
**수도** 누악쇼트
**도시화** 54%
**GNP** $930
**종족** 아랍 70%, 흑인 아프리카 28.8%, 기타 1.2%
**공용어** 아랍어, 하사니아 방언, 프랑스어    **문자해독률** 38%
**종교** 이슬람교 99.8%

**모리타니**

아프리카 서북부에 위치하며, 남부 국경지역의 세네갈 강 북쪽 유역 외에는 전 국토가 사막이다.

국민의 70%가 유목민이었지만 가뭄 때문에 현재는 20% 미만으로 줄었다.

우리 낙타도 많이 줄었죠.

가뭄으로 국토는 황폐화됐으며 제한된 용수로 종족 간의 분쟁이 잦다.

내가 먼저 죽게 생겼소.

모리타니는 이슬람교 공화국이다. 배교할 경우 사형에 처해진다.

죽고 싶으면 예수 믿어!

### ➕ 기도 제목

1. 모리타니는 세계에서 가장 가난한 나라 중 하나이다. 어린이 인구의 3분의 1이 영양실조 상태이고, 먹을 것이 있어도 가난한 사람들에게는 너무 비싸다. 정부가 지혜를 가지도록 기도하고, 가난한 사람들이 복음을 듣고 하나님을 믿도록 기도하자.

2. 모리타니인들은 모두 미전도 종족이고, 교회는 하나도 없다. 적은 수의 기독교인들이 있지만 과거에 기독교에 관심이 있었던 사람들은 감옥에 갔거나 고문을 당했다. 주님을 영접한 것이 밝혀지면 법에 따라 죽음을 각오해야 한다. 때로는 외국 기독교인들도 괴롭힘과 추방을 당했다. 이들에게 주님께서 힘이 되어주시도록 기도하자.

3. 문맹률은 높고 아랍어 성경도 없으며, 복음 듣는 것을 금지하는 법 때문에 이슬람교도들이 기독교인이 되는 것이 어렵다. 그리고 정부가 계속 방해하고 있다. 이러한 방해에도 불구하고 계속 복음을 전하는 돌파구가 생기도록 기도하자.

---

**중보기도 노트**

내가 주의 영을 떠나 어디로 가며 주의 앞에서 어디로 피하리이까 내가 하늘에 올라갈지라도 거기 계시며 스올에 내 자리를 펼지라도 거기 계시니이다 내가 새벽 날개를 치며 바다 끝에 가서 거주할지라도 거기서도 주의 손이 나를 인도하시며 주의 오른손이 나를 붙드시리이다.
시편 139:7~10

---

기도 없이 사는 것은 가장 저주스러운 일이요, 말할 수 없이 어리석은 것이다. _필립 브룩스_

4월 11일  모잠비크 1

# 복음적인 지도자가 필요한 나라

**Mozambique**

- **면적** 799,380㎢ (한반도의 361%)
- **인구** 19,680,400명
- **수도** 마푸토  **도시화** 28%
- **GNP** $370
- **종족** 반투 종족 97.7%, 기타 2.3%
- **공용어** 포르투갈어  **문자해독률** 40%
- **종교** 기독교 57.7%, 전통 종족종교 22%, 이슬람교 18.1%, 무종교·기타 2.2%

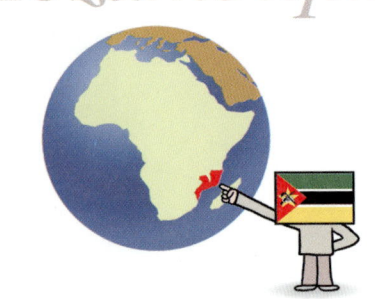

248

### 기도 제목

1. 1955년 세계에서 가장 가난한 나라로 알려졌다. 회오리바람, 홍수 등의 각종 재난으로 많은 사회 시설이 파괴되었다. 그리고 에이즈에 감염된 고아가 31만 명에 이른다. 척박한 이 땅의 회복을 위해 기도하자.

2. 1990년대 흑인 아프리카 나라 가운데 가장 빠른 교회 성장을 보였다. 1988년과 2000년 사이에 총 기독교 인구가 두 배 이상 증가되었다. 건강한 교회의 성장과 더 많은 회심자가 생기도록 기도하자.

3. 성경이 부족하고 글씨를 모르며 성경적인 이해가 부족하다. 또한 지도자들조차 그들 스스로 목사가 되고 하나님이 아닌 사람의 인정을 좇고 있다. 많은 사역단체들이 성경에 뿌리를 둔 훈련을 만들었는데 이 훈련이 진리에 뿌리를 두도록 기도하자.

이에 그들이 그들의 고통 때문에 여호와께 부르짖으매 그가 그들의 고통에서 그들을 구원하시되 그가 그의 말씀을 보내어 그들을 고치시고 위험한 지경에서 건지시는도다 여호와의 인자하심과 인생에게 행하신 기적으로 말미암아 그를 찬송할지로다. 시 107:19~21

10분 혹은 30분 기도드리고 지쳐버리는 사람들이 있다. 하나님과 함께하는 것에 익숙해져야 한다. _선다싱

4월 12일     모잠비크 2

# 복음적인 지도자가
# 필요한 나라

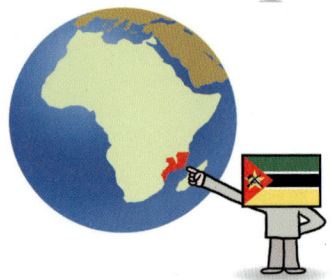
Mozambique

## ✚ 기도 제목

1. 미전도 종족이 많으며, 종족의 규모가 크지만 전도 활동이나 토착 기독교인 수는 적다. 마크후와족, 스와힐리 근족, 마콘데족, 야오족 중에 무슬림 인구가 많다. 이들 미전도 종족에게 복음이 전파되도록 기도하자.

2. 도시는 폭력과 범죄, 에이즈 문제가 심각하다. 대학교 수준에 해당하는 교육기관이 3개뿐이고 복음을 전하는 곳은 한 곳밖에 없다. 도시와 대학교가 복음으로 회복되도록 기도하자.

3. 도시는 여행하기 힘들고 폭력적이며, 질병이 많고 사망률도 높아서 사역이 힘들다. 선교사들이 인내를 가지고 사역하도록 주님께서 도우시길 기도하자.

4. 지도자의 효율적인 사역이 필요하다. 많은 지도자들의 헌신과 훈련, 어린이 사역, 에이즈 관련 사역이 이루어지기를 기도하자.

---

**중보기도 노트**

여호와의 손이 짧아 구원하지 못하심도 아니요 귀가 둔하여 듣지 못하심도 아니라 오직 너희 죄악이 너희와 너희 하나님 사이를 갈라놓았고 너희 죄가 그의 얼굴을 가리어서 너희에게서 듣지 않으시게 함이니라. 사 59:1~2

---

기도는 하나님을 변화시키는 것이 아니다. 그것은 기도하는 사람 자신을 변화시키는 것이다. _키르케고르_

4월 13일          몬트세랫

# 뜨거운 화산의 나라

# Montserrat

**면적** 102㎢(한반도의 0.05%)
**인구** 3,700명
**수도** 플리머스
**종족** 아프리카계 카리브 97%, 유럽계 아메리카 2%, 기타 1%
**공용어** 영어    **문자해독률** 97%
**종교** 기독교 95.5%, 무종교·기타 2.5%, 바하이교 2%

카리브 해에 있는 영국의 해외 영토다. 1995~2001년의 수프리에르 화산 폭발로 용암이 흐르면서 영토가 넓어졌다. 관광, 통화은행, 전자부품 제조업이 화산 폭발 전까지 주 수입원이었다.

인구는 3,700여 명에 불과하다.

작다고 무시하지 마!

화산 폭발로 교회는 심하게 붕괴되었다.

명목상의 기독교인들이 화산 폭발이라는 재앙을 통해 그리스도께 돌아가도록 기도하자.

# 4월 13일     몰도바

## 작지만
## 소망 있는 나라

**면적** 33,700㎢(한반도의 15.2%)
**인구** 4,380,500명
**수도** 키시네프
**도시화** 47%
**GNP** $1,240
**종족** 인도계 유럽 94.5%, 투르크·알타이 3.2%, 기타 2.3%
**공용어** 몰도바 루마니아어    **문자해독률** 97%
**종교** 기독교 95.4%, 무종교 3.3%, 유대교 1.1%

## 기도 제목

**몬트세랫**

1. 화산 폭발로 인한 자연재해와 열악한 경제 여건과 사회생활은 섬사람들에게 큰 영향을 미치고 있다. 많은 사람들에게는 참된 믿음이 없고 교회생활은 무너져 있다. 모든 사람들이 예수님 안에서 참 생명을 발견하도록 기도하자.

2. 2001년 화산 폭발로 영토가 넓어졌으나 심각한 경제 위기를 초래했다. 속히 경제가 회복되어지길 기도하자.

**몰도바**

3. 겉보기에는 평화롭고 번성하는 듯 보이지만 몰도바의 미래는 불확실하다. 러시아에 의존적인 경제 상황 때문에 유럽에서 가장 가난한 나라이다. 앞길을 인도하시는 주님을 붙들도록 기도하자.

4. 남성의 80%가 실업자이며 동시에 60%가 알코올 중독자인 문제를 가지고 있다. 과거 공산주의의 습관을 벗고 진리 안에서 참된 자유를 누리도록 기도하자.

그러나 너희는 택하신 족속이요 왕 같은 제사장들이요 거룩한 나라요 그의 소유가 된 백성이니 이는 너희를 어두운 데서 불러내어 그의 기이한 빛에 들어가게 하신 이의 아름다운 덕을 선포하게 하려 하심이라. 벧전 2:9

기도하는 중 하나님을 제한하는 것을 주의하시오. _뮤레이

**4월 14일**

# 지상 최후의 낙원

몰디브

**면적** 298㎢(한반도의 0.13%)
**인구** 286,200명
**수도** 말레
**도시화** 27%
**GNP** $3,040
**종족** 토착민 93%, 외국인 7%
**공용어** 디베히어  **문자해독률** 93%
**종교** 이슬람교 99.4%

스리랑카 남서쪽 6백 km에 위치한 1,200개의 산호섬으로 구성되어 있으며 그중 202개의 섬에 사람이 살고 있다.

그러나 섬의 평균 크기가 1㎢ 미만이며 모두가 해수면에서 1~2m 높이에 있다.

이슬람교만이 유일하게 인정되는 종교이며 모든 종교의 관행은 금지되어 있다.

전도할 생각 마쇼.

지구 온난화로 인해 높아지는 해수면은 섬의 존립을 위협하고 있다.

난 육지가 필요해.

### ✚ 기도 제목

1. 주민이 2백여 개의 섬에 흩어져서 살고 있기에 기독교 라디오 등의 방송 사역은 매우 중요하다. 정부의 저지가 강하나 계속 사역이 이루어지고 열매를 맺도록 신뢰하며 기도하자.

2. 1998년 정부 당국의 심한 박해를 받고 석방된 몰디브 기독교인들이 여전히 계속되는 탄압과 영적 압박에도 불구하고 말씀 진리에 반응하며 복음이 실제가 된 삶을 살아가도록 기도하자.

3. 지구 온난화로 인해 해수면이 높아지고 해수 온도가 상승해 섬이 사라질 위기에 처해 있다. 섬의 종말에 대한 도전이 오히려 예수 그리스도께 돌아오는 계기가 되도록 기도하자.

4. 관광업이 주요 수입원인 몰디브는 섬으로 구성되어 있는 지리적 특성상 많은 가정들이 해체되어 살아가고 있다. 말씀으로 가정들을 붙들어주시고 사탄이 틈타지 않도록 기도하자.

> 너희는 귀를 기울이고 내게로 나아와 들으라 그리하면 너희의 영혼이 살리라 내가 너희를 위하여 영원한 언약을 맺으리니 곧 다윗에게 허락한 확실한 은혜이니라. 사 55:3

하나님은 기도하지 않는 사람들로 인해 애를 태우신다. _무디

4월 15일  몰타

# 사도 바울의
# 체취가 서린 나라

**면적** 316㎢(한반도의 0.14%)
**인구** 388,500명
**수도** 발레타
**도시화** 90%
**GNP** $18,900
**종족** 몰타 95.3%, 기타 4.7%
**공용어** 몰타어, 영어   **문자해독률** 96%
**종교** 기독교 97.2%, 무종교·기타 1.7%, 이슬람교 1.1%

지중해 가운데에 있는 섬나라이며, 사도 바울이 로마로 가던 중 난파당해 발을 디딘 역사적인 섬이다.

전체 3개의 섬은 강이 없고 건조한 석회질로 구성되어 있다.

선박 수리와 컨테이너 항구로 각광받고 있으며 전통적인 가톨릭 국가다.

몰타에는 개신교 복음 전도가 1964년 독립 이후까지 이루어지지 않았다.

| 그러나 11개 교회에 약 5백 명의 몰타 교인들이 있다. | 몰타는 북아프리카와 연계되어 있다. 이슬람화되어 있는 북아프리카 교회의 재건에 몰타인들이 중요한 역할을 담당하도록 기도하자. |

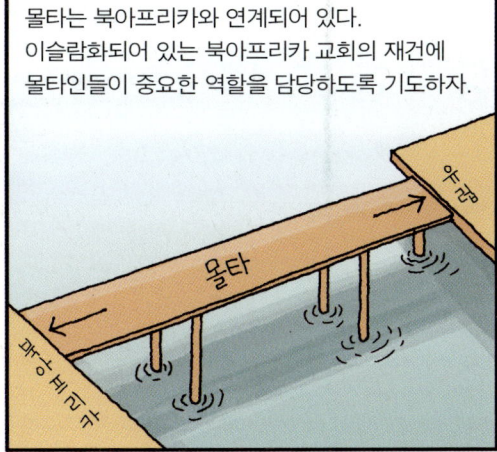

### ✚ 기도 제목

1. 사도 바울에 의해 유럽 최초로 기독교를 받아들인 몰타는 수백 년 동안 높은 교회 출석률을 자랑하는 견고한 가톨릭 국가다. 십자가의 능력으로 개인적인 믿음에 도전을 받고 열방에 복음을 전하는 자로 헌신할 수 있도록 기도하자.

2. 개신교 복음 전도가 1964년 독립 이후까지 이루어지지 않았으나, 나름대로 꾸준하게 성장해왔다. 그러나 토가인들을 위한 전도 활동은 거의 없다. 이들이 살아 있는 믿음을 가지도록 기도하자.

3. 많은 몰타인들이 주변의 호주, 영국, 캐나다 등 다른 나라로 이주하고 있으며, 그중 많은 사람들이 주께로 나오고 있다. 이들 가운데 복음을 가지고 본국으로 되돌아가는 사람들이 나오도록 기도하자.

4. 기독교 지원 사역으로 몰타 성서공회와 기독교 문서 사역, 〈예수〉 영화 상영, 기독교 라디오 사역이 있다. 이러한 매체를 통하여 많은 사람들이 변화를 받아 그리스도께 나올 수 있도록 기도하자.

모든 것이 하나님께로서 났으며 그가 그리스도로 말미암아 우리를 자기와 화목하게 하시고 또 우리에게 화목하게 하는 직분을 주셨으니. 고후 5:18

기도는 우리가 원하는 바를 얻는 쉬운 길이 아니라 하나님이 원하시는 대로 되는 유일한 길이다. 스튜어트 케네디

### 4월 16일

# 광활한 초원의 나라

몽골

면적 1,565,000 ㎢ (한반도의 706.7%)
인구 2,662,000명
수도 울란바토르
도시화 62%
GNP $1,500
종족 몽골족 90%, 투르크 6.6%, 기타 3.4%
공용어 할 몽골어  문자해독률 87%
종교 무종교·기타 41.6%, 샤머니즘 31.2%, 불교 22.5%, 이슬람교 4%

### ✚ 기도 제목

1. 복음 전도가 미미한 유목민과 지방 사람들, 무슬림인 카자크인, 소수 종족인 중국인과 러시아인 그리고 대학생들의 구원을 위한 복음 전파가 절대적으로 필요하다. 영혼을 사랑하시는 예수 그리스도를 신뢰하며 이들의 구원을 위해 기도하자.

2. 경제개발 실패와 부패는 삶의 모든 영역에 깊은 영향을 미치고 있으며, 정부에 대한 거부감을 안겨주었다. 몽골 지도자들이 지혜를 가지고 하나님을 경외함으로 공평하게 섬길 수 있도록 기도하자.

3. 라마 불교가 회복되고 있으며, 사원의 수가 증가하고, 많은 불교 유적지와 우상들이 복구되고 있다. 모두가 이전에 있었던 무술, 점성술, 이단 세력의 지배를 받고 있다. 몽골인들이 온전한 자유를 누리고, 주 예수 그리스도를 따름으로써 삶이 변화되도록 기도하자.

4. 몽골 교회 지도자들의 수가 증가하고 있으며, 많은 이들이 선교 센터와 신학교에서 훈련받고 있다. 리더십의 올바른 모델과 이것을 개발하는 데 적절한 후원 구조를 갖추고, 복음 위에 진리의 말씀으로 기초를 닦을 수 있도록 기도하자.

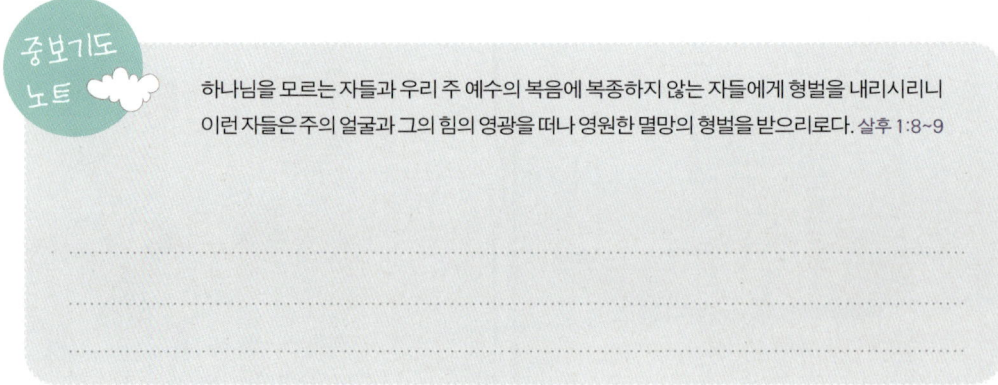

# 4월 17일     미국 1

## 세계 최대
## 개신교의 나라

**면적** 9,529,063 ㎢ (한반도의 4,303.3%)
**인구** 278,357,100명
**수도** 워싱턴    **도시화** 76%
**GNP** $45,850
**종족** 유럽계 아메리카 70.7%, 아프리카계 아메리카 12.4%, 라틴 메스티소 7%, 아시아 4.5%, 중동 4.3%
**공용어** 영어    **문자해독률** 96%
**종교** 기독교 84.5%, 무종교 9.4%, 유대교 2%, 이슬람교 1.5%

United States of America

북아메리카 대륙의 중심부를 차지하는 연방 공화국으로, 국제 정치·경제상의 중요한 위치를 차지하고 있다.

인구와 국토 면적이 세계에서 세 번째!

미국 경제가 살면 세계 경제가 살고
미국 경제가 침체되면 세계 경제가 침체된다.

최근의 경제 위기도 모두 미국에서 시작되었다.

달러의 운명과 함께 가는 거죠.

청교도 선조들은 기독교 신앙을 마음껏 누리기 위해 신대륙에 나라를 건설했다.

맘 놓고 예배드리자.

### ✚ 기도 제목

1. 미국은 1990년대에 증가한 기도 네트워크와 수많은 세계 기도운동의 중심지였다. 계속해서 세계 기도의 중심이 될 수 있도록 기도하자.

2. 빌리 그레이엄은 많은 이들에게 복음을 선포하였고, 많은 지도자들에게 증거하였으며, 세계 복음화를 앞당겼다. 이로 인해 아프리카와 아시아의 기독교는 놀랄 만큼 성장했다. 이처럼 영적으로 훌륭한 지도자들이 등장하기를 기도하자.

3. 오순절 교단의 엄청난 성장과 카리스마틱 네트워크의 초교파적 성장이 있었다. 여기서 많은 사람이 회개하고 성령의 감동을 받았다. 다시금 영적 부흥을 경험하도록 기도하자.

4. 미국은 오래전부터 계속되었던 뿌리 깊은 인종문제를 청산할 좋은 기회로 2008년 말 최초의 흑인 대통령이 선출되었다. 다인종 국가인 미국 국민의 뜻이 일치하여 현 경제 위기 등 여러 어려운 고비를 넘기는 지혜를 갖도록 기도하자.

그리스도께서 이방인들을 순종하게 하기 위하여 나를 통하여 역사하신 것 외에는 내가 감히 말하지 아니하노라 그 일은 말과 행위로 표적과 기사의 능력으로 성령의 능력으로 이루어졌으며 그리하여 내가 예루살렘으로부터 두루 행하여 일루리곤까지 그리스도의 복음을 편만하게 전하였노라. 롬 15:18~19

하나님과 우리 사이의 거리는 기도만큼 떨어져 있다. _미상

4월 18일            미국 2

# 세계 최대 개신교의 나라

United States of America

## ✚ 기도 제목

1. 전 세계적으로 초강대국인 미국의 위치는 매우 중요하다. 이 역할을 감당하는 대통령을 위해 기도하고, 국내외적 요구 사항에 지혜롭게 대응할 수 있도록 기도하자.

2. 현재 세계화는 주로 미국의 기술, 미디어, 문화가 주도하고 있다. 그러나 미국은 성경적인 구속이 제거된 미국 후기 개신교의 개인주의, 인권의 자유, 민주주의에 대한 자만심으로 무정부주의와 도덕적인 붕괴를 초래할 수 있다. 이런 여러 가지 우려되는 측면을 위해 기도하자.

3. 청교도 선조들은 기독교 신앙을 마음껏 누릴 수 있는 땅을 세우고자 결심했었다. 이런 기초 위에 역사적으로 가장 크고 역동적인 기독교가 발전할 수 있었다. 복음주의자들의 생명력, 관용, 비전이 복음의 물결을 퍼뜨리는 주요소가 되도록 기도하자.

4. 미국의 영적 유산이 불경건한 인본주의자, 뉴에이지, 동성연애자 연맹 등에 의해 침식당하고 있다. 이러한 세속주의와 다원주의 뒤에서 역사하는 사탄의 세력이 예수 그리스도의 이름으로 무너지게 하시고, 성도들이 말씀의 진리를 붙들고 승리하도록 기도하자.

**중보기도 노트**

> 우리의 씨름은 혈과 육을 상대하는 것이 아니요 통치자들과 권세들과 이 어둠의 세상 주관자들과 하늘에 있는 악의 영들을 상대함이라. 엡 6:12

---

성질 급한 사람에게는 뭐니 뭐니 해도 긴 기도가 최고의 약이다. _미상

**4월 19일**　　　　　　　　　　　　　　　　　　　　　　　　　　　　　　미국 3

# 세계 최대
# 개신교의 나라

United States of America

✚ **기도 제목**

1. 교회가 사회적으로 만연해 있는 낙태와 동성애 등 몇 가지 주요 문제로 심각하게 분열되어 있다. 또한 교단은 세계 복음화 문제를 방관한 채 종말론, 성령 은사, 성경의 무모함에 대한 문제로 분쟁을 벌이고 있다. 회개하고 말씀 앞에 서서 하나님을 경외하도록 기도하자.

2. 공적인 삶에 기독교인이 참여하느냐 마느냐는 풀리지 않는 숙제이다. 기독교인들이 균형과 지혜를 갖고, 사회에서 빛과 소금의 역할을 해내도록 지속적으로 기도하자.

3. 대부분 목사는 가장 정점에 있는 스타와 같은 존재로 기대되고 있다. 따라서 참여하는 모임에서 성경적인 사도, 예언자, 전도자, 목사, 교사로서 사역할 수 있도록 기도의 힘을 모으고, 섬김의 종으로 복음 앞에 겸손히 나아가도록 기도하자.

4. 젊은이들은 오늘날 영적 전쟁의 주요 장이 되고 있다. 인본주의 철학은 방황, 영적 나약함, 도덕적 부패, 권위에 대한 도전, 약물 복용, 거리낌 없는 폭력 등 비참한 결과를 가져왔다. 그러나 하나님이 청년 사역을 일으키셨다. 성령의 강한 역사가 일어나도록 기도하자.

**중보기도 노트**

너희가 거듭난 것은 썩어질 씨로 된 것이 아니요 썩지 아니할 씨로 된 것이니 살아 있고 항상 있는 하나님의 말씀으로 되었느니라. 벧전 1:23

생의 깊은 비밀은 하나님에 대해 이야기하는 것이 아니요, 그와 직접 대화하는 것이다. _안톤 트루블러드

4월 20일  미국 4

# 세계 최대 개신교의 나라

United States of America

## ✚ 기도 제목

1. 인종차별로 아프리카계 미국인은 엄청나게 고통을 받아왔다. 특히 타락의 정도가 심한 도심의 20대 젊은 이들이 교도소에 많이 수감되고 있다. 거기에다가 마약, 에이즈가 만연하고, 살인사건까지 심각할 정도로 발생하고 있다. 소망은 오직 예수뿐임을 선포하고 복음으로 삶이 변화되도록 기도하자.

2. 기독교인들 가운데 선교의 비전이 커지고 있다. 그러나 대부분의 파송 교회가 효과적으로 선교사를 내보내기 위해 갖추어야 할 조직과 실제적인 경험이 부족한 상태이다. 이를 위해 기도하자.

3. 아프리카계 미국인 교회는 규모가 크고 활력 있는 복음주의 교회로 알려져 있으나, 주류 교단인 백인 복음주의의 기독교 전통과 선교에서는 소외되고 있다. 인종을 초월한 연합이 있도록 기도하고, 교회에 생명력과 성령의 역사가 있도록 기도하자.

4. 교회 성장은 오늘날 미국 복음주의 성장의 한 단면이다. 새 이주민과, 이미 미국 사회에 적응한 소수 민족에 대해서도 효과적인 복음화와 제자화가 이루어지기를 기도하자. 또한 그들의 고국을 복음화하려는 비전 개발과 전도 전략을 위해서도 기도하자.

**중보기도 노트**

주께서 이같이 우리에게 명하시되 내가 너를 이방의 빛으로 삼아 너로 땅 끝까지 구원하게 하리라 하셨느니라 하니. 행 13:47

신랄하게 논쟁하거나 변론하는 것보다는 열심히 기도하는 것이 낫다. _윌리엄 거널

4월 21일                                                          미국 5

# 세계 최대
# 개신교의 나라

### ✚ 기도 제목

1. 미국의 원주민은 유럽 이민자들과 수세기 동안 마찰을 겪으며 극심한 고통을 견뎌왔다. 땅과 고유의 문화를 잃어버렸으며 자존감마저 상실했고, 여전히 편견과 무관심 속에 놓여 있다. 이들을 복음으로 위로하시고 주님의 선하심으로 인도되도록 기도하자.

2. 크리스천 사이언스, 몰몬교, 여호와의 증인 등 전도에 적극적으로 열심을 내는 이단들은 거의 대부분 미국에서 생겨났다. 2,500개 정도의 이단과 이국 종파가 있다. 이들을 복음화하기 위한 하나님의 지혜와 전문적인 노력이 요구된다. 이를 위해 기도하자.

3. 180여 개국에서 온 60여 만 명의 외국 학생들의 대부분은 복음을 수용하지 않는 나라에서 왔고, 기독교인이 거의 없다. 여러 선교단체와 지역교회들이 사역에 동참하여 놀랄 만한 반응을 얻고 있다. 학생들이 회심하고 제자 훈련을 받아서, 고국으로 돌아가 복음의 증인이 될 수 있도록 기도하자.

4. 무슬림은 이민과 아프리카계 미국인들의 개종으로 꾸준히 증가하고 있다. 미국 내의 아랍인과 이란인 무슬림을 위해 기도하고, 소말리아, 아프가니스탄, 보스니아 공동체가 복음의 빛 가운데로 드러나도록 기도하자.

**중보기도 노트**

하나님은 모든 사람이 구원을 받으며 진리를 아는 데에 이르기를 원하시느니라. 딤전 2:4

기도는 하나님이 하실 수 있는 그 어떤 것이든지 동일하게 할 수 있다. _E. M. 바운즈_

4월 22일                                                              미국 6

# 세계 최대
# 개신교의 나라

United States of America

✚ 기도 제목

1. 미국 내 남아시아인들은 기술직에 종사하는 이주민이며, 미국에서 가장 부유한 인종 공동체 가운데 하나이다. 거의 대부분이 무슬림, 힌두교도, 시크교도이며 복음의 손길이 닿지 않은 인도에서 건너온 사람들이다. 이들이 주 예수 그리스도께 나올 수 있도록 기도하자.

2. 20세기에 세계 복음화가 진척된 것은 미국 교회의 관대한 후원과 개척이 있었기 때문이다. 미국의 선교사와 선교단체는 세계의 거의 모든 국가에 영향을 미쳤다. 미국 교회와 선교단체를 축복하시고, 더욱 복음 앞에 서서 마지막 때에 주님이 오심을 감당할 수 있도록 기도하자.

3. 미국의 교회가 교회생활 가운데 복음 전파가 중심이 되도록 기도하자. 지역교회와 선교단체 간의 효율적인 동반자 의식을 갖고, 특히 복음 전도가 미미한 곳에 장기적인 전략을 세울 수 있도록 기도하자.

4. 기독교 라디오, TV, 인터넷 등 강력한 대중매체가 지혜롭고 현명하게 사용되어질 수 있도록 기도하고, 재정이 많이 드는 사역에 있어서 기금 사용이 균형 있게 이루어지도록 기도하자.

**중보기도 노트**

내가 너희에게 분부한 모든 것을 가르쳐 지키게 하라 볼지어다 내가 세상 끝 날까지 너희와 항상 함께 있으리라 하시니라. 마 28:20

기도 해보지 않은 사람은 기도의 맛을 모른다. _타다

4월 23일

## 도덕이 살아야
## 나라가 산다

**면적** 352㎢(한반도의 0.15%)
**인구** 92,900명
**수도** 샬럿 아말리에
**도시화** 47%
**종족** 영어 83.7%, 스페인어 16.3%
**공용어** 영어, 스페인어
**문자해독률** 90%
**종교** 기독교 96.9%, 무종교·기타 2.2%

미국령 버진 아일랜드

# Virgin Islands

푸에르토리코와 영국령 버진 제도 사이에 있는 리워드 제도에 위치하며, 3개의 큰 섬과 50개의 작은 섬들로 구성되어 있다.

1970~80년대에 카리브 해의 다른 섬들에서 많은 사람들이 이주하여 인구가 급속히 증가했으나 그 후 계속 줄고 있다.

매년 1백만 명 이상의 관광객을 유치하고 있는 관광의 나라다.

세계 9위 규모의 정유공장이 있다. 그러나 노동 인구의 절반이 외국인이어서, 사회적 갈등이 야기되고 있다.

### ✚ 기도 제목

1. 관광산업과 외자 유입은 사회 구조와 도덕성을 황폐하게 하였다. 버진 아일랜드의 사회와 국민들의 생활 방식 및 가정생활이 복음으로 변하도록 기도하자.

2. 교회가 명목상의 공동체가 되어 생명력과 비전을 잃고 있다. 모라비안 교도들이 한때 전성기를 누렸으나, 이제는 전체 교회의 부흥이 절실히 필요한 상태이다. 모든 교회가 회개하고 십자가 복음 앞에 나오도록 기도하자.

3. 특별 전도 활동이 필요한 대상이 있다. 관광객, 남미 이민자, 라스타파리안 교도, 범죄와 연루된 산업에 관여해 있는 사람들이다. 지역교회와 지도자들이 복음 전도와 미래를 위한 비전을 위해 함께 사역하도록 기도하자.

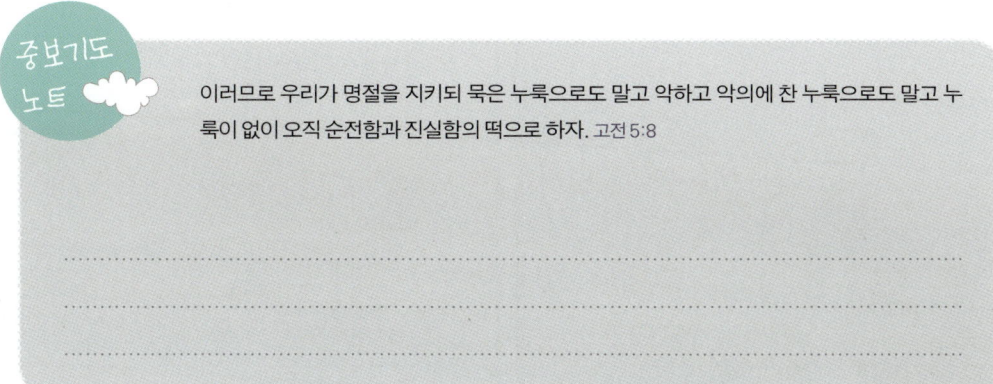

나를 움직일 수 없는 믿음은 결코 믿음이 아니다. _김용의

4월 23일 　　　　　　　　　　　　　　　　　　　　　미국령 사모아

# 하나님을 사모하라

American Samoa

**면적** 199㎢ (한반도의 0.08%)
**인구** 68,000명
**수도** 파고파고
**도시화** 11%
**GNP** $2,600(2000년)
**종족** 폴리네시아 93%, 백인계 2%, 기타 5%
**공용어** 사모아어, 영어　　**문자해독률** 98%
**종교** 기독교 95.7%, 무종교·기타 2.1%, 바하이교 1.5%

폴리네시아 태평양 군도에 위치해 있다. 미국령이 됨으로써 많은 사모아인들이 미국 본토로 이주해 살고 있다.

반복되는 허리케인의 영향으로 많은 어려움을 겪고 있으며, 연어잡이와 통조림 제조업 그리고 미국 원조금으로 생활하고 있다.

미국령 사모아는 물질문명의 부정적 영향을 받고 있으며 몰몬교가 무섭게 성장하고 있다.

사모아의 정통 교회는 죽어가고 있다. 이를 통해 정통 교회의 영적인 빈약함을 발견하고 각성이 일어나도록 기도하자.

### ✚ 기도 제목

1. 사모아는 경제적으로 부유하지만, 통치자의 부의 축재와 타지에서 유입되는 물질문명으로부터 부정적인 영향을 받고 있다. 토착인들이 예수님에게 헌신된 상태에서 자신들의 갈 길을 발견하도록 기도하자.

2. 정통 교회를 파괴하고 크게 성장한 몰몬교의 실상은 교인을 다수 빼앗긴 정통 교회의 영적인 빈약함을 보여주고 있다. 교회의 새로운 영적 생명과 활기를 위해 기도하자.

3. 계속해서 주님을 위해 선한 영향력을 끼치는 복음주의 사역과 교회로 인해 하나님을 찬양하자. 하나님의 성회가 복음 전도를 통해 성장했으며 큰 규모의 YWAM 본부도 있다. 귀한 사역들과 사역자들이 일어나기를 기도하자.

**중보기도 노트**

또한 우리를 위하여 기도하되 하나님이 전도할 문을 우리에게 열어주사 그리스도의 비밀을 말하게 하시기를 구하라 내가 이 일 때문에 매임을 당하였노라. 골 4:3

기도는 혀보다는 가슴을 더 많이 요구하는 것이다. _애덤 클라크

**4월 24일** 　　　　　　　　　　　　　　　　　　　　　　　　　　　　미얀마 1

# 공산 독재 속에서
# 피어난 교회의 꽃

- **면적** 676,577㎢ (한반도의 305.5%)
- **인구** 45,611,100명
- **수도** 양곤
- **도시화** 27%
- **GNP** $240
- **종족** 시노-티베트 89.3%, 몽-크메르 5.7%, 기타 5%
- **공용어** 버마어　**문자해독률** 83%
- **종교** 불교 82.9%, 기독교 8.7%, 이슬람교 3.8%, 중국 종교 3%

인도, 중국, 태국과 인접해 있는 나라로 아직도 군사정권이 지배하고 있다.

불복종은 죽음인 거 몰라?

최근에 사이클론으로 인해 수십만 명이 사망하는 대재앙이 있었다.

희망이 없어요.

자신들의 통치자에 의해서 이처럼 철저히 약탈당하고 파괴된 나라는 거의 드물다.

너무합니다!

아시아의 허파 같은 숲은 벌채되고 있으며 세계적인 아편 수출국이다.

## ✚ 기도 제목

1. 매우 감사드려야 할 일은, 미얀마에서는 기독교인들에 대한 탄압에도 불구하고, 소수 종족과 불교 승려들 중에 예수 그리스도께 돌아오는 수많은 영혼들이 있다는 사실이다. 더 많은 영혼들이 목마른 심령으로 주를 찾도록 기도하자.

2. 40년이 넘는 억압적인 군사 통치는 광범위한 인권 학대, 강제 노동, 살인 등으로 이 나라를 고립시키고 궁핍에 빠트렸다. 하나님의 통치로 참된 자유와 평화를 누리는 나라로 재건되도록 기도하자.

3. 1942년 이래로 끊임없이 전쟁이 있었다. 정부는 소수 종족 간의 충돌을 막으려고 했으나 막대한 재산과 인명 피해를 야기했고, 이 과정에서 난민이 발생하였다. 종족 간의 화합과 평화를 위해 기도하자.

4. 군사 정권은 교회를 소외시키고 제거하려고 애쓰고 있지만, 기독교는 깊이 뿌리를 내렸으며 역경 속에서도 강하게 성장하고 있다. 이 나라 전역의 책임 있는 위치에서 일하는 기독교인들을 위해 기도하자.

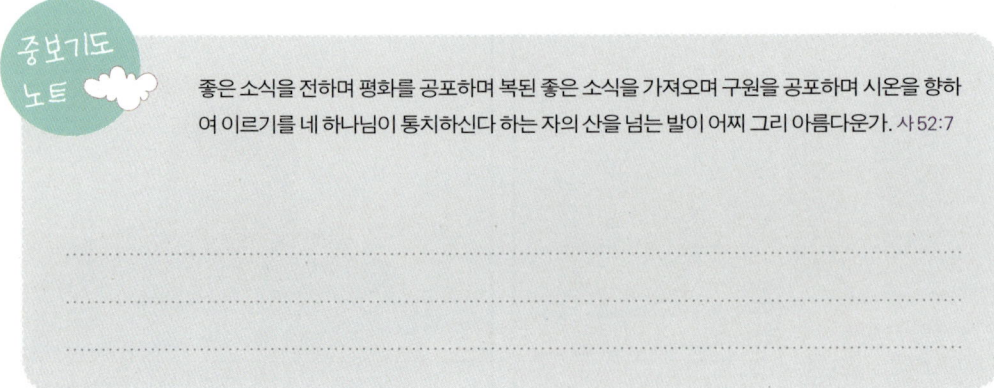

**중보기도 노트**

좋은 소식을 전하며 평화를 공포하며 복된 좋은 소식을 가져오며 구원을 공포하며 시온을 향하여 이르기를 네 하나님이 통치하신다 하는 자의 산을 넘는 발이 어찌 그리 아름다운가. 사 52:7

기도란 그 소원이나 마음이나 행동이 제지당하지 않고 중단 없이 언제나 하는 것이다. _E. M. 바운즈_

4월 25일                                                                미얀마 2

## 공산 독재 속에서 피어난 교회의 꽃

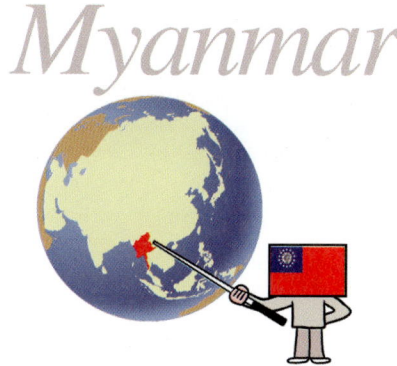

### ✚ 기도 제목

1. 미얀마에는 90개가 넘는 신학교들이 있고, 상당수는 자유주의적이다. 신학교육은 무엇보다 중요한 영역이다. 신학의 정통성과 복음주의의 정신이 바로 선 신학교들이 될 수 있도록 기도하자.

2. 불교가 강하게 진을 치고 있으며 점술, 미신, 마술 등이 공동체의 모든 부분에 퍼져 있다. 기독교 라디오 방송에 지대한 관심을 보이는 75만 명의 불교 승려들이 하나님을 만나는 매체가 되기를 기도하자.

3. 미얀마 교회의 선교에 대한 비전은 새로운 종족들에게 복음을 전하는 일이다. 타 문화권에서 섬기고 있는 미얀마 사역자들을 위해, 또 복음 전파가 지속되고 확장될 수 있도록 기도하자.

4. 복음 전도가 미미한 대상에는 바마(버마)족, 샨족, 불교를 믿는 기타 소수 종족, 정령 숭배 종족, 중국인, 체티야르족(이슬람교와 힌두교도), 아라칸의 로힝야족(무슬림), 힌두족, 네팔족, 에이즈 희생자 등이 있다. 복음이 이들 가운데 왕성하기를 기도하자.

하나님께서 어느 때에 천사 중 누구에게 너는 내 아들이라 오늘 내가 너를 낳았다 하셨으며 또 다시 나는 그에게 아버지가 되고 그는 내게 아들이 되리라 하셨느냐. 히 1:5

하나님의 영광을 위해 무엇인가 원하는 것이 있다면 그것을 얻기까지 계속 구해야 할 것이다. _조지 뮬러

4월 26일  미크로네시아

# 물고기들의 천국

*Micronesia*

**면적** 1,950㎢ (한반도의 0.9%)
**인구** 118,700명
**종교** 기독교 93.8%, 전통 종족종교 3%, 바하이교 1.6%

미크로네시아는 미크로네시아 연방 공화국, 마셜 제도, 팔라우, 북마리아나 섬으로 나뉜다.

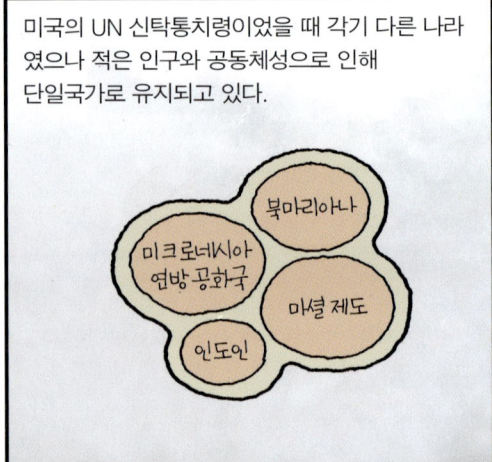

미국의 UN 신탁통치령이었을 때 각기 다른 나라였으나 적은 인구와 공동체성으로 인해 단일국가로 유지되고 있다.

2천여 개의 섬으로 이루어졌지만 그중 1백 개의 섬에서만 사람이 살고 있다.

이곳은 수세기 동안 전 세계의 군사전략 요충지였다.

### ✚ 기도 제목

1. 일반적으로 명목주의가 팽배해 있다. 정령 숭배, 민속 종교, 마술, 폐쇄적인 문화, 전통주의 등을 예수님의 이름으로 파하고, 죽어가고 있는 영적 열정을 복음으로 일으켜주시도록 기도하자.

2. 미국의 안정적인 원조로 인해, 그들은 정신적으로 나약해지고 물질적 안락을 추구하게 되어 소비 풍토만 조성되었고, 그와 함께 제자 훈련과 헌신을 기피하는 일을 초래하였다. 하나님 앞에 즐거이 헌신하는 일들이 일어나도록 기도하자.

3. 교회 안에서 경건한 지도자가 매우 필요한 현실이다. 교회와 신학교, 기관단체가 그리스도의 복음으로 충분한 증인들을 세우도록, 복음에 매인 지도자들을 일으키도록 기도하자.

4. 마셜 제도는 지배, 착취, 전쟁의 비극적인 역사와, 미국의 핵 실험의 결과로 인한 유전자 장애, 높은 암 발생률과, 난잡한 성문제, 마약, 알코올 중독, 자살, 높은 출생률과 같은 사회문제로 무너지고 있다. 혼란과 불안정에 놓인 이 땅의 평화를 위해 기도하자.

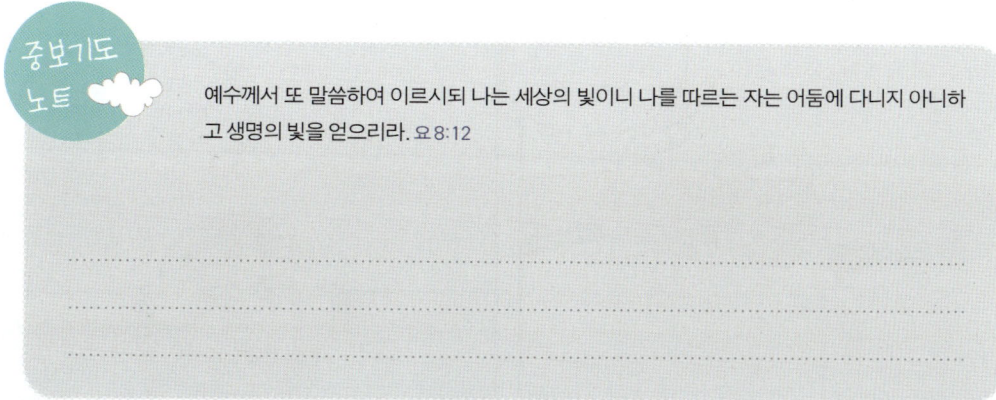

**중보기도 노트**

예수께서 또 말씀하여 이르시되 나는 세상의 빛이니 나를 따르는 자는 어둠에 다니지 아니하고 생명의 빛을 얻으리라. 요 8:12

기도는 하늘에 계신 아버지의 품 안에서 영혼이 호흡하는 것이다. _토머스 왓슨

**4월 27일**     바누아투

# 남태평양의 진주

**면적** 12,100㎢ (한반도의 5.5%)
**인구** 190,400명
**수도** 빌라    **도시화** 20%
**GNP** $1,980
**종족** 니-바누아투 98.6%, 백인 1%, 기타 태평양 섬주민 0.4%
**공용어** 비슬라마어(피진 영어)    **문자해독률** 3%
**종교** 기독교 91%, 전통 종족종교 3%, 화물 종파 2.7%, 바하이교 2.6%

남서 태평양의 솔로몬 제도 남동쪽에 위치한 나라로 12개의 큰 섬과 70개의 작은 섬으로 구성되었다.

휴가지로 최고!

바누아투에는 존 프럼(John Frum)이란 종교가 있다. 미국이 보내준 물건들을 존 프럼이란 사람이 보냈다고 믿게 되면서 생긴 종교다.

존 프럼이여, 일용할 양식을 주소서!

최근에 많은 사람들이 존 프럼 종교에서 회심하여 그리스도께 돌아왔다.

그동안 내가 미쳤지, 사람을 믿다니….

바누아투에서 복음을 증거하다가 순교한 선교사들이 많다.

지상의 낙원이라고 불리는 바누아투는 말씀을 가르치는 사역을 도와줄 선교사들을 기다리고 있다.

### ✚ 기도 제목

1. 바누아투 사람들이 '존 프럼 화물 종파'라는 헛된 미신에서 돌이켜 복음을 알도록 기도하자.
2. 30년간의 수고 끝에 1998년 비슬라마어 성경이 출간되었다. 성경 번역과 문맹 퇴치 팀이 번역어 선택에 있어서 지혜를 얻도록 기도하자.
3. 전통 종족종교를 가진 고립지대인 타나 섬, 아니와 섬, 산토 섬, 바오 섬 및 기타 섬들을 위해 기도하자.
4. 몰몬교와 무슬림의 선교 활동이 멈추어지고 모든 사람들이 그리스도께 인도되도록 기도하자.

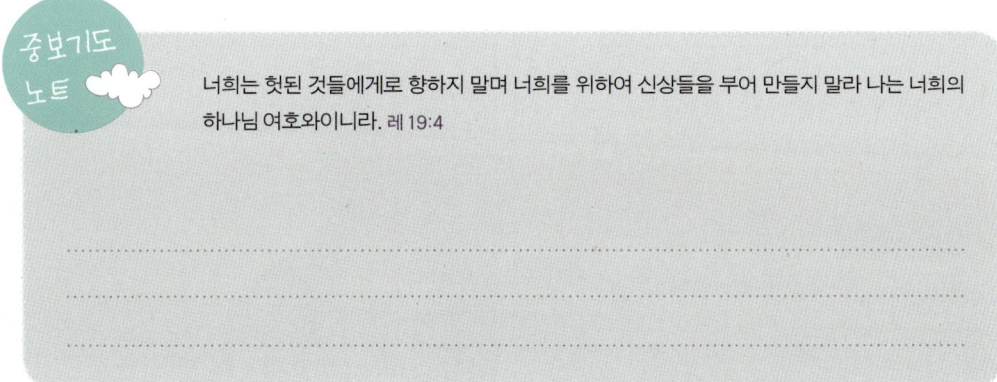

**중보기도 노트**

너희는 헛된 것들에게로 향하지 말며 너희를 위하여 신상들을 부어 만들지 말라 나는 너희의 하나님 여호와이니라. 레 19:4

하나님께서 당신의 기도를 들어주시기를 바란다면, 당신은 그가 말씀하실 때에 들어야 한다. _필립 브룩스

4월 28일                                    바레인

## 아직도 기회가 있는 나라

**면적** 691㎢(한반도의 0.3%)
**인구** 617,200명
**수도** 마나마  **도시화** 90%
**GNP** $25,700
**종족** 아랍 65.4%, 이란 12%, 남아시아 13%, 유럽 2%, 기타 1.2%
**공용어** 아랍어  **문자해독률** 85%
**종교** 이슬람교 82.3%, 기독교 10.7%, 힌두교 6.3%

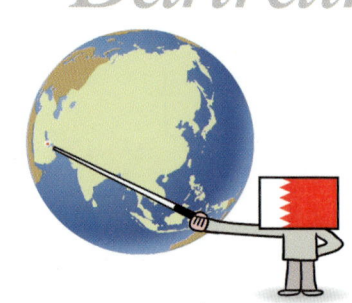

카타르 반도와 사우디아라비아 사이의 아라비아 만에 있는 섬나라다.

세계에서 가장 큰 제련소를 보유하고 있으며 원유 생산 및 정제가 주요 산업이다.

이슬람교가 공식 종교이며 모든 바레인 사람은 이슬람교도로 간주된다.

아닌 사람 있으면 나와봐.

복음 전도는 전혀 허락되지 않았으나 외국인들은 모여서 예배드릴 수 있다.

맘에 안 들어.

외국인 교회

### ✚ 기도 제목

1. 바레인에 민주주의와 종교의 자유가 완전하게 정착되어 주님의 나라가 확장될 수 있도록 기도하자.
2. 복음을 한 번도 들어보지 못한 무슬림들에게 숨겨진 하나님의 사람들을 통하여 복음이 증거되도록 기도하자.
3. 동남 아시아인들과 서구인들로 구성된 외국인 공동체가 있다. 이들이 용기와 지혜를 갖고 현지인들에게도 복음을 전할 수 있도록 기도하자.
4. 세이셸에서 FEBA 라디오 방송국이 아랍어로 주 14시간을 방송하고 있다. 키프로스에서는 TWR가 라디오 방송을 맡고 있다. 마나마에 있는 기독교 서점은 찾는 사람들이 많다. 방송 사역과 문서 사역을 위해 기도하자.

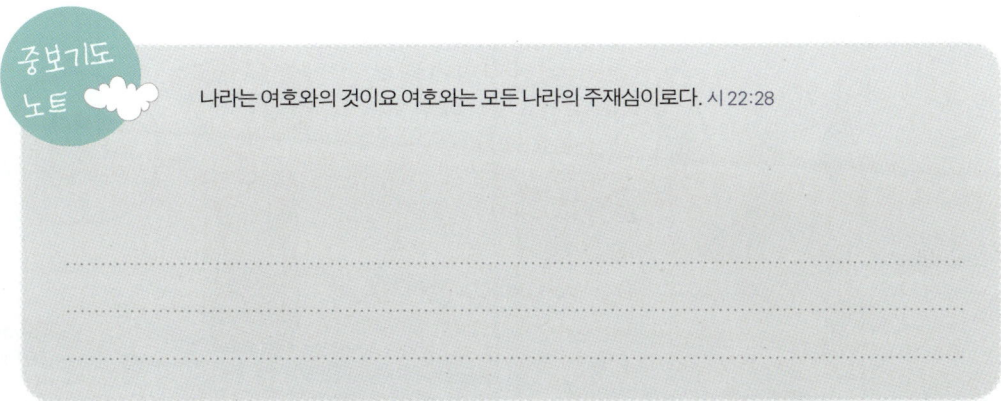

나라는 여호와의 것이요 여호와는 모든 나라의 주재심이로다. 시 22:28

기도에서 그것과 관련된 어떤 것보다도 믿는 마음이 가장 중요하다. _잔 귀용

4월 29일                                    바베이도스

## 회개의 열매가
## 필요한 나라

**면적** 430㎢(한반도의 0.19%)
**인구** 270,400명
**수도** 브리지타운　**도시화** 38%
**GNP** $8,380
**종족** 아프리카계 카리브 92.5%, 혼혈 2.8%, 유럽 기원 3.2%, 기타 1.5%
**공용어** 영어　**문자해독률** 98%
**종교** 기독교 95.7%, 무종교·기타 1.9%, 바하이교 1.3%

중앙아메리카의 베네수엘라 북동쪽 카리브 해에 있는 아름다운 섬나라다.

관광, 금융 설탕과 경공업으로 카리브 해에서 가장 부유하고 성공적인 나라 중 하나다.

1998년 11월 '국가를 위한 기도회'를 통해 오래전 영국에서 도입된 노예제도에 대한 깊은 회개가 일어났다.

1627년 이주민 정착 이후 바베이도스는 개신교 국가가 되었으나 진정으로 헌신한 사람은 드물다. 각성이 전국적으로 일어나도록 기도하자.

4월 29일

# 세계에서 가장 작은 국가

**면적** 0.5㎢
**인구** 1,000명
**종교** 로마 가톨릭(국교) 100%

바티칸 시국(교황청)

이탈리아 로마 시의 중심부에 있는 도시국가로 로마 교황을 원수로 하는, 세계에서 가장 작은 독립국이다.

"바티칸이 세계의 중심지야."

교황은 세계 11억 가톨릭 교인의 지도자이면서, 국가의 원수이다.

"나를 알현하려면 몇 년 기다려야 해."

교황은 지구 상에 있는 가장 큰 종교 단체의 우두머리이다.

가톨릭교회는 신뢰를 잃어가고 있고, 신부, 사제, 수녀로 부르심을 받는 사람들이 심각하게 감소하고 있다.

"주님, 수녀 지원자 좀 보내주세요."

## ➕ 기도 제목

### 바베이도스

1. 많은 사람이 기독교인이라고 고백하고 있지만 헌신된 사람은 드물다. 영적 각성이 일어나 한 사람이라도 헌신된 기독교인이 나오도록 기도하자.

2. 사탄 숭배와 무슬림 및 몰몬교의 활동이 증가하고 있다. 이런 활동들을 멈추게 하시고 오히려 기독교인들의 활동을 통해 하나님의 사랑과 능력을 보여줄 수 있도록 기도하자.

3. 신생아의 73% 이상이 비합법적인 관계에서 출생했으며, 합법적으로 결혼한 사람은 단지 성인의 13%에 불과하다. 교회가 거룩함을 회복하고 온전한 믿음의 가정들이 서도록 기도하자.

### 바티칸 시국

4. 로마 가톨릭 교회가 말씀으로 인하여 삶과 교리와 구조가 바뀌어, 전 세계에 있는 11억 가톨릭 교인들에게 영향력을 끼치도록 기도하자.

5. 가톨릭, 카리스마틱 교회 갱신운동이 힘을 얻어, 수백만 명에 이르는 명목상의 가톨릭 교인들이 예수 안에서 거듭나도록 기도하자.

6. 가톨릭 교인들 안에 성경을 읽는 운동이 일어나 성경의 인도를 받도록 기도하자. 또한 세계 전역에 나아가 다양한 분야에서 봉사하고 있는 가톨릭 봉사단체들을 위해 기도하자.

또 어려서부터 성경을 알았나니 성경은 능히 너로 하여금 그리스도 예수 안에 있는 믿음으로 말미암아 구원에 이르는 지혜가 있게 하느니라. 딤후 3:15

맥박의 고동과 호흡이 육체에 생명을 공급해준다면 기도는 정신에 생명을 공급해준다. _존 헨리 뉴먼

4월 30일      바하마

## 마약 중독률이
## 가장 높은 나라

**면적** 14,000㎢ (한반도의 6.32%)
**인구** 306,520명
**수도** 나소    **도시화** 86%
**GNP** $19,780
**종족** 아프리카계 카리브 85%, 유럽계 아메리카 12%, 기타 3%
**공용어** 영어    **문자해독률** 98%
**종교** 기독교 92.4%, 무종교·기타 5.3%, 정령 숭배 1.6%

미국 플로리다 주와 쿠바 사이에 있는 7백 개의 산호섬으로 된 군도이며, 40개 섬에 사람이 살고 있다.

아이티 난민과 그들의 후손들이 주로 살고 있다.

우린 아직 배고파.

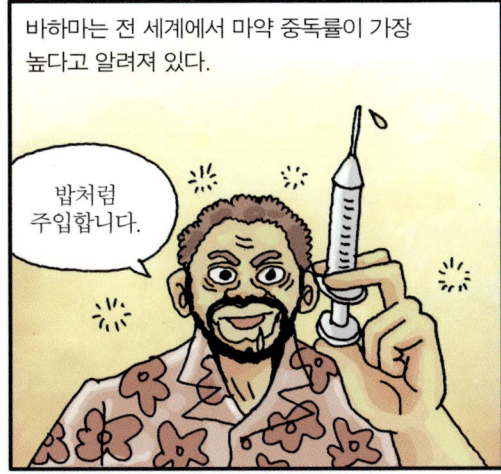

바하마는 전 세계에서 마약 중독률이 가장 높다고 알려져 있다.

밥처럼 주입합니다.

대부분 기독교인이라고 말하는데 마약 중독률이 55%에 이르고 가족의 붕괴는 심각한 수준이다.

마약 없이는 못 살걸?

마약 안 할래요.

## ✚ 기도 제목

1. 물질주의와 마약 거래로 인한 사악한 세력과의 영적 전쟁을 선포하며 과거의 악을 끊어내도록 기도하자.
2. 명목상 그리스도인이 많은 이 나라에 참된 복음이 무엇인지를 발견하고 바른 신앙고백이 넘치도록 교회의 회복을 위해 기도하자.
3. 목회자들의 믿음을 관리하고 돌봐주는 시스템이 구축되도록 기도하자. 바하마에도 영적 부흥이 일어나고 선교에 대한 비전도 되살아나도록 기도하자.

그러므로 어디서 떨어졌는지를 생각하고 회개하여 처음 행위를 가지라 만일 그리하지 아니하고 회개하지 아니하면 내가 네게 가서 네 촛대를 그 자리에서 옮기리라. 계 2:5

기도는 혀보다는 가슴을 더 많이 요구하는 것이다. _애덤 클라크

5월 1일　　　　　　　　　　　　　　　방글라데시 1

# 빈곤 속에 복음의 희망을!

**면적** 143,998㎢ (한반도의 65%)
**인구** 129,155,200명
**수도** 다카　　**도시화** 20%
**GNP** $460
**종족** 벵골 96.9%, 기타 남아시아 2%, 부족 1.1%
**공용어** 벵골어, 영어　　**문자해독률** 38%
**종교** 이슬람교 85.6%, 힌두교 12.4%, 기독교 0.7%

인도 동부에 있는 인민 공화국으로, 세계에서 가장 강우량이 많아 반복되는 자연재해로 고통이 계속되고 있다.

하늘이 뚫렸나 봐.

세계 제일의 인구 조밀국으로 외국 원조가 정부 재정 지출의 반을 차지하고 있을 만큼 궁핍한 세계 최빈국의 하나이다.

이 땅의 가난은 나아질 희망이 거의 없으며 55% 이상이 절대 빈곤 선상에 놓여 있다.

국가의 미래

24년간 파키스탄의 일부로 있다가 내전 이후 1971년에 독립하였다.

1988년에 이슬람교를 국교로 선포했지요.

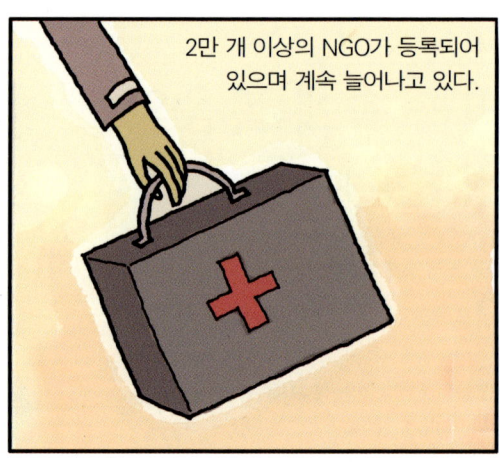

### ✚ 기도 제목

1. 이슬람의 세력 확장을 요구하는 무슬림과 용감히 맞설 수 있는 방글라데시의 지도자를 세워주시도록 기도하자.
2. 극단주의 이슬람교도 집단들의 압력 아래 박해받는 기독교인들을 위해 기도하자. 종교, 사회, 인종 영역에서 작용하는 수많은 어둠의 권세들이 깨어지도록 기도하자.
3. 성장하고 있는 방글라데시 교회가 사회에 선한 영향력을 미치며 성도들이 글을 깨우쳐 성경을 읽을 수 있도록 기도하자.
4. 아직도 복음을 모르는 힌두 카스트 계급들에게 복음이 전해지며 명목상의 기독교인들이 갱신되도록 기도하자.

네 악이 너를 징계하겠고 네 반역이 너를 책망할 것이라 그런즉 네 하나님 여호와를 버림과 네 속에 나를 경외함이 없는 것이 악이요 고통인 줄 알라 주 만군의 여호와의 말씀이니라. 렘 2:19

주님, 저로 하여금 무익한 사람이 되지 않게 하시옵소서. _존 웨슬리

5월 2일 　　　　　　　　　　　　　　　　　　　　　　　방글라데시 2

# 빈곤 속에 복음의 희망을!

## ✚ 기도 제목

1. 방글라데시에 자신이 속한 공동체를 뛰어넘어 사역을 해낼 수 있는, 열방을 품은 지도자들을 세워주시도록 기도하자.
2. 심각한 사회적 필요 때문에 늘어나고 있는 NGO 단체들을 위해 기도하자. 방글라데시 주민들을 의존적인 사람들로 만들지 말고 자립적인 사람들로 세울 수 있도록 기도하자.
3. 전 세계적으로 2억 3천만 명이 넘는 대규모의 미전도 종족에 속한 벵골인들이 주께 돌아오도록 기도하자.
4. 정령을 숭배하는 무르족(침례교가 사역), 불교도 차크마족(침례교가 사역), 모그족과 캬족(수천의 기독교인)들에게 복음이 들어가도록 기도하자.

우리가 만일 미쳤어도 하나님을 위한 것이요 정신이 온전하여도 너희를 위한 것이니 그리스도의 사랑이 우리를 강권하시는도다 우리가 생각하건대 한 사람이 모든 사람을 대신하여 죽었은즉 모든 사람이 죽은 것이라. 고후 5:13~14

당신이 좋다고 여기는 것을 위해서 기도하지 말고 하나님이 좋다고 여기시는 것을 위해 기도하라. _미상

5월 3일

# 교회가 살아나게 하소서

**면적** 54㎢(한반도의 0.02%)
**인구** 64,600명
**수도** 해밀턴　**도시화** 100%
**GNP** $34,670(2000년)
**종족** 아프리카계 카리브 61%, 기타 39%
**공용어** 영어　**문자해독률** 98%
**종교** 기독교 93.3%, 무종교·기타 4%, 심령술 2.1%

버뮤다 / 방글라데시 3

*Bermuda*

## ✚ 기도 제목

**방글라데시**

1. 인구의 과반수가 16세 미만이다. 청소년들에게 복음이 선포되고, 그들이 주님 앞에 헌신하며 나아오도록 기도하자.
2. 수요가 급증하고 있는 기독교 문서가 효과적으로 보급되고 전도지, 교재, 서적들이 자체 제작되도록 기도하자. 그리고 자국인 저자들이 발굴되도록 기도하자.

**버뮤다**

3. 물질주의가 판을 치고 있는 이 나라에 성경적 지식을 기반으로 삶을 변화시키는 부흥이 있도록 기도하자.
4. 버뮤다 교회가 서로 자발적으로 연합해가도록 기도하자. 버뮤다인들이 세계 복음화에 중요한 역할을 감당하게 되도록 기도하자.

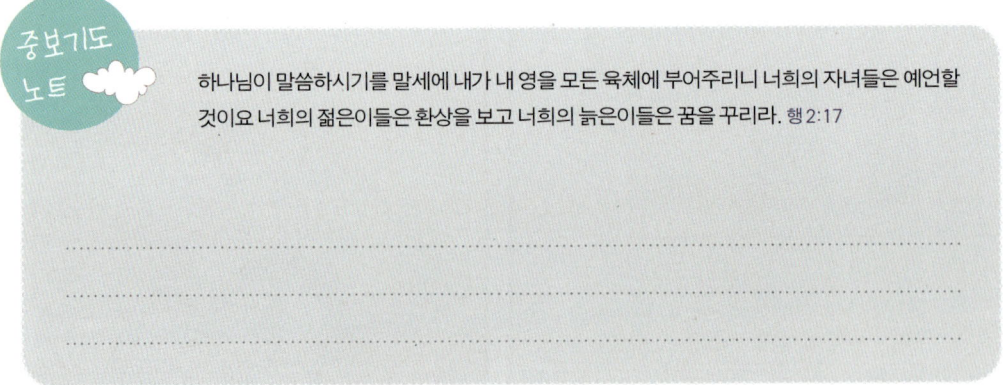

하나님이 말씀하시기를 말세에 내가 내 영을 모든 육체에 부어주리니 너희의 자녀들은 예언할 것이요 너희의 젊은이들은 환상을 보고 너희의 늙은이들은 꿈을 꾸리라. 행 2:17

하나님은 내가 말씀드릴 수 있는 유일한 인격체이시다. _로버트 머리 맥체인

5월 4일

# 미인의 나라

베네수엘라 1

면적 912,050㎢(한반도의 411.9%)
인구 24,169,700명
수도 카라카스    도시화 87%
GNP $8,600
종족 베네수엘라 87.2%, 외국인 11.3%, 아메리카 인디언 1.5%
공용어 스페인어    문자해독률 90.9%
종교 기독교 94.7%, 심령술 1.6%, 무종교 1.5%

남아메리카 대륙 북부에 있는 공화국으로, 인구의 80%가 북부 카리브해 연안지대에 거주하고 있다. 중부와 남부는 목초지와 열대림이다.

세계 최대 산유국 중의 하나로 석유 수출로 인한 수입이 GDP의 33%를 차지한다.

그러나 엘리트층의 부패로 전체 인구의 4분의 3이 가난에 허덕이고 있다.

가난해도 세계 최고 미녀는 모두 베네수엘라 출신이라는 것 아시죠?

도시 거주자의 60%가 슬럼가에서 살고 있으며, 범죄율이 치솟고 있다.

먹고는 살아야죠

### ✚ 기도 제목

1. 베네수엘라 복음주의 교회가 2015년까지 1만 5천 개의 교회를 더 세울 수 있도록 기도하자.
2. 도시 거주자의 60%가 슬럼가에서 살 정도로 생활수준이 급격히 떨어지고 있다. 이 나라 정부가 더욱더 확고하게 국민들의 생활수준을 높이고, 구조적인 악을 저지할 수 있도록 기도하자.
3. 베네수엘라인들을 진리에서 눈멀게 만드는 악의 세력이 묶임으로써 많은 사람들이 자유를 얻고 그리스도께 돌아오도록 기도하자.
4. 베네수엘라 교회 안에 진정한 제자 훈련이 이루어져서 비성경적인 관행들이 사라지도록 기도하자.

끝 날에 이르러는 여호와의 전의 산이 산들의 꼭대기에 굳게 서며 작은 산들 위에 뛰어나고 민족들이 그리로 몰려갈 것이라. 미 4:1

기도란 하나님과 가장 진실하고 친밀한 대화를 나누는 것이다. _존 녹스

5월 5일

베냉 / 베네수엘라 2

# 아프리카의 희망!

면적 112,620 ㎢(한반도의 50.8%)
인구 6,590,700명
수도 포르토노보  도시화 43%
GNP $330(2000년)
종족 남부 종족 69.2%, 북부 종족 30.2%, 기타 0.6%
공용어 프랑스어  문자해독률 37%
종교 전통 종족종교 47.7%, 기독교 31.8%, 이슬람교 20%

## Benin

아프리카 서부, 기니 만에 면한 인민 공화국으로, 나이지리아와 토고 사이에 끼어 있는 길고 폭이 좁은 나라다.

마르크스주의 실패 이후 자유 시장 경제로 개혁한 지난 10년간 주목할 만한 경제 성장을 이루었다.

베냉 파이팅!

대통령이 적극적으로 기독교 사역을 장려하고 있다.

예수 믿는 나라는 부강해집니다.

베냉은 한때 많은 노예를 제공한 나라였으나 지금은 그리스도로 인해 자유의 소중함을 경험하고 있다.

## ✚ 기도 제목

**베네수엘라**

1. 감옥의 처참한 생활환경 가운데 살인과 폭동에 시달리며 살고 있는 수감자들, 그리고 2000년에 일어난 홍수와 산사태의 희생자들을 위해 기도하자.

2. 미전도 소수 종족인 아랍 공동체와 5만 명에 이르는 중국인 공동체, 이탈리아, 포르투갈과 같은 이민자 집단, 메시아닉 유대교 모임을 위해 기도하자.

**베냉**

3. 기독교인인 대통령이 세상과 타협하지 않고 바르게 정치하도록 기도하자. 온 나라에 만연한 부패가 사라지도록 기도하자.

4. 전통 종교 신봉자들이 가장 많으며 사하라 남쪽 비이슬람교권 국가 중 복음화가 가장 안 된 나라인 베냉이 복음화되도록 기도하자.

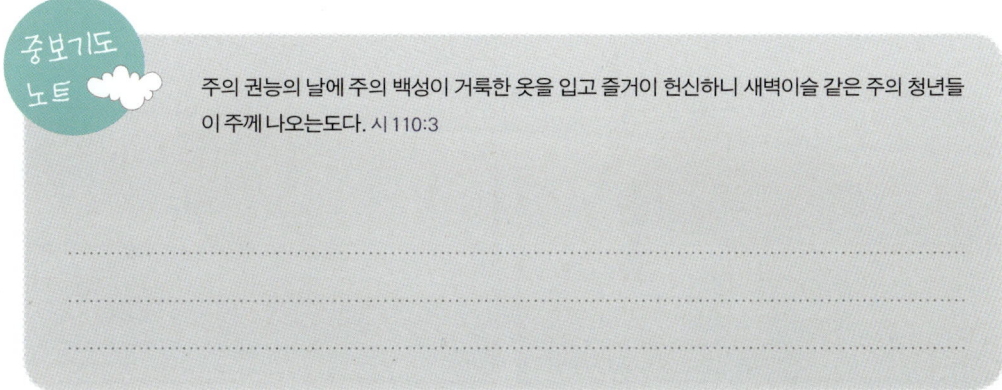

주의 권능의 날에 주의 백성이 거룩한 옷을 입고 즐거이 헌신하니 새벽이슬 같은 주의 청년들이 주께 나오는도다. 시 110:3

무릎 꿇고 기도할 때 더 위치가 높아진다. _미상

**5월 6일**　　　　　　　　　　　　　　　　　　　　　　　　　베트남 1

# 아시아의 가능성!

**면적** 331,653㎢ (한반도의 149.8%)
**인구** 79,831,600명
**수도** 하노이　**도시화** 21%
**GNP** $820
**종족** 베트남 86.9%, 몬 크메르 4.1%, 타이 따이 4.8%
**공용어** 베트남어　**문자해독률** 94%
**종교** 불교 54.1%, 무종교 21.8%, 기독교 8.2%, 전통 종족종교 8.1%

인도차이나 반도의 동부와 남부 해안선을 따라 위치한, 길고 좁은 형태의 사회주의 공화국이다.

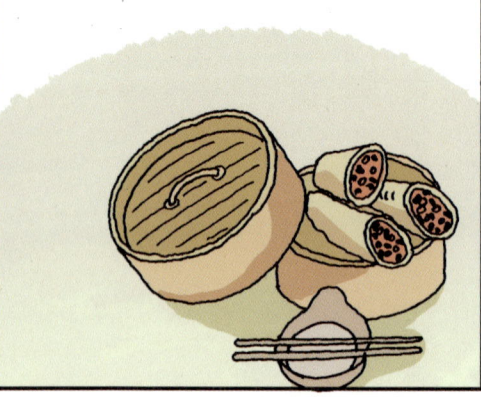

수십 년간의 전쟁과 마르크스 이론을 적용한 경제정책으로, 경제 침체는 물론, 1980년대엔 높은 인플레이션까지 초래했다.

아주 많이 힘들었어요.

1990년대의 개혁 이후 도시인들은 상대적으로 풍요롭게 살고 있지만,

시골은 여전히 가난혀유.

베트남은 도덕적 위기를 맞이하고 있다. 마약 중독, 에이즈, 매춘, 아동 노동력 착취가 사회 전반에 만연해 있고, 낙태율도 세계 최고 수준이다.

무엇으로 도덕적 위기를 타개할꼬.

| 헌법상으로 종교의 자유가 보장되지만 기독교인에 대한 박해가 계속 심해지고 있다. | 교회는 불법이기 때문에 대부분의 기독교인들이 지하로 내몰리고 있다.  |
| --- | --- |
| 믿음 때문에 수십 명의 기독교 지도자들이 투옥되었으며 대부분의 목사들은 어려운 환경에서 수감생활을 하고 있다.  | 베트남 교회에 가장 중요한 요소는 지도자이다. 기독교인이 증가하면서 잘못된 가르침과 신학적 오류도 증가했다.  |
| 베트남 전쟁 이후에 태어난 세대는 공산당보다는 자본주의와 외부 세계에 관심이 많아 복음에 대한 반응이 좋다. | 경제 발전에 대한 필요성이 간절해지면서, 전문인 사역자들의 사역 기회가 생기고 있다.  |

### ✚ 기도 제목

1. 마약 중독, 에이즈, 매춘, 아동 노동 착취, 세계 최고 수준의 낙태율 등 도덕적으로 어둠이 깊은 베트남에 복음의 빛이 임하도록 기도하자.

2. 모든 공개적인 선교 사역이 중단된 이 땅에 선교사들이 들어가 사역할 수 있도록 기도하자.

3. 베트남은 기독교 박해가 가장 심한 국가 가운데 하나이다. 잔인하게 핍박당한 에데족, 자라이족, 코호족, 므농족, 스티엥족 가운데 세워진 몬타그나드 교회를 위해 기도하자. 이들이 타협하지 않고 박해를 잘 견뎌내도록 기도하자.

4. 베트남 교회에서 가장 중요한 요소는 지도자인데, 기독교인이 증가하면서 훈련받을 기회가 거의 전무하다 보니 잘못된 가르침과 신학적 오류도 증가했다. 성경 공부 자료와 신학 서적이 더 많이 유입되도록 기도하자.

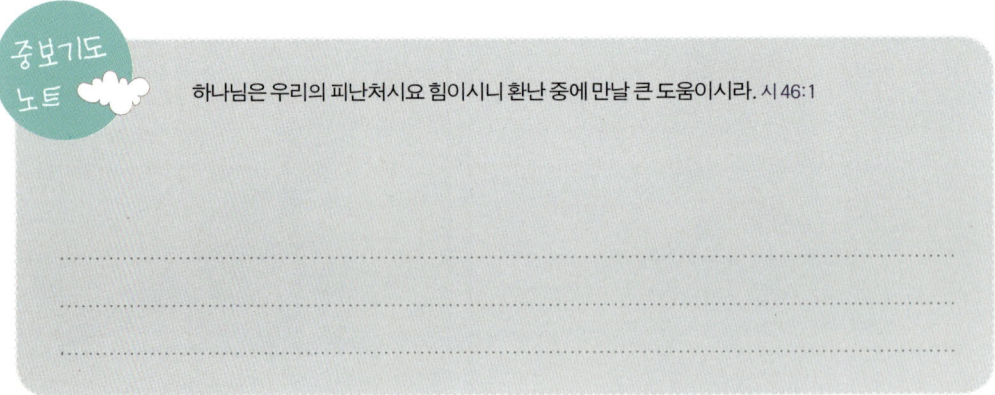

하나님을 위해서 많은 일을 하는 유일한 길은 하나님께 많이 구하는 것이다. _미상

5월 7일　　　　　　　　　　　　　　　　　　　　　　　　　　베트남 2

# 아시아의 가능성!

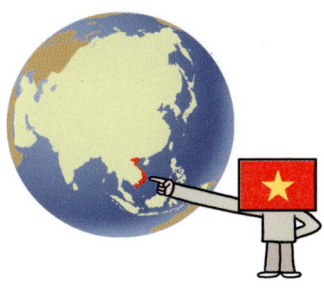

## ✚ 기도 제목

1. 2백만 명에 이르는 베트남 디아스포라 중에 상당수가 기독교인들이다. 이들이 베트남에 들어가 복음을 듣지 못한 동족들을 위해 사역하도록 기도하자.

2. 베트남은 경제 발전에 대한 필요가 간절해지면서 전문인 사역자들이 활동할 수 있는 기회가 열리고 있다. 헌신되고 준비된 많은 전문인 선교사들이 파송될 수 있도록 기도하자.

3. 북베트남, 메콩 강 삼각주 지역의 무슬림 참족과 불교도 크메르족, 전쟁과 공산주의 때문에 50여 년간 선교사들이 접근할 수 없었던 북부 소수 종족(지아이족, 하니족, 산차이족, 토족, 푸오크족)들에게 복음이 증거되도록 기도하자.

**중보기도 노트**

그러므로 예수도 자기 피로써 백성을 거룩하게 하려고 성문 밖에서 고난을 받으셨느니라 그런즉 우리도 그의 치욕을 짊어지고 영문 밖으로 그에게 나아가자 우리가 여기에는 영구한 도성이 없으므로 장차 올 것을 찾나니 그러므로 우리는 예수로 말미암아 항상 찬송의 제사를 하나님께 드리자 이는 그 이름을 증언하는 입술의 열매니라. 히 13:12~15

제게 기도를 가르쳐주십시오. 당신이 직접 제 안에서 기도해주옵소서. _프랑수아 페늘롱

**5월 8일**  벨기에

# 전통적인 가톨릭 국가

**Belgium**

- **면적** 30,518㎢ (한반도의 13.8%)
- **인구** 10,161,200명
- **수도** 브뤼셀  **도시화** 97%
- **GNP** $42,560
- **종족** 토착인 90%, 외국인 10%
- **공용어** 플레밍어, 프랑스어, 독어  **문자해독률** 99%
- **종교** 기독교 67.7%, 무종교 28.2%, 이슬람교 3.6%

유럽의 십자로라고 일컬어지는 저지대 국가 중 하나로, 네덜란드에 이어 유럽에서 두 번째로 인구밀도가 높은 나라다. EU의 수도와 NATO의 본부가 있다.

벨기에는 역사적으로 개신교에 대한 반감이 큰 나라다.

다 역사적인 이유가 있다구.

가톨릭 편에 있었던 벨기에는 16세기에 6백 개의 개신 교회를 파괴했다.

개신 교회

전통적으로 가톨릭이 우세한 이 나라에서 대부분의 복음주의 교단들이 이단으로 분류되어 있다.

개신교는 악성 이단!

### ✚ 기도 제목

1. 벨기에는 깊이 분열된 나라이다. 남부지방의 왈론인과 북서부지방의 플레밍인 사이의 경쟁과 원한이 있다. 지위 고하를 막론하고 모든 지도자들이 국가의 연합을 위해 성공적으로 일하도록 기도하자.
2. 벨기에인들이 개신교에 대한 편견을 극복하고 복음에 마음을 열도록 기도하자. 효과적인 복음주의 조직체가 형성되도록 기도하자.
3. 위기에 직면한 개신교 교회의 예배가 회복되고, 많은 벨기에인들이 소명에 부름을 받도록 기도하자.
4. 이교도의 신비술이 급격히 증가하고 있다. 이러한 어두움의 세력이 결박되고, 많은 사람들이 예수 그리스도 안에서 자유로워지도록 기도하자.

또 십자가로 이 둘을 한 몸으로 하나님과 화목하게 하려 하심이라 원수 된 것을 십자가로 소멸하시고. 엡 2:16

응답 받을 기도가 되려면 하나님의 뜻과 마음의 간결함이 조화를 이루어야 한다. _존 트랩

5월 9일                                         벨로루시

## 슬라브 국가 중 가장 작은 나라

**면적** 207,600 ㎢ (한반도의 93.6%)
**인구** 10,236,200명
**수도** 민스크　**도시화** 65%
**GNP** $2,150 (2000년)
**종족** 슬라브 98.8%, 기타 종족 1.2%
**공용어** 벨로루시어, 러시아어 (대다수가 러시아에 더 능통)
**문자해독률** 97.9%
**종교** 기독교 78.7%, 무종교·기타 20.2%, 유대교 1%

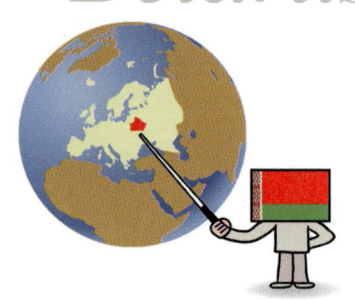

내륙의 비옥한 농지와 북유럽 평야에 광대한 산림을 갖고 있다. 러시아, 우크라이나, 폴란드, 리투아니아, 라트비아 등에 둘러싸여 있다.

구소련으로부터 독립한 슬라브 국가 중 가장 작다.

작은 고추가 맵다고 말했을 텐데.

체르노빌 핵 사고의 여파가 벨로루시 경제와 보건에 지금까지 영향을 미치고 있다.

정치 지도자들은 피해의식 때문에 외국인들을 싫어한다.

또 우리나라 삼키려구.

### ✚ 기도 제목

1. 예상치 못한 독립으로 인해 국가의 정체성을 찾는 데 어려움을 겪고 있다. 벨로루시에 진정한 민주주의와 종교의 자유를 위해서 기도하자.
2. 교회 예배, 기독교 교육, 문서, 방송을 통해 복음이 영화롭게 되도록 기도하자.
3. 1986년 우크라이나에서 일어났던 체르노빌 재앙이 아직도 벨로루시에 심각한 영향을 끼치고 있다. 절망 속에 있는 피해자들이 영육 간에 회복되도록 기도하자.
4. 복음주의 기독교인들이 핍박에도 불구하고 증가하고 있다. 복음 전도자로 훈련받고 있는 수백 명의 벨로루시 사람들에게 담대한 믿음을 주시도록 기도하자.

중보기도 노트

주여 이제도 그들의 위협함을 굽어보시옵고 또 종들로 하여금 담대히 하나님의 말씀을 전하게 하여 주시오며 손을 내밀어 병을 낫게 하시옵고 표적과 기사가 거룩한 종 예수의 이름으로 이루어지게 하옵소서 하더라 빌기를 다하매 모인 곳이 진동하더니 무리가 다 성령이 충만하여 담대히 하나님의 말씀을 전하니라. 행 4:29~31

---

실제적인 기도는 무릎을 꿇고 하는 기도라기보다는 구두를 신고 하는 기도이다. _오스틴 오말레이

5월 10일　　　　　　　　　　　　　　　　　　벨리즈

# 생태 관광의 나라

- **면적** 22,965 ㎢ (한반도의 10.4%)
- **인구** 240,700명
- **수도** 벨모판　**도시화** 48%
- **GNP** $4,100
- **종족** 메스티소·라티노 43%, 아프리카계 카리브 29.5%, 아메리카 인디언 11%, 가리푸나(카리브 흑인) 6.6%
- **공용어** 영어　**문자해독률** 70%
- **종교** 기독교 91%, 바하이교 2.9%, 힌두교 2.3%, 유대교 1.1%

과테말라와 멕시코 국경 근처 카리브 해안에 있는 내륙 국가다.

세계에서 두 번째로 큰 산호초가 있다. 사회 기본 시설이 개발되지 않아 경제적 성장은 없지만,

느린 것도 괜찮아유.

오히려 풍부한 자연환경을 살려 생태 관광이 늘어나고 있다.

벨리즈인들은 대부분이 기독교인이라고 생각한다. 하지만 실제로는 복음과는 거리가 먼 혼합주의가 일반적이다.

짬뽕이 맛은 더 좋아요

### ✚ 기도 제목

1. 벨리즈인들은 거의 기독교인이라고 고백하지만 진정한 그리스도인이기보다 명목주의자와 혼합주의자가 일반적이다. 이들이 미신과 우상을 버리고 순수한 복음주의를 회복하도록 기도하자.

2. 하나님의 열심으로 복음주의자들이 꾸준히 늘어났지만 전임 사역자가 부족하다. 전임 사역자들을 세워 주셔서 벨리즈의 교회들이 더욱 힘 있게 세워지길 기도하자.

3. 다양한 문화와 여러 교단이 연합을 방해하고 있다. 스페인어권과 영어권의 신자들 간에 연합이 일어나 영적인 교제를 나누도록 기도하자.

4. 복음 전도가 미미한 마야인들과 정령 숭배로 찌들은 가리푸나인, 중국인 이민자와 서인도 무슬림들과 힌두교도들에게 복음의 일꾼을 보내주시도록 간구하자.

---

**중보기도 노트**

너희는 유혹의 욕심을 따라 썩어져가는 구습을 따르는 옛 사람을 벗어버리고 오직 너희의 심령이 새롭게 되어 하나님을 따라 의와 진리의 거룩함으로 지으심을 받은 새 사람을 입으라.
엡 4:22~24

기도는 교회가 생명을 유지하기 위해 실제적으로 행해야 하는 일이다. _노먼 B. 해리슨

5월 11일  보스니아

## 보복은 사라지고
## 용서의 물결이 넘치길!

**면적** 51,129㎢ (한반도의 23.1%)
**인구** 3,971,800명
**수도** 사라예보　**도시화** 36%
**GNP** $3,710
**종족** 슬라브 88%, 기타 12%
**공용어** 보스니아어　**문자해독률** 86%
**종교** 이슬람교 60.1%, 기독교 35%, 무종교·기타 5%

세르비아 몬테네그로와 크로아티아에 둘러싸인 산이 많은 발칸 반도 국가다.

1992~1995년 사이 130만 명의 보스니아인들이 다른 나라로 피난했고, 수백만 명 또는 그 이상이 국내 다른 지역으로 이동했다.

전쟁은 싫어.

타국으로 피난한 130만 명 중 40만 명 정도만이 2000년까지 본국으로 귀국했다. 하지만 이들 중 대부분은 집이 없는 상태이다.

우리 주인님도 집이 없어요. 컹!

풍부한 농업 경제는 전쟁과 대규모의 인구 이동, 유통 구조의 붕괴로 황폐해졌다. 외국 원조가 거의 유일한 수입이다.

### ✚ 기도 제목

1. 보스니아 지도자들이 지난날의 비극의 역사를 거울삼아 평화를 위해 일할 수 있도록 기도하자.

2. 타국으로 피난한 130만 명 중 40만 명 정도만이 2000년까지 본국으로 귀국했다. 하지만 이들 중 대부분은 집이 없는 상태이다. 무슬림, 정교도, 가톨릭으로 깊은 정신적 상처를 입은 그들이 기쁜 소식 되신 예수 그리스도로 치유되어서 서로 용서할 수 있도록 기도하자.

3. 분명하게 그리스도의 복음을 들어본 적이 있고, 개인적인 회개와 신앙의 필요를 느끼는 사람은 극소수에 불과하다. 보스니아 무슬림, 50만이 넘는 세르비아 난민, 무슬림 집시와 무슬림 터키인, 소수 종족들, 학생들에게 생명의 복음이 증거되길 기도하자.

4. 보스니아 연방과 헤르체코비나 성서공회와 모나코와 알바니아에서 방송하는 TWR와 〈예수〉 영화를 위해 기도하자. 이런 문서와 미디어 사역을 통해 하나님 나라가 확장되며 그리스도의 영광으로 찬양받으시도록 간구하자.

---

**중보기도 노트**

오라 우리가 여호와께로 돌아가자 여호와께서 우리를 찢으셨으나 도로 낫게 하실 것이요 우리를 치셨으나 싸매어 주실 것임이라 여호와께서 이틀 후에 우리를 살리시며 셋째 날에 우리를 일으키시리니 우리가 그 앞에서 살리라 그러므로 우리가 여호와를 알자 힘써 여호와를 알자 그의 나타나심은 새벽빛같이 어김없나니 비와 같이, 땅을 적시는 늦은 비와 같이 우리에게 임하시리라 하니라. 호 6:1~3

---

진정한 기도는 상처난 가슴에서 나온다. _로버트

5월 12일  보츠와나

# 에이즈로 몸살을 앓는 나라

**면적** 581,730 ㎢(한반도의 262.7%)
**인구** 1,622,200명
**수도** 보로네  **도시화** 29%
**GNP** $7,890
**종족** 반투 94.8%, 기타 1.8%
**공용어** 영어  **문자해독률** 6%
**종교** 기독교 66.9%, 전통 종족종교 31.0%

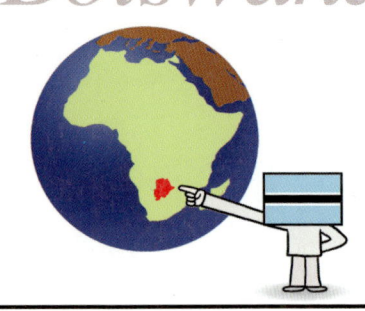

아프리카 남부에 있는 공화국으로, 칼라하리 사막이 국토의 80%를 차지해 기후가 건조하고 극심한 가뭄이 잦은 나라다.

"낙타도 견디기 힘들군요."

이런 기후 조건에도 불구하고 다이아몬드, 구리, 니켈, 금을 수출하여 20년 동안 높은 경제 성장률을 기록했다.

복음을 접한 지 2세기가 지났지만, 과거의 종족 종교가 강하게 남아 있고, 영적인 변화가 별로 없다.

"변화, 기대하지 마세요."

보츠와나인 다수가 기독교 이름을 가지고 있지만, 부도덕으로 인한 가정 파괴와 알코올 중독이 만연해 있다.

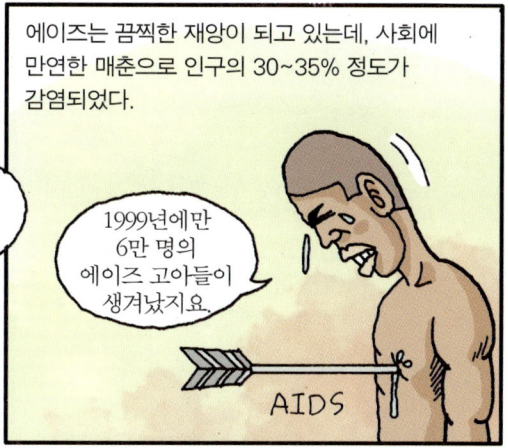

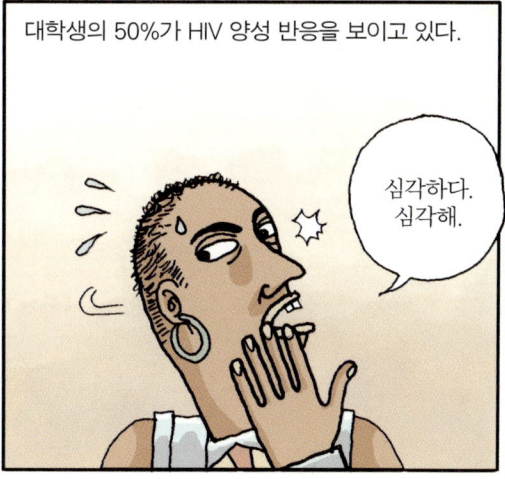

### ✚ 기도 제목

1. 기독교 인구가 많은데도 가정 파괴, 부도덕, 알코올 중독, 사생아 발생률이 높다. 거룩하고 순결하고 정직한 삶을 통해 도덕성이 회복되도록 기도하자.

2. 매춘 등으로 인구의 30~35% 정도가 에이즈에 감염되었다. 에이즈 확산을 막는 일에 개인과 교회와 단체가 연합하도록 기도하자.

3. 복음을 들은 것으로 만족하는 것이 아니라 복음으로 변화된 삶을 살도록 기도하자.

4. 교회 지도자들 중에 교육 수준이 낮거나 신학 훈련을 거의 받지 못한 사람들이 교회를 이끌어가고 있다. 교회가 교육의 기능이 회복되어 진리의 터에 견고하게 세워지도록 기도하자.

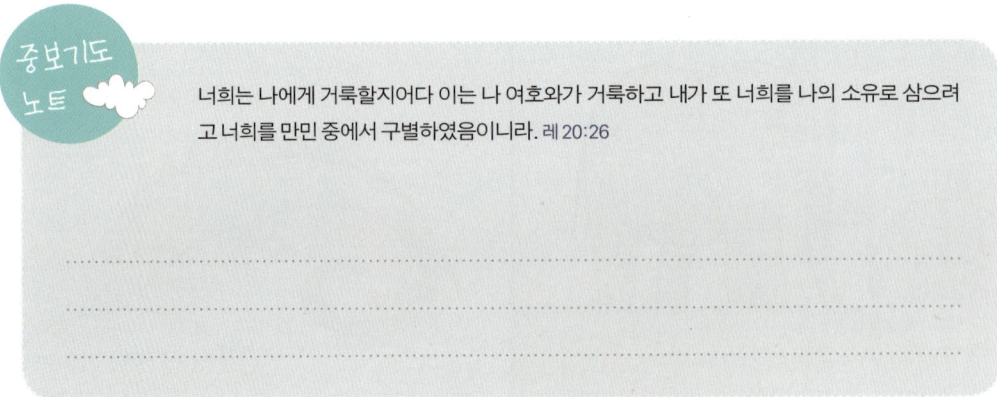

너희는 나에게 거룩할지어다 이는 나 여호와가 거룩하고 내가 또 너희를 나의 소유로 삼으려고 너희를 만민 중에서 구별하였음이니라. 레 20:26

만일 당신이 하루 일과를 시작하기 전에 기도한다면 당신은 좋은 하루를 보낼 것이다. _스티븐 원워드

### 5월 13일

# 복음이 희망이다

볼리비아 1

**면적** 1,098,580 ㎢ (한반도의 496.3%)
**인구** 8,328,700명
**수도** 라파스 **도시화** 61%
**GNP** $830 (2000년)
**종족** 메스티소 30.5%, 아메리카 인디언 63.9%, 유럽 5.1%, 기타 0.5%
**공용어** 스페인어, 아이마라어, 퀘추아어 **문자해독률** 77%
**종교** 기독교 93.9%, 바하이교 3%, 무종교·무신론 1.7%

남아메리카 가운데에 위치하는, 안데스 산맥의 내륙 국가로 남서지방은 높은 고원지대이고 북동부는 열대 저지대다.

바다가 없는 게 흠이죠.

한때 남미에서 가장 부유한 나라였으나, 지도자들의 부정부패로 국가가 파산 위기에 처했다.

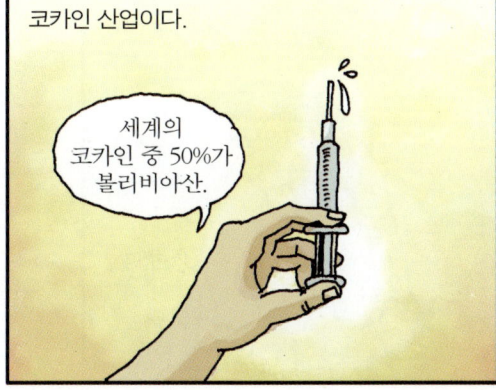

볼리비아 사회의 가장 큰 병폐 중 하나가 바로 코카인 산업이다.

세계의 코카인 중 50%가 볼리비아산.

코카 재배와 코카인 가공이 볼리비아 경제의 주요한 부분을 차지하고 있다.

이러고도 하나님께 복받을 자격이 있나요?

## ✚ 기도 제목

1. 1990년 이후 많은 지역에서 복음주의 신자 수가 60만 명에서 거의 1백만 명으로 늘어났다. 계속해서 많은 사람들이 복음 앞에 반응하도록 기도하자.

2. 잉카 문명 이전 시대 종족의 후손인 아이마라족의 20%가 예수 그리스도를 영접함을 찬양하고, 계속해서 아이마라족이 주께로 나아가도록 기도하자.

3. 오랜 세월 무관심했던 퀘추아족이 1990년대에 복음에 반응하기 시작했다. 이들이 십자가의 증인으로 볼리비아 땅에 우뚝 서도록 기도하자.

4. 오랫동안 가난과 정치적 소외로 인해 고통받아온 아메리카 인디언들이 겨우 민주주의의 혜택을 누리게 되었다. 국가 지도자들이 경제적 불평등과 사회적 부패 가운데서도 용기와 도덕적 신념을 가지고 힘없고 가난한 자들을 돕는 일에 담대히 나아가도록 기도하자.

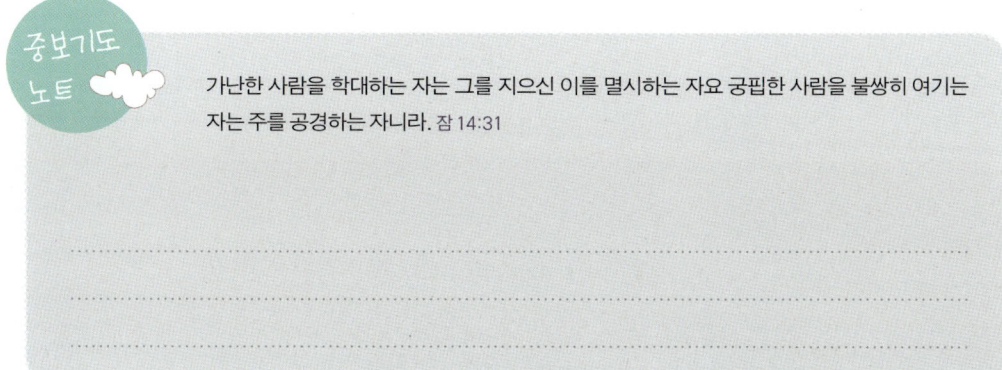

**중보기도 노트**

가난한 사람을 학대하는 자는 그를 지으신 이를 멸시하는 자요 궁핍한 사람을 불쌍히 여기는 자는 주를 공경하는 자니라. 잠 14:31

편한 삶을 살 수 있기를 기도해서는 안 된다. 강한 사람이 되도록 기도해야 한다. _존 F. 케네디

5월 14일  볼리비아 2

# 복음이 희망이다

## ✚ 기도 제목

1. 복음주의 기독교인들이 사회 내에서 영향력을 끼치고 있다. 그리스도인들이 복음 안에서 연합을 이루어 나라가 변화를 이루는 일에 헌신되도록 기도하자.

2. 수세기에 걸쳐 지배해온 어둠의 권세가 무너지기 시작했지만, 여전히 사회 전반에 흐르는 우상 숭배, 이교도적 미신, 불평등, 타락, 권력자들의 이익 다툼은 여전하다. 악한 세력을 쫓아내기 위해 그리스도인들이 진리의 말씀을 붙들고 기도로 싸워나가도록 기도하자.

3. 교회가 많이 성장했는데도 문맹, 기독교 신앙의 기초 이해 부족, 도덕 불감증 등이 만연해 있다. 간음, 사회악과의 타협, 가정 파탄, 폭력, 알코올 중독은 여전하다. 그리스도인들이 가정과 교회와 사회와 나라 안에서 거룩한 백성으로 서 있도록 기도하자.

4. 교회 지도자들에게 십자가의 복음 안에 거하는 삶과 다양한 수준의 훈련이 필요하다. 다른 무엇보다 말씀과 기도로 깨어 있어 진리에만 반응하고 순종하는 지도자로 세워지도록 기도하자.

**중보기도 노트**

모든 기도와 간구를 하되 항상 성령 안에서 기도하고 이를 위하여 깨어 구하기를 항상 힘쓰며 여러 성도를 위하여 구하라. 엡 6:18

기도가 천국에 올라가는 과정은 그렇게 먼 길은 아니지만, 응답이 오기까지는 긴 여정일 수도 있다. _윌리엄 거널

5월 15일　　　　　　　　　　　　　　　　　　　　　부룬디

# 교회가 희망이다

**면적** 27,834 ㎢ (한반도의 12.6%)
**인구** 6,695,000명
**수도** 부줌부라　　**도시화** 12%
**GNP** $130
**종족** 키룬디어 사용 97%, 기타 아프리카인 2.8%, 기타 0.2%
**공용어** 키룬디어, 프랑스어　　**문자해독률** 19%
**종교** 기독교 90.1%, 전통 종족종교 6.7%, 이슬람교 3%

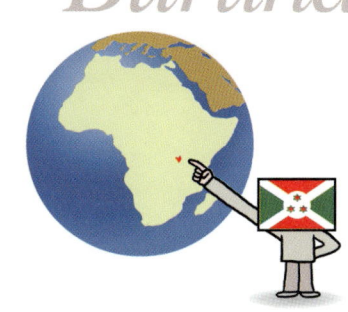

르완다의 남부 탕가니카 호수의 북쪽 지경에 있는 산이 많고 비옥한 나라다.

세계에서 매우 가난한 나라 중 하나이며 가뭄과 토양 침식이 심각한 상황이다.

"농사지을 땅이 없어요."

그동안 지루한 인종 분쟁과 전쟁으로 170만 명이 나라를 떠났다.

"오죽하면 나까지 떠나겠어요."

기근으로 인구가 줄어들고 있으며 외국 원조에 의존하는 실정이다.

"외부의 도움이 절실합니다."

### ✚ 기도 제목

1. 4백 년 동안 정치 지배 세력이었던 투치족과 이들의 지배를 받아왔던 후투족이 학살을 자행하며 일으킨 내전 가운데서, 교회 지도자들이 두 종족 간의 증오를 막으려 했지만 오히려 교회들이 이 싸움 중에서 파괴되었다. 그리스도의 십자가 은혜로 용서하고 하나 됨을 이루도록 기도하자.
2. 고난과 핍박 가운데서도 그리스도인들이 계속 증가하게 된 것에 대하여 하나님을 찬양하자. 그리스도인들이 바르게 양육될 수 있도록 기도하자.
3. 내전과 교회를 핍박하는 가운데서도 복음을 증거하는 그리스도인들과 경건한 지도자들이 세워지도록 기도하자.
4. 19%의 국민만이 문자를 읽을 수 있는 이 나라에 문맹 퇴치 프로그램이 생겨나 사람들이 성경을 마음대로 읽을 수 있도록 기도하자.

그의 십자가의 피로 화평을 이루사 만물 곧 땅에 있는 것들이나 하늘에 있는 것들이 그로 말미암아 자기와 화목하게 되기를 기뻐하심이라. 골 1:20

나는 복음이 들어오도록 아프리카의 문을 열어놓을 것이다. 다 열지 못하면 열다가 죽을 것이다. _롤런드 빙엄

5월 16일　　　　　　　　　　　　　　　　　부르키나파소

## 절망의 늪에서 피어난 부흥의 꽃

- 면적　274,200㎢(한반도의 123.8%)
- 인구　12,603,200명
- 수도　와가두구
- 도시화　14%
- GNP　$510
- 종족　구르-볼타익 69.9%, 만데 14.8%, 서대서양 11%, 기타 아프리카인 4.1%
- 공용어　프랑스어　　문자해독률　4%
- 종교　이슬람교 50%, 정령 숭배 31%, 기독교 18.4%

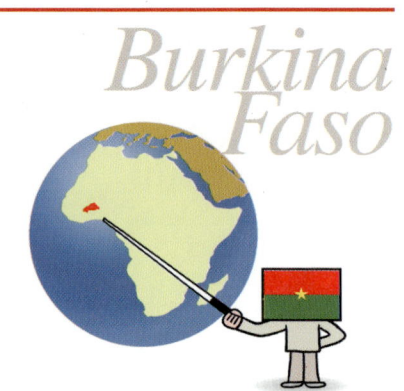

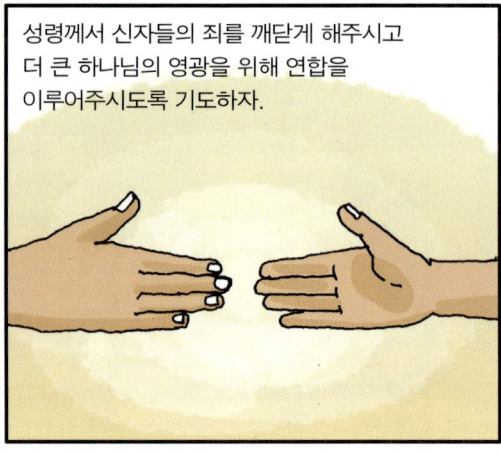

## ✚ 기도 제목

1. 교회가 성장하고 선교 사역이 확대되고 복음에 대한 큰 반응이 있는데도 24개 종족들이 복음을 듣지 못했고 그중 11개는 무슬림 종족이다. 교회와 선교단체들이 복음에 반응하는 종족들뿐만 아니라 복음이 전해지지 않은 종족에게도 적극적으로 복음을 전할 사역자들이 일어나도록 기도하자.

2. 약하지만 신비술이 이 땅의 사람들을 무너뜨리고 있다. 서아프리카에서 우상 숭배, 정령 숭배, 비밀 모임 등의 영향을 가장 많이 받은 나라이다. 예수 그리스도의 십자가와 부활의 권능으로 하나님을 만나고 사람들이 구원받도록 기도하자.

3. 심각한 분파주의 가운데 교회들은 대부분 확실하게 이익이 되는 일이 아니면 동역하려고 하지 않는다. 많은 동역의 논의가 있지만 열매는 없다. 모든 그리스도인들이 예수 그리스도 안에서 하나의 지체인 것에 믿음으로 순종하게 하시고, 하나님의 영광을 위해 연합을 이루어주시도록 기도하자.

4. 젊은이들이 부모 세대보다는 교육을 많이 받았지만 직업에 대한 불확실함과 미래에 대한 걱정으로 실의와 좌절에 빠져 있다. 이 절망과 좌절이 오히려 소망되시는 주님을 만나게 되고 하나님 나라의 부흥을 위해 자신을 드리는 기회가 되도록 기도하자.

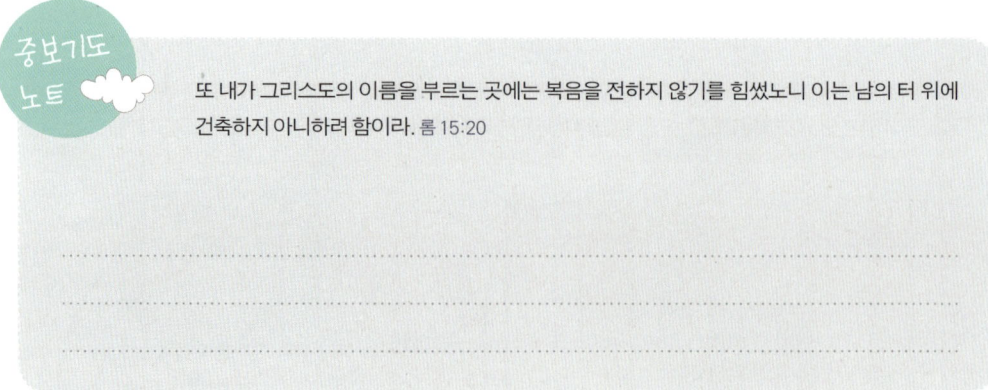

또 내가 그리스도의 이름을 부르는 곳에는 복음을 전하지 않기를 힘썼노니 이는 남의 터 위에 건축하지 아니하려 함이라. 롬 15:20

기도는 하나님의 뜻을 바꾸는 것이 아니라 하나님의 뜻에 대한 우리의 자세를 바꾸는 것이다. _미상

**5월 17일**

# 숨겨진 은둔 왕국

부탄

**면적** 41,440 ㎢ (한반도의 21%)
**인구** 2,124,000명
**수도** 팀푸　**도시화** 7%
**GNP** $2,010
**종족** 드럭파 63%, 네팔 30%, 기타 7%
**공용어** 종카어, 네팔어　**문자해독률** 18%
**종교** 불교 72%, 힌두교 23%, 이슬람교 4%

인도와 티베트 사이, 히말라야 동쪽 산기슭에 있는 숨겨진 왕국이다. 국토의 대부분이 해발 고도 2천 m 이상의 산악지대로 평야가 거의 없다.

철저한 불교 국교 정치 아래 쇄국정책을 쓰고 있어 현재 외국인 입국자가 가장 적은 비경(秘境)으로 존재한다.

불교를 버린 사람은 사회에서 매장당합니다.

부탄은 세계에서 복음 전도가 아주 미미한 나라 중 하나다.

예수 믿는 사람이 천연기념물이죠.

극도의 고립정책을 추구하는 정부는 신비적이고, 주술적인 성격이 강한 탄트라 불교를 더욱 강화하고 있다.

## ✚ 기도 제목

1. 부탄은 세계에서 복음 전도가 아주 미미한 나라 중 하나다. 정부는 신비적, 주술적 성격이 강한 탄트릭 불교를 더욱 강화하며 극도의 고립정책을 추구하고 있다. 용의 나라인 이 땅에 진정한 영적 자유가 있도록, 또 왕이 복음을 받을 수 있도록 기도하자.

2. 부탄은 1965년까지 모든 기독교 활동을 금지했다. 그 후 다소 완화되었다가, 1990년대 이후 복음 전파가 이루어지자 규제는 더욱 강화되었다. 드럭파의 다수는 강한 불교도이고, 기독교인은 약 1백여 명에 불과하다. 이들 대부분은 고립되고, 핍박받고 있다. 부탄의 모든 종족에서 왕성하게 복음을 증거하는 모임들이 생겨나도록, 교회의 성장을 위해 기도하자. 기독교 문서 배포를 통해 열매가 맺히도록 기도하자.

3. 네팔인에 대한 인종 말살이 1990년 이후 강도 높게 진행되었다. 네팔 문화와 언어에 대한 억압, 폭력, 가정 파괴, 강간, 약탈로 인해 네팔 남동부의 유엔 난민촌에 살고 있는 10만 명 이상의 난민에게 분노와 두려움을 심었다. 정부가 깨어 있어 모든 국민의 평화와 자유를 보장해주도록 기도하자.

4. 부탄계 네팔인들이 1970년 이후 복음에 반응하며 꾸준히 성장하고 있다. 몇몇 인도 사역단체를 통해 생겨난 소수의 교회와 가정 모임이 이 나라의 남부지역 절반에 걸쳐 있다. 많은 모임들이 핍박과 박해로 고통받고 있다. 이들을 위해 기도하자.

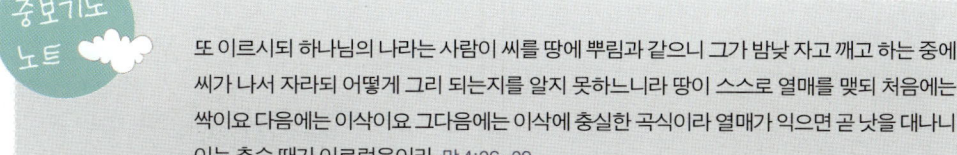

또 이르시되 하나님의 나라는 사람이 씨를 땅에 뿌림과 같으니 그가 밤낮 자고 깨고 하는 중에 씨가 나서 자라되 어떻게 그리 되는지를 알지 못하느니라 땅이 스스로 열매를 맺되 처음에는 싹이요 다음에는 이삭이요 그다음에는 이삭에 충실한 곡식이라 열매가 익으면 곧 낫을 대나니 이는 추수 때가 이르렀음이라. 막 4:26~29

역경 속에서 기도할 때와 같이 순경 속에서도 기도하라. _윌리엄 거널

5월 18일  북한

# 북한 교회는 살아 있다

- **면적** 122,370㎢ (한반도의 55.3%)
- **인구** 24,039,200명
- **수도** 평양  **도시화** 61%
- **GNP** $970 (2000년)
- **종족** 한국 99.3%, 중국 0.7%
- **공용어** 한국어  **문자해독률** 99%
- **종교** 무종교 64.3%, 전통 종족종교 16%, 종도교 13.5%, 불교 4.5%, 기독교 1.7%

김일성이 장대현 교회 자리에 자신의 동상을 세우고 신격화함으로써 하나님의 분노를 자아낸 곳이다.

"북한은 내가 주인이야, 알갔어?"

김일성 부자

북한은 본래 한국 기독교 부흥의 발상지였으며 평양은 동방의 예루살렘이었다.

"평양대부흥, 다 아시죠?"

대부분의 북한 기독교인들은 한국전쟁 당시 남한으로 도망가거나 순교당했다.

남아 있던 사람들은 지하로 숨어들어 지금까지 큰 고통 속에서 생존하고 있다.

"동무들, 예배드립시다."

### ✚ 기도 제목

1. 충동질하는 선전, 동상 건립, 강압적인 경찰 정부를 통해 북한 지도자는 그의 죽은 아버지 김일성을 신격화하고 있다. 성령께서 그와 그의 간부들에게 죄를 깨닫게 하셔서 우상 숭배를 중단하고 진정한 신을 숭배하도록 기도하자.

2. 북한에 있는 교회들은 한국 부흥의 발상지였다. 평양은 동양의 예루살렘으로 알려졌었다. 그러나 대부분의 기독교인이 한국전쟁 당시 남한으로 도망하거나 순교당했고, 교회는 무너졌다. 10만 명 이상의 기독교인이 노동자 수용소에 억류되어 있다. 북한 신자의 육신적, 영적 안전을 위해 기도하자.

3. 대다수는 예수라는 이름조차 들어보지 못했다. 억압, 왜곡, 전 국민에 대한 체제 순응 강요, 외부 세계와의 단절로 하나님에 대한 지식은 거의 모든 사람의 기억에서 사라지고 있다. 오랫동안 고통받아온 북한 사람들의 마음을 하나님께서 채우시도록 기도하자.

4. 수많은 사람이 기아로 죽는데 정부는 군용 배급 식량만 비축하고, 그 외 어떤 원조도 일절 거절했다. 산림 벌채로 인해 발생한 홍수는 계속 농작물의 황폐화를 야기했다. 고립과 폐쇄에서 개방과 교류로 북한의 정세가 전환되도록 기도하자. 또 구호 물품이 절대 빈곤자들에게 돌아갈 수 있도록, 외국 정부 및 NGO가 지혜롭게 잘 감당하도록 기도하자.

너희는 스스로 삼가 너희의 하나님 여호와께서 너희와 세우신 언약을 잊지 말고 네 하나님 여호와께서 금하신 어떤 형상의 우상도 조각하지 말라 네 하나님 여호와는 소멸하는 불이시요 질투하시는 하나님이시니라. 신 4:23~24

나를 변화시킬 수 없는 복음은 그때부터 복음이 아니다. _김용의

5월 19일 불가리아

## 요구르트보다 복음이 필요한 나라

**면적** 110,912 ㎢ (한반도의 50.1%)
**인구** 8,228,100명
**수도** 소피아
**도시화** 53%
**GNP** $5,190
**종족** 슬라브 86%, 터키 9.4%, 로마(집시) 3.7%, 기타 0.9%
**공용어** 불가리아어, 터키어  **문자해독률** 98%
**종교** 기독교 80%, 이슬람교 11.9%, 무종교 7.8%

요구르트로 유명한 불가리아는 출생률 저하 및 해외 이주로 인구가 점차 감소하고 있다.

"걱정입니다."

지난 45년간의 공산주의 정권이 종식되었지만 그 후 마피아와 구 공산 정권이 결탁하여 경제 상황은 더욱 비참해졌다.

"마피아는 살찌고 있으니 걱정 마쇼."

그동안 불가리아인들은 소수 민족들을 차별했다.

"꺼지라우."

집시족

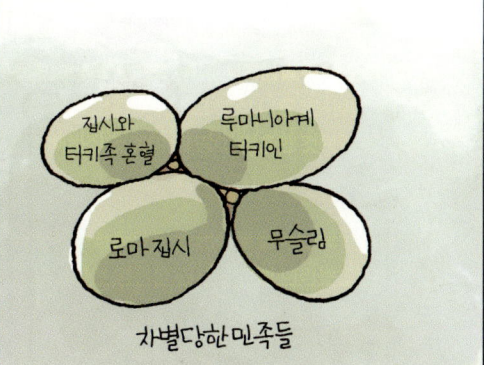

정부는 국교였던 정교회에만 우선권을 주고 있다.

집시와 터키족 혼혈 / 루마니아계 터키인 / 로마집시 / 무슬림

차별당한 민족들

✚ **기도 제목**

1. 1980년대엔 핍박이 가혹해서 기독교인들은 살해까지 당했다. 어떤 지도자들은 용기 있게 고난을 받았지만, 나머지는 타협하였다. 여전히 교회 내에는 분열과 오해, 동역 의식의 부족하다. 회개, 화해, 치유와 영적 연합을 위해 기도하자.

2. 분열되고 좌절해 있는 나라에서 복음주의 교단이 하나로 연합되어 교회들을 배가하고, 나라의 재건에 중요한 역할을 감당하도록 기도하자.

3. 교회 지도자 훈련, 거짓 교리에 대한 분별력, 완전한 종교의 자유, 성경 번역의 급속한 완성, 새로운 토착 선교단체의 지혜로운 협력을 위해 기도하자.

4. 소수 민족들은 불가리아 다수 종족들에게 심각한 인종차별을 당해왔다. 이들 안에 복음이 전해져서 위로받고 그리스도의 사랑으로 용서하여 주님의 사랑을 증거할 수 있는 통로가 되도록 기도하자.

**중보기도 노트**

> 이기는 자는 이와 같이 흰 옷을 입을 것이요 내가 그 이름을 생명책에서 결코 지우지 아니하고 그 이름을 내 아버지 앞과 그의 천사들 앞에서 시인하리라. 계 3:5

*기도가 없는 영혼은 공기가 없는 허파와 같다. _미상*

5월 20일                                                                브라질 1

# 떠오르는 남미의
# 개신교 국가

**면적** 8,511,965㎢(한반도의 3,844%)
**인구** 170,115,500명
**수도** 브라질리아
**도시화** 78%
**GNP** $6,940
**종족** 유럽 53.5%, 혼혈 34.4%, 아프리카 11%, 아시아 1%
**공용어** 포르투갈어 **문자해독률** 83%
**종교** 기독교 91.4%, 정령 숭배·심령술 5%, 무종교·기타 3%

남아메리카에서 가장 넓고, 세계에서 다섯 번째로 큰 나라다. 농산물과 광산자원이 풍부하고 목축업이 활발하다. 펠레 같은 축구 스타를 끊임없이 배출한 축구의 나라다.

축구 유학 오세요.

빈부의 차이가 가장 극심해 30%의 부자와 70%의 가난한 자 사이에 대립이 심각하다.

부자들에게는 천국이죠.

종교의 자유가 있지만 여전히 가톨릭이 우세하다.

브라질은 전 세계에서 가장 규모가 큰 가톨릭 국가다.

### ✚ 기도 제목

1. 1980년대에 물가가 폭등하고, 불공정하게 분배된 부가 브라질을 파탄으로 모는 상황이 되었다. 몇몇에게는 천국이지만 대부분의 사람들에게는 끔찍한 곳이다. 재건의 고통과 과거의 잘못을 바로 잡으려는 노력을 계속 회피하는 정부, 만연한 부패, 편파주의, 사회적 불의, 가난한 사람들, 소외된 어린이, 원주민들이 받는 차별대우가 끝나도록 기도하자.

2. 가장 큰 규모의 가톨릭 국가이지만 심각한 어려움과 어두운 미래에 직면하고 있다. 가톨릭의 13% 정도만이 활동적인 신앙생활을 하고 있고, 이 중에서도 명목주의와 심령주의가 많이 퍼져 있다. 성경과 성경의 진리가 가톨릭 신자들의 삶을 새롭게 만들도록 기도하자.

3. 교회가 거룩함보다는 성공에 치중해 명목주의와 복음을 저버리는 사람이 증가하고 있다. 어떤 지도자들은 정치·교회 권력을 추구하고, 도덕적 타락이 널리 퍼져 있다. 경건한 지도자들이 세워지고 불평등, 이기주의, 범죄, 비도덕성, 에이즈 등으로 파괴된 브라질 사회에 교회가 바른 메시지를 전하도록 기도하자.

4. '프로젝트 브라질 2010'에 의해 추진되는 비전 대회가 전례 없던 연합을 이루었다. 인구 1천 명당, 그리고 각 마을의 공동체마다 한 교회가 세워지도록, 139개의 아메리카 인디언 종족에 대한 입양운동과 교회 개척을 위해서, 기타 지역에 있는 미전도 종족을 품고 기도하자.

**중보기도 노트**

보라 내가 새 일을 행하리니 이제 나타낼 것이라 너희가 그것을 알지 못하겠느냐 반드시 내가 광야에 길을 사막에 강을 내리니. 사 43:19

모든 일에 대해 하나님께 영광을 돌립시다. _요한 크리소스토무스_

5월 21일 | 브라질 2

# 떠오르는 남미의 개신교 국가

✚ 기도 제목

1. 브라질은 18세 이하가 인구의 50%를 넘는다. 거리로 내몰려 고아가 된 수십만 명의 부랑아들은 마약 중독, 매춘, 범죄 조직의 이용에 노출되어 있다. 많은 아이들이 노동 현장으로 끌려가고, 에이즈에 감염되었다. 심지어 갱단과 경찰에 의해 살해당하기도 한다. 위기에 직면한 어린이들을 위해 기도하자.

2. 많은 압박 속에 있는 젊은이들(특히 대학생)을 위한 더 많은 사역자들이 필요하다. 이들을 말씀 앞에 세우며 주께로 인도하는 선교단체들을 위해 기도하자. 또 교회 안에서 이들을 훈련하는 적절한 사역이 일어나도록 기도하자.

3. 토착 아메리카 인디언들에 대한 편견, 억압, 학살, 착취가 오랜 역사 속에서 계속되고 있다. 절망, 질병, 알코올 중독, 자살로 얼룩져가고 있는 이들이 함께 살아갈 수 있도록 노력하는 브라질인들의 태도 변화와 정부 기관의 지혜로운 균형 정책을 위해 기도하자. 그리고 인디언 사역을 위한 브라질인들의 헌신이 늘어나도록 기도하자.

4. 선교사를 추방하려는 반기독교적인 인류학자, 지주, 금광 채굴자, 부패한 관료들에 의해 기독교 단체의 사역이 줄어들었다. 죄악 된 세력들이 복음 전도, 교회 개척, 성경 번역을 방해하는 일을 하지 않도록 기도하자. 성경 번역 사역과 미전도 종족 사역을 위해 기도하자.

중보기도 노트

> 무릇 시온에서 슬퍼하는 자에게 화관을 주어 그 재를 대신하며 기쁨의 기름으로 그 슬픔을 대신하며 찬송의 옷으로 그 근심을 대신하시고 그들이 의의 나무 곧 여호와께서 심으신 그 영광을 나타낼 자라 일컬음을 받게 하려 하심이라. 사 61:3

하나님을 아는 것은 하나님과 교제를 나누는 것과는 전혀 다른 것이다. _A. 토저

**5월 22일**　　　　　　　　　　　　　　　　　　　　　　　　　브루나이

# 석유 부국

**면적** 5,765 ㎢ (한반도의 2.6%)
**인구** 328,080명
**수도** 반다르세리베가완
**도시화** 58%
**GNP** $3,220
**종족** 말레이 63.9%, 중국 15.6%, 부족민 6%, 기타 14.5%
**공용어** 말레이어, 영어　　**문자해독률** 88%
**종교** 이슬람교 64.4%, 기독교 11.3%, 불교 9.1%, 전통 종족종교 7.6%

동남아시아 보르네오 섬 서북 해안에 있는 토후국으로, 70%가 삼림이며 폭우가 동반하는 열대성 기후다.

아시아에서 부유한 국가 중 하나로, 원유가 부의 원천이며 2020년까지 사용할 수 있는 엄청난 양을 보유하고 있다.

술탄이 절대군주로 통치하고 있으며 정부에 대한 비판이 허용되지 않는다.

비판하세요. 그리고 감옥 가세요.

브루나이 무슬림들의 목표는 2020년까지 순수한 이슬람 국가를 건설하는 것이다.

부족민과 중국 소수 종족에게 집, 직장 등 편의를 제공함으로써 이슬람 개종자들이 증가하고 있다. 국왕은 세계 최고의 부자로 알려져 있다.

많은 왕족들이 사치와 쾌락을 버리고 그리스도께 돌아오도록 기도하자.

가톨릭 신부와 수녀들도 1991년에 이미 추방되었고, 법적으로 성경이나 기독교 문서 수입이 금지되어 있다.

정든 브루나이를 떠납니다.

외국인 노동자들이 계속해서 빠르게 증가하고 있다. 이들을 통해 복음이 전파되도록 기도하자.

우리는 일하는 선교사입니다.

학생들은 대학교육을 대부분 말레이시아, 영국, 호주 등 다른 나라에서 마친다.

유학 중 선교단체에서 성경을 배웠어요.

### ✚ 기도 제목

1. 브루나이 무슬림들의 목표는 2020년까지 순수한 이슬람 국가를 건설하는 것이다. 느리지만 꾸준하게 기독교로 개종하는 사람들이 믿음을 지킬 수 있도록 기도하자.
2. 국왕은 세계 최고의 부자로 알려져 있다. 많은 왕족이 그리스도께 돌아오도록 기도하자. 이 나라의 정치 자유화를 위해서도 기도하자.
3. 십자가 복음으로 연합하고 지혜롭고 담대하며 성숙한 기독교 지도자가 나오도록 기도하자.
4. 브루나이 학생들은 대부분 대학교육을 말레이시아, 영국, 호주 등 다른 나라에서 마친다. 이들이 열정적인 복음 전도자들과 만나서 그리스도께 나아오며, 귀국해서 그리스도를 증거할 수 있도록 기도하자.

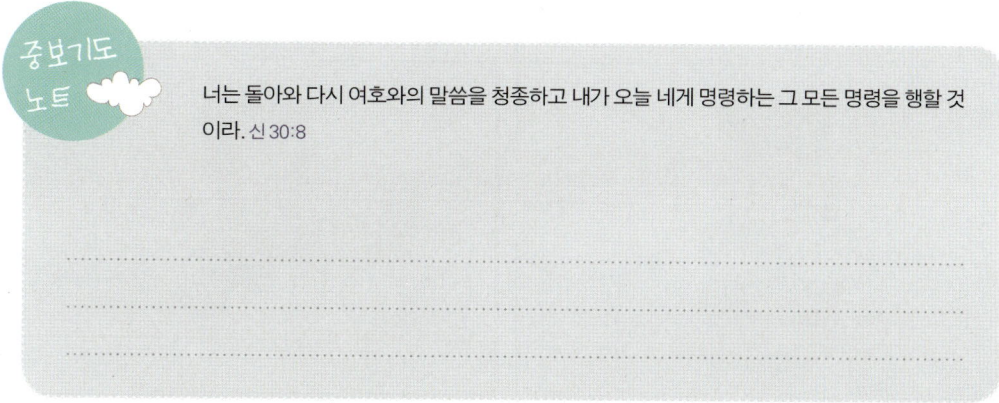

너는 돌아와 다시 여호와의 말씀을 청종하고 내가 오늘 네게 명령하는 그 모든 명령을 행할 것이라. 신 30:8

적게 사랑하는 자는 기도하는 일이 적고 많이 사랑하는 자는 기도하는 일이 많다. _어거스틴

**5월 23일**　　　　　　　　　　　　　　　　　　　　　　　　　　　사모아

# 회개와 각성이 필요한 나라

**면적** 2,831 ㎢ (한반도의 1.3%)
**인구** 180,000명
**수도** 아피아
**도시화** 21%
**GNP** $2,100
**종족** 폴리네시아 토착민 98.3%, 기타 1.7%
**공용어** 사모아어, 영어
**문자해독률** 99%
**종교** 기독교 96.9%, 바하이교 2%, 무종교·기타 1.1%

남태평양 사모아 제도에 있는 나라로, 2개의 거대한 화산섬인 사바이와 우폴루, 그리고 무성한 열대우림으로 뒤덮인 7개의 작은 섬들로 구성되었다.

20만 명이 넘는 사모아인이 외국에 살고 있으며 이들의 송금이 주 수입원이다.

"외국이 편해요."

사모아가 기독교를 받아들인 지 1세기가 지났지만 아직 복음의 능력을 경험하지 못했다.

"복음의 능력이 뭔데요?"

그사이 10대들의 자살률이 높아지고 몰몬교 같은 이단들이 득세했다.

"그러게…" "우리도 사는데 왜 인간이…"

### ✚ 기도 제목

1. 사모아가 기독교를 받아들인 지 1백 년이 지났고, 모든 마을에 최소한 교회가 1개씩은 있지만, 복음에 의해 변화되지 못했다. 교회 지도자들 가운데 헌신하는 복음주의자들이 나올 수 있도록 기도하자.

2. 사모아 기독교인들이 몰몬교의 잘못된 점을 깨닫고 몰몬교인들이 예수님께 인도함을 받도록 기도하자. 또한 이 나라의 변화와 부흥을 위해 기도하자. 모든 국민이 매일 말씀 묵상을 통해 진리를 깨닫고 복음을 바로 알도록 기도하자.

3. 복음적인 신앙으로 교회가 많이 성장했지만 복음을 바탕으로 사역하는 선교단체들과 연합을 이루지 못하고 오히려 어려운 관계로 점철되기도 했다. 복음 전도를 완전히 자유롭게 할 수 있도록, 새로이 생겨나는 교회와 전통교회가 서로 화목하도록 기도하자.

4. 오랫동안 복음 사역을 해온 단체들 간에 연합이 부족했다. 1991년 생겨난 사모아 복음주의 연맹이 십자가의 복음으로 예수 그리스도와 진정한 연합을 이루게 하셔서 복음의 증인이 될 수 있도록 기도하자.

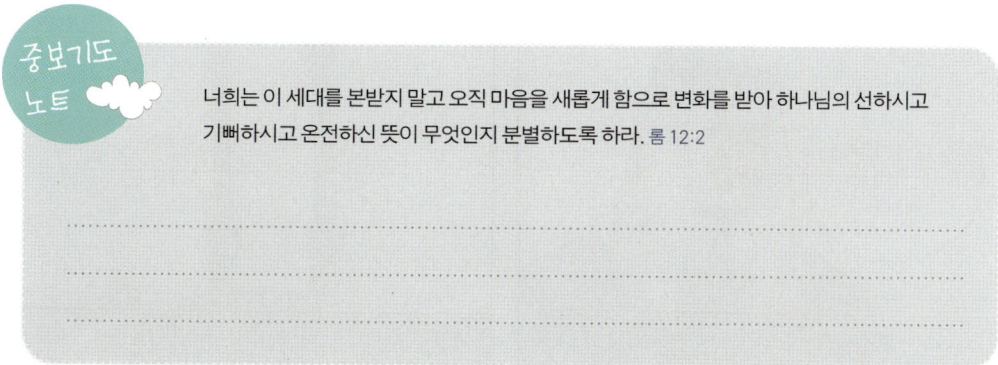

중보기도 노트

너희는 이 세대를 본받지 말고 오직 마음을 새롭게 함으로 변화를 받아 하나님의 선하시고 기뻐하시고 온전하신 뜻이 무엇인지 분별하도록 하라. 롬 12:2

기도가 없는 사람은 뿌리가 없는 나무와 같다. _교황 피우스 12세

**5월 24일**

사우디아라비아 1

# 이슬람 성지가 있는 석유 부국

## Saudi Arabia

**면적** 2,240,000 ㎢ (한반도의 1,011.6%)
**인구** 21,606,600명
**수도** 리야드
**도시화** 80%
**GNP** $15,480
**종족** 아랍 83.8%, 아시아 14.2%, 아프리카 1.4%, 기타 0.6%
**공용어** 아랍어  **문자해독률** 62.8%
**종교** 이슬람교 92.8%, 기독교 4.5%, 무종교·기타 1.4%

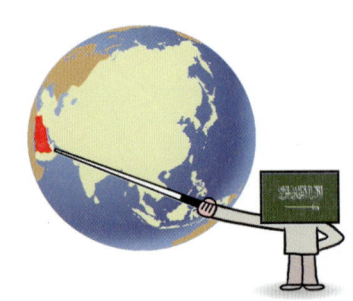

국토의 대부분이 사막이지만 전 세계 석유 매장량의 25%를 보유하고 있다.

엄청난 양의 석유 수출을 통해 이룩한 부를 통해 세계 이슬람교 세력의 확산을 위해 사용하고 있다.

무슬림들로 세계를 도배할 거야.

왕족이 행정, 외교, 상업을 철저히 통제하는 절대 군주국이다.

봉건국가라고 부르기도 하지요.

성지를 소유하고 있음을 최대의 자부심으로 알고 있는 나라다.

344

### ✚ 기도 제목

1. 1,300년 전, 이슬람교가 주도권을 잡으면서 한때 많은 수를 차지했던 기독교인들이 추방당했고, 지금은 지구 상에서 가장 복음화되지 않은 나라 중 하나가 되었다. 이 땅에서도 어린양 예수 그리스도를 찬양하는 날이 속히 오도록 기도하자.

2. 세계의 12억 무슬림들은 매일 5번씩 메카를 향해 기도해야 하고, 매년 2백만 명 이상은 기도하기 위해 직접 메카를 방문한다. 이런 일들이 헛되고 의미 없는 사탄의 속임수임을 깨닫고, 그들이 예수 그리스도 안에서 자유를 발견할 수 있도록 기도하자.

3. 사우디아라비아는 종교에 대한 자유가 없고 인권 보호가 전무한 나라이다. 세계 최하위를 기록할 수밖에 없는 이러한 상황은 부패한 사법제도, 종교 경찰(mutawwa)의 권위적 태도와 이를 묵인하는 정부의 잘못에 기인한다. 엄격한 통제가 완화되고 종교 표현의 자유성이 획득되도록 기도하자.

4. 사우디아라비아 사회는 국민들 사이에 형성되는 위화감으로 긴장상태에 있다. 경제 침체, 빈부 격차가 갈수록 심해지고 있다. 이러한 사회적 정황이 그리스도 안에서 참된 진리와 평화를 추구하는 계기가 되도록 기도하자.

---

**중보기도 노트**

> 그의 십자가의 피로 화평을 이루사 만물 곧 땅에 있는 것들이나 하늘에 있는 것들이 그로 말미암아 자기와 화목하게 되기를 기뻐하심이라. 골 1:20

무릎을 꿇은 채 전진하는 성도는 결코 후퇴하지 않는다. _짐 엘리엇

5월 25일 산마리노 / 사우디아라비아 2

# 유럽 관광의 꽃

**면적** 61㎢(한반도의 0.02%)
**인구** 26,500명
**수도** 산마리노
**GNP** $34,330
**종족** 산마리노 83.1%, 이탈리아인 12%
**공용어** 이탈리아어
**문자해독률** 99%
**종교** 기독교 92.3%, 무종교·기타 7%

이탈리아 북부에 있는, 유럽에서 가장 작고 오래된 도시 공화국으로, 매년 330만 명의 관광객이 오고 있다.

바실리카 성당 등을 비롯해 중세 유적이 많다.

거의 모든 인구가 가톨릭 세례를 받았지만 공식적인 종교는 없다.

거의 가톨릭이라고 보면 됩니다.

과거에 복음주의 신자들이 전도하다가 감옥에 가거나 추방당하기도 하였다.

선교사들에게 경고한다. 전도하면 죽는다!

## ✚ 기도 제목

### 사우디아라비아

1. 외국인들은 특히 고달프게 살아가며, 상당수의 외국인 기독교인들은 거의 복음을 접할 수 없는 상황에 있다. 외국인들 가운데 복음을 증거 하는 사람들이 많아지도록 기도하자.

2. 외국 기독교인들은 감시를 받으며 생활한다. 비밀 집회는 추적당하고 지도자들은 폭행에 시달리며 수감, 추방, 사형에 처해진다. 특히 이러한 탄압은 아시아 태생의 기독교인들에게 더욱 심하다. 믿는 자들이 용기백배하여 기도하게 하시고 아랍어를 구사할 수 있는 외국인 사역자들이 많아지도록 기도하자.

### 산마리노

3. 산마리노는 가톨릭 국가라고는 하지만 대부분이 명목상의 신자들로 물질 만능주의에 빠져 있다. 가톨릭 신자를 제외한 대부분의 사람들은 이단이나 거짓된 우상을 숭배한다. 산마리노 사람들이 예수 그리스도를 만나 삶이 변화되도록 기도하자.

4. 산마리노에서 복음을 전하는 사람들은 감옥에 투옥되거나 추방당했다. 선교사들이 산마리노에 거주하며 복음을 전할 수 있도록 기도하자.

> 우리가 사방으로 우겨 쌈을 당하여도 싸이지 아니하며 답답한 일을 당하여도 낙심하지 아니하며 박해를 받아도 버린 바 되지 아니하며 거꾸러뜨림을 당하여도 망하지 아니하고 우리가 항상 예수의 죽음을 몸에 짊어짐은 예수의 생명이 또한 우리 몸에 나타나게 하려 함이라.
> 고후 4:8~10

하나님께 대하여 부요치 못하면 하나님을 위하여 드릴 수 있는 것도 적을 것이다. _E. M. 바운즈_

5월 26일

# 경제보다 도덕이 먼저!

**면적** 1,001㎢ (한반도의 0.45%)
**인구** 146,700명
**수도** 상투메
**도시화** 44%
**GNP** $880
**종족** 포로 및 앙골라 75%, 기타 25%
**공용어** 포르투갈어, 크레올 방언, 앙골라 방언
**문자해독률** 74%
**종교** 기독교 92.9%, 무종교·기타 4.7%, 전통 종족종교 2%

상투메 프린시페

## São Tomé & Príncipe

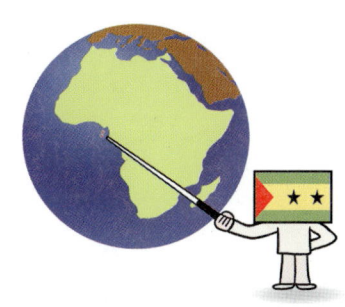

아프리카 중서부 가봉에서 서쪽으로 2백 km 떨어진 기니 만에 있는 2개의 큰 섬과 몇몇의 작은 섬들로 구성되었다.

코코아가 주요 수출품이지만 기니 만에서 탐사된 원유가 새로운 경제 기회를 제공하고 있다.

이곳은 본래 주요 노예매매 센터였다.

우리는 노예들의 후손입니다.

인구의 대다수가 가톨릭이지만, 그들의 도덕성에는 신앙이 전혀 반영되지는 않는다.

그게 무슨 상관이람.

### ✚ 기도 제목

1. 국민 대다수가 가톨릭이지만 그들의 도덕 수준은 현저히 낮다. 신생아의 90%가 사생아로 세계 최고의 비율을 기록한다. 교회가 이 땅에 뻗어 있는 공허한 종교에 도전하여 오직 예수 그리스도로 새롭게 되도록 기도하자.

2. 선교사들이 어렵게 이룬 사역의 결과로 독립 이후 복음주의 성장이 가속화되었다. 선교사들이 복음주의 교회를 개척하고 기독교인 지도자가 잘 훈련받을 수 있도록, 현지인 사역자를 돕는 일과 초교단 훈련 센터의 시작을 위해 기도하자.

3. 크레올어를 사용하여 전도에 어려움이 있는 섬지역 사람들과 농업에 종사하는 이들, 계약 노동자들의 구원을 위해 기도하자.

너희가 음란과 정욕과 술 취함과 방탕과 향락과 무법한 우상 숭배를 하여 이방인의 뜻을 따라 행한 것은 지나간 때로 족하도다 (…) 그들이 산 자와 죽은 자를 심판하기로 예비하신 이에게 사실대로 고하리라. 벧전 4:3,5

모든 어려움은 결국 그의 은혜와 권능과 사랑을 나타내는 도구일 따름이다. _허드슨 테일러

5월 26일     생피에르미클롱

# 전통보다 참된 믿음을 주소서

**면적** 242㎢ (한반도의 0.1%)
**인구** 6,500명
**수도** 생피에르
**도시화** 83%
**GNP** $11,000
**종족** 주로 브레톤과 바스크 태생의 프랑스인
**공용어** 프랑스어    **문자해독률** 99%
**종교** 기독교 97.7%, 기타 2.3%

Saint-Pierre-et-Miquelon

캐나다 남동부 뉴펀들랜드의 남해안 앞바다에 위치하여 생피에르, 미클롱 등 8개의 섬으로 구성된 바위섬이다.

주로 브레톤과 바스크 태생의 프랑스인이 주류를 이룬다.

쿵!

대구 어장의 파산으로 프랑스 경제 원조에 크게 의존하고 있다.

대구 해방 만세!

이 고립된 섬의 국민 대부분이 오래전부터 가톨릭 신자이다.

### ✚ 기도 제목

1. 고립된 섬에서 가톨릭을 강하게 신봉하고 있는 이들에게 영향을 줄 만한 경제적, 사회적 변화는 일어나기 힘들다. 이들이 예수 안에서 생명력 있는 믿음을 가질 수 있도록 기도하자.

2. 1998년 활동적인 복음주의 교회가 처음 설립되었는데, 이 작은 침례교회가 복음을 전하는 역할을 튼실하게 할 수 있도록 기도하자.

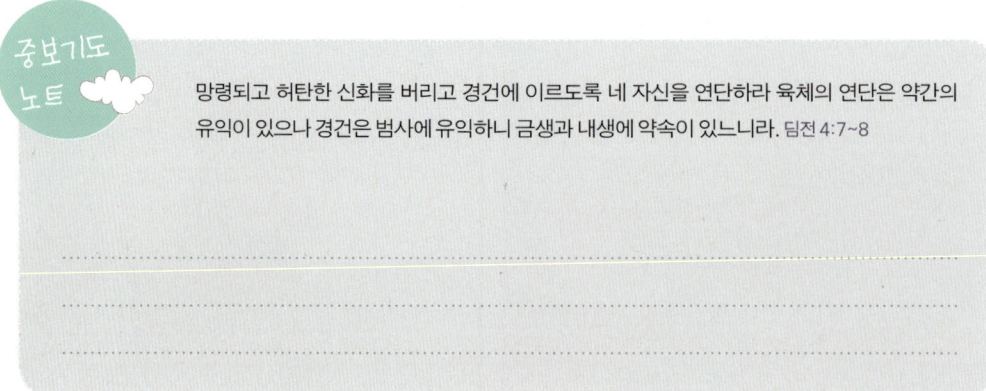

**중보기도 노트**

망령되고 허탄한 신화를 버리고 경건에 이르도록 네 자신을 연단하라 육체의 연단은 약간의 유익이 있으나 경건은 범사에 유익하니 금생과 내생에 약속이 있느니라. 딤전 4:7~8

실제적인 기도는 무릎을 꿇고 하는 기도라기보다는 구두를 신고 하는 기도이다. _오스틴 오말레이_

5월 27일　　　　　　　　　　　　　　　　　　　　세네갈

# 이슬람 국가로
# 변해가는 세네갈

**면적** 196,722㎢(한반도의 88.8%)
**인구** 9,481,100명
**수도** 다카르
**도시화** 43%
**GNP** $910
**종족** 서대서양 88.7%, 만데 8.4%
**공용어** 프랑스어　**문자해독률** 33%
**종교** 이슬람교 92.1%, 기독교 4.8%, 전통 종족종교 3%

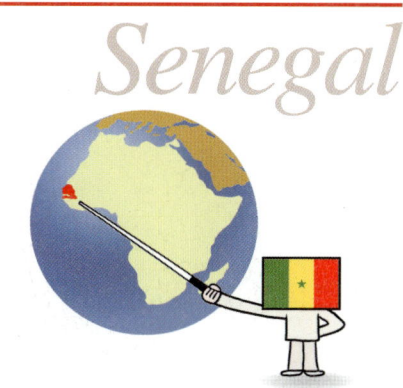

아프리카 서해안에 있는 공화국으로, 천연자원이 거의 없으며 국토의 대부분이 불모지다.

2000년대에 평화적 정권 이양이 이루어졌으나 카사망스 남서부 지방에서 분리주의 운동이 일어났다.

"우리는 딴살림 차리겠다!"

이 사건으로 6만 명의 난민이 발생했다.

"조용히 살면 안 되나요?"

꼬르륵 꼬르륵

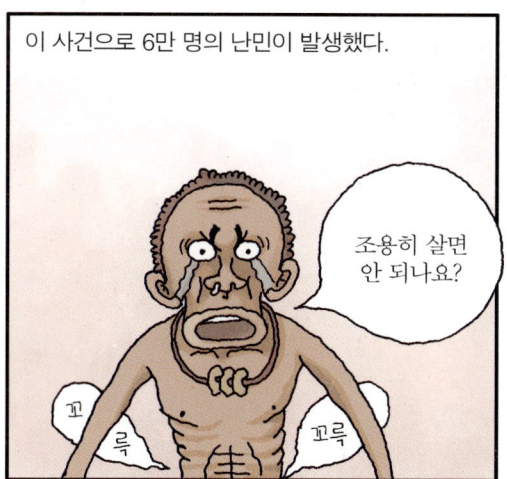

이슬람교가 급성장하고 있다. 1900년에 전 인구의 45% 정도였는데 2000년에는 92% 이상으로 성장했다.

"무슬림 배가를 위해 수단과 방법을 가리지 않았지~"

| | |
|---|---|
| 3개의 수니파 무슬림 공동체는 고도로 조직적이며 정치적이다. | 남부 카사망스에서는 게릴라전이 벌어지고 있다.  |

"재력도 겸비하고 있소."

남부에 있는 소수 종족들 가운데 교회가 몇 개 있지만 대부분이 명목상의 가톨릭이며,

"가톨릭이 뭐예요?"

무슬림들이 '술 마시는 사람들'이라고 부를 정도로 도덕적으로 망가져 있다.

"우헤헤~"
"크리스천"

복음주의자는 극소수이며 회교도나 정령 숭배자들로부터 끊임없는 압력을 받고 있다.

"조상들에게 돌아오지 않으면 국물도 없는 거 알지?"

기독 미혼 여성들이 믿음 있는 총각이 없어 무슬림과 결혼을 강요받고 있다.

"절대로 다른 신앙의 멍에를 메지 마세요."

### ✚ 기도 제목

1. 수니파 무슬림 공동체 주요 지도자들이 주 예수 그리스도를 영접하여 복음 전파에 중요한 기반을 마련하고 정치적 상황이 불안한 가운데서도 좋은 영향력을 발휘할 수 있도록 기도하자.

2. 비록 소수일 뿐이지만 기독교인들이 복음의 증인으로 온전히 서 있게 하시고, 이들을 바탕으로 견고한 교회가 각 종족 사이에 세워지며, 신자들을 양성하여 더 큰 사역이 효과적으로 이루어지도록 기도하자.

3. 가난하지만 개방적인 이 나라에서 주님으로부터 부르심을 받은 많은 장기 교회의 개척 사역자들이 사명을 잘 감당할 수 있도록 기도하자. 사역의 결실이 보이지 않아 지쳐 있는 선교사들에게 힘과 용기를 달라고 기도하자.

4. 복음이 전파되지 못한 주요 개발 지역과, 중부와 동부, 수도 다카르에 복음이 전해지도록 기도하자. 교육과 취업을 위해 도시로 모여드는 청년들을 방해하는 복음 전파의 장해물이 사라지도록 기도하자.

### 중보기도 노트

여호와의 말씀이니라 보라 때가 이르리니 내가 다윗에게 한 의로운 가지를 일으킬 것이라 그가 왕이 되어 지혜롭게 다스리며 세상에서 정의와 공의를 행할 것이며 그의 날에 유다는 구원을 받겠고 이스라엘은 평안히 살 것이며 그의 이름은 여호와 우리의 공의라 일컬음을 받으리라. 렘 23:5~6

기도란 믿음을 인정하는 행위요, 근심은 믿음을 부정하는 행위이다. _미상

5월 28일                                      세이셸

## 오염된 기독교를 벗어나라

**면적** 453㎢ (한반도의 0.2%)
**인구** 77,400명
**수도** 빅토리아
**도시화** 65%
**GNP** $8,580
**종족** 크레올 89.1%, 아시아 6.3%, 아프리카 3.1%, 유럽 1.5%
**공용어** 프랑스어, 영어   **문자해독률** 84%
**종교** 기독교 96.9%, 무종교 2%

아프리카 동부 인도양의 4만 ㎢에 걸쳐, 약 115개의 작은 섬으로 이루어져 있는 섬나라다.

관광과 수산업이 경제의 주요 역할을 감당하고 있다.

물고기는 우리의 고마운 식량입니다.

거의 모든 세이셸인이 기독교인이라고 말하지만, 부도덕과 미신, 명목주의로 많이 오염되었다.

때를 벗겨 드릴까요?

기독교인들은 그리스-그리스(gris-gris)라는 악마의 마술과 약초에 의존하는 아프리카 기원의 심령술에 젖어 있다.

그리스-그리스 신이여!

### ✚ 기도 제목

1. 부도덕과 미신으로 오염된 명목상의 기독교인들이 마술과 약초에 의존하는 아프리카 심령술에 물들어 있다. 이들이 그리스도의 구원에 대해 제대로 알고, 성령으로 말미암아 진정한 회개를 하는 참된 그리스도인이 되도록 기도하자.

2. 1971년에 시작된 선교사들의 사역을 통해 복음주의 및 오순절교회를 설립하고, 성공회의 복음 전도를 강하게 성장시키신 하나님께 감사하자. 영적 생활이 더욱 깊이 이루어지고, 교회에 현지 지도자가 세워지도록 기도하자.

3. 복음주의 선교사들의 사역 기회가 과거에는 기술과 지원 부문에 국한되었으나, 점차 넓어지는 추세에 있다. 세이셸 교회를 섬길 수 있는 헌신적인 사역자가 많이 일어나도록 기도하자.

4. 외곽지대나 고립된 섬에 사는 이들이 그리스도를 향한 헌신에 도전받고 청년들의 영적인 필요를 채워줄 효과적인 사역이 개발될 수 있도록 기도하자.

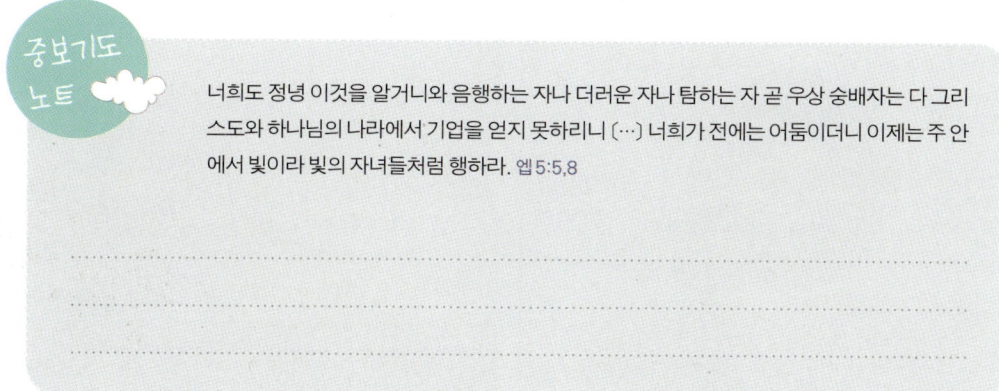

기도란 밀려오는 하나님의 조수에 생애의 갯벌이 해변에 모두 노출되는 것이다. _스톡맨_

5월 29일    세인트루시아

## 생명력 없는 신앙은 가라

- **면적** 617㎢ (한반도의 0.3%)
- **인구** 154,300명
- **수도** 캐스트리스   **도시화** 48%
- **GNP** $5,690
- **종족** 아프리카계 카리브인 90.5%, 혼혈 인종 5.5%, 남아시아 3.2%, 유럽계 아메리카인 0.8%
- **공용어** 영어, 크리올어   **문자해독률** 82%
- **종교** 기독교 96.1%, 심령술 1.7%

라틴아메리카의 카리브 해에 있는 경관이 수려한 섬들 중 하나다.

관광과 바나나와 설탕 재배가 주요 수입이다.

명목상 기독교인들이 많다. 생명력 없는 종교의 굴레로부터 벗어나도록 기도하자.

너무 오랫동안 그렇게 해와서.

이 섬의 아이들 80%가 사생아로 태어난다. 이 섬에 도덕성의 회복과 영적 각성이 일어나도록 기도하자.

주님! 용서해 주십시오.

## 세인트빈센트 그레나딘 St. Vincent & Grenadines

# 성숙한
# 그리스도인이 되라

- **면적** 398㎢ (한반도의 0.17%)
- **인구** 113,900명
- **수도** 킹스타운  **도시화** 25%
- **GNP** $5,230
- **종족** 아프리카계 카리브인 84.5%, 동인도 5.5%, 카리브 2%, 유럽계 아메리카 3.5%, 기타 4.5%
- **공용어** 영어  **문자해독률** 96%
- **종교** 기독교 92.2%, 전통 종족종교 2%, 힌두교 2%

세인트루시아와 그레나다 사이에 있는 섬나라다. 관광업이 성행하여 바나나 농사에 대한 경제적 의존이 줄어들었다.

이 나라는 종교적이지만 경건, 성숙, 선교에 대해서는 무관심하다.

경건, 선교 그런말은 처음 들어봐요.

성경을 바탕으로 교회가 바르게 서가도록 기도하자.

## 세인트키츠네비스 St. Kitts-Nevis

# 믿음과 삶을
# 조화롭게 하라

- **면적** 269㎢ (한반도의 0.12%)
- **인구** 38,400명
- **수도** 바스테르
- **도시화** 50%
- **GNP** $10,140
- **종족** 아프리카계 카리브 95%, 동인도 3%, 기타 2%
- **공용어** 영어  **문자해독률** 88%
- **종교** 기독교 95.6%, 무종교·기타 4%

카리브 해의 리워드 제도에 있는 2개의 화산섬이다. 영국에서 소모되는 설탕의 85%를 생산했던 네비스는 한때 카리브 해 섬들 중에서 가장 부유했다.

관광업이 현재 중요한 수입원이다.
네비스는 인구의 70% 이상이 교회에 다니고 있다.

세인트키츠는 마약 밀매와 돈 세탁으로 악명이 높다. 이 두 섬 모두에 경건함과 영성에 대한 열망이 높아지도록 기도하자.

## 세인트헬레나 St. Helena

# 나폴레옹의 체취가 남아 있는 곳

**면적** 412㎢(한반도의 0.2%)
**인구** 6,200명
**수도** 제임스타운
**종족** 세인트헬레나 93%, 외국인 7%
**공용어** 영어
**문자해독률** 98%
**종교** 기독교 95.7%, 무종교·기타 4%

아메리카 남대서양에 있는 앙골라의 서쪽 2천 km 지점에 위치한다. 어센션 섬의 통신과 군사 시설을 통한 수입에 크게 의존하고 있다.

영국의 해외 영토령으로 모든 세인트헬레나인은 2010년 완전한 영국 시민권을 얻게 된다.

나도 영국 시민이다.

이곳은 나폴레옹의 유배지로 세계에 널리 알려져 있다.

## ✚ 기도 제목

**세인트루시아**

1. 수많은 명목상의 기독교인들이 생명력 없는 종교의 틀에서 벗어나 영적 대각성으로 변화를 맞고, 교인들 간에 연합하도록 기도하자. 성경을 믿는 신자들이 기독교의 영향력에서 제외되어 있는 사회 상류층뿐만 아니라 모든 분야에서 하나님을 위한 선한 영향력을 발휘하도록 기도하자.

**세인트빈센트 그레나딘**

2. 선교에 대한 무관심이 커지고 있는 이때에, 이 지역의 사람들이 예수 그리스도 안에서 하나님과 일대일 관계를 맺고 부흥을 맞을 수 있도록 기도하자. 성령의 인도함을 받으며 성경을 바탕으로 한 교회가 회복되어지고 성경 사역이 활발하게 진행되도록 기도하자.

**세인트키츠네비스**

3. 세인트키츠는 마약 밀매와 돈세탁이 성행하는 곳으로 악명 높으나, 네비스는 70% 이상의 국민이 교회에 다니고 있다. 이 두 섬 모두 경건함과 영성에 대한 관심이 높아지도록 기도하자.

**세인트헬레나**

4. 기독교 공동체가 세속화되고, 교회 출석률이 급강하하고 있는 가운데 여호와의 증인과 같은 이단들은 꾸준히 성장하고 있다. 약해진 교회에 부흥이 일어나 청년들이 복음 전도에 힘써 활동하도록 기도하자.

우리의 주목하는 것은 보이는 것이 아니요 보이지 않는 것이니 보이는 것은 잠깐이요 보이지 않는 것은 영원함이라. 고후 4:18

믿음은 진리를 실재로 여기고 진리에 자신을 드리며 진리이신 주님을 신뢰하는 것이다. _미상

5월 30일   소말리아

# 소말리아에 질서가 서기까지

**면적** 637,000㎢(한반도의 287.7%)
**인구** 10,097,100명
**수도** 모가디슈
**도시화** 37%
**종족** 소말리 97.4%, 반투 1.6%, 기타 1%
**공용어** 소말리어
**문자해독률** 24%
**종교** 이슬람교 99.95%, 기독교 0.05%

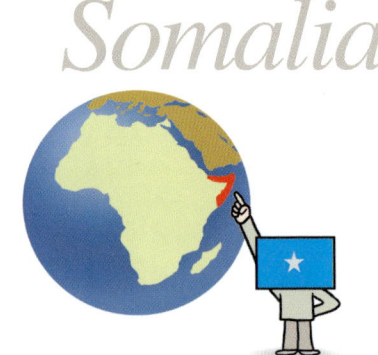

아프리카의 동북부에 있는 공화국으로, 에티오피아와 케냐 동쪽에 위치하고, 비가 매우 적게 오며, 아프리카의 뿔에 해당하는 나라다.

100만 명 이상이 아프리카, 예멘, 유럽 그리고 북미에 난민으로 있다.

"소말리아 전쟁만 생각하면 진저리가 납니다."

남부와 북서부 농업경제는 몰락했고, 마약과 무기가 주로 거래되고 있다.

인구의 대다수가 전적으로 해외 식량 원조에 의존하고 있다.

"원조가 없으면 당장 굶어죽습니다."

### ✚ 기도 제목

1. 소말리아는 10년간 폭력과 무정부 상태가 계속됨에 따라 세계에서 1순위로 꼽히는 무법천지의 나라가 되었다. 미래의 지도자들이 과거로부터 교훈을 얻어 국민의 이익을 위해 국가를 통치하고 진정한 종교의 자유를 존중하게 해달라고 기도하자.

2. 이슬람교는 소말리아의 기대를 저버렸다. 강력한 두 수니파 무슬림 집단의 탐욕과 무자비함으로 말미암아 이슬람교의 신용이 추락하고 있지만, 어떤 이들은 급진적인 이슬람교에서 해결책을 구하기도 한다. 이 이슬람주의자들의 계획이 좌절되고 새로운 종교적 폭정이 일어나지 않도록 기도하자.

3. 국가 회복이 절실히 필요한 상태이다. 국민들이 전쟁과 기근으로 고통받고 있는 가운데, 30만 명 이상이 죽었으며 5세 이하 아이들의 25% 이상이 죽음을 맞았다. 시민군이 무기, 양식, 장비를 횡령함에 따라 유엔을 비롯한 많은 자선단체가 부지중에 전쟁 물자를 지원한 셈이 되었다. 구호 행정이 지혜롭게 이루어질 수 있도록, 그리고 난민들을 위해 기도하자.

4. 선교 활동은 위험에 노출되어 있으며 많은 제재 조치를 받아 그 지역이 제한되어 있다. 소말리아에 파송되는 사역자들이 소명을 가지고 준비하며, 폐쇄된 이 나라가 복음의 문을 열도록 기도하자.

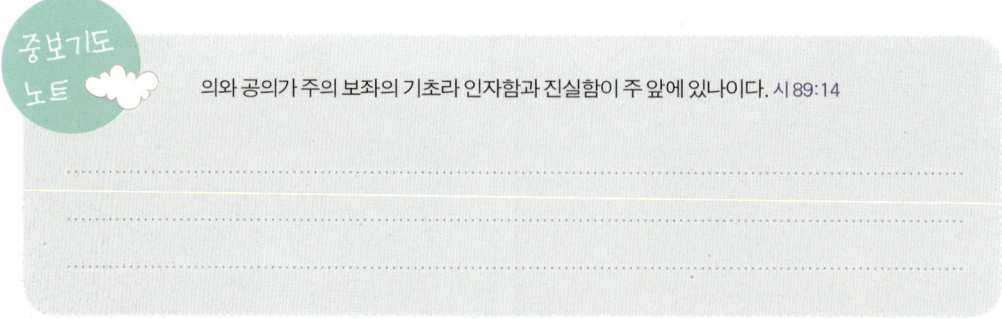

의와 공의가 주의 보좌의 기초라 인자함과 진실함이 주 앞에 있나이다. 시 89:14

새로운 사역자를 원하는가? 하나님께서 온전히 만들어가실 때까지 계속 기도하라. _허드슨 테일러

5월 31일 솔로몬 제도

# 솔로몬처럼 지혜로워라

Solomon Islands

- **면적** 27,556㎢ (한반도의 12.4%)
- **인구** 443,600명
- **수도** 과달카날 섬의 호니아라
- **도시화** 18%
- **GNP** $700
- **종족** 멜라네시 90.7%, 폴리네시 3.7%, 기타 5.6%
- **공용어** 영어  **문자해독률** 54%
- **종교** 기독교 96.2%, 화물종파 1.9%, 전통 종족종교 1.5%

솔로몬 제도와 산타크루즈 제도 등의 크고 작은 수많은 화산섬으로 이루어져 있다.

인구의 90% 이상이 생계 농업과 어업에 의존하고 있다.

솔로몬 제도는 1935, 1970, 1982년에 모든 개신교회에서 부흥을 경험했다.

제가 흘리는 눈물은 회개의 눈물입니다.

부흥의 결과, 혼합주의인 화물종파가 약화되었고, 지역 문화에 복음이 토착되었다.

365

### ✚ 기도 제목

1. 1998년에서 2001년까지 계속된 비극적인 전쟁 후, 국가는 사회·경제적인 면에서 심각한 타격을 받았다. 인종 간의 긴장이 제거되고 화해가 이루어지도록, 정부가 국가의 안정과 평화에 힘쓰도록 기도하자.

2. 지금은 부흥의 시기이다. 부흥의 결과로 말미암아 폭력으로 얼룩진 영적 삶이 회복되고, 기독교인 새 세대가 힘과 생기와 영적 능력을 얻도록 기도하자.

3. 목사들의 훈련 부족은 교회의 성숙과 성장에 있어서 가장 큰 걸림돌이다. 실제로 교역자의 나쁜 행실 때문에 하나님을 불신하는 경우가 있었다. 6개의 성경학교와 신학대학에서 복음으로 잘 훈련된 예비 사역자들이 세계 선교의 비전을 갖도록 기도하자.

4. 교회가 성장함에 따라 외국에서 파견되는 선교단체의 수가 감소하고 사회 혼란의 직격탄을 맞으며, 선교 사역은 이중고를 겪었다. 대부분의 선교사들은 성경 공부와 번역, 특별 사역에 관여하고 있다. 어려운 상황 가운데에도 선교의 열매를 거둘 수 있도록, 여건이 점차 개선될 수 있도록 기도하자.

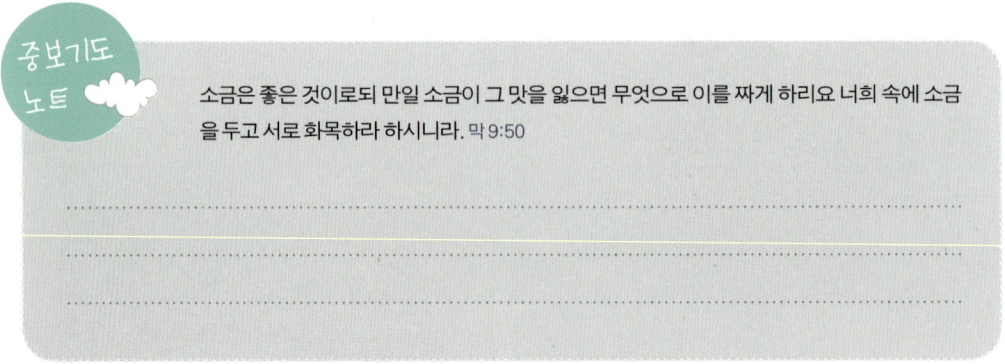

**6월 1일**

수단 1

# 긴급히 기도가
# 필요한 나라

**면적** 2,503,890 ㎢ (한반도의 1,130.7%)
**인구** 29,489,700명
**수도** 하르툼
**도시화** 25%
**GNP** $1,240
**종족** 아랍 45.2%, 비아랍계 54.8%, 누바 산악 종족 6.5%, 쿠쉬틱 5%, 기타 6%
**공용어** 아랍어    **문자해독률** 46%
**종교** 이슬람교 65%, 기독교 23.2%, 전통 종족종교 10.6%, 무종교·기타 1.2%

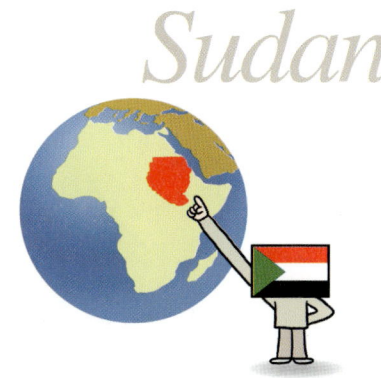

아프리카 동북부에 있는 민주 공화국으로, 풍부한 농업과 광물자원이 있지만, 전쟁으로 통신수단이 붕괴되어 대부분 개발되지 않았다.

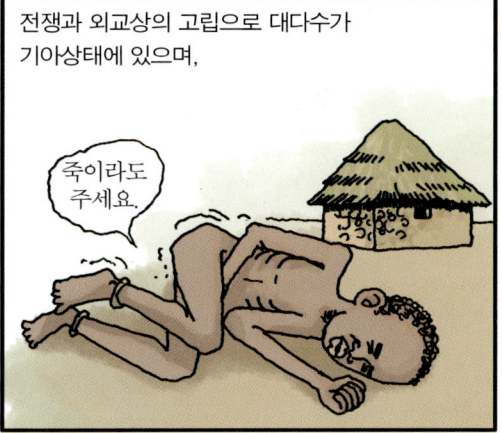

전쟁과 외교상의 고립으로 대다수가 기아상태에 있으며,

죽이라도 주세요.

대학살과 기근과 전쟁으로 남부지역은 폐허가 되었다.

영국에서 독립한 이후 북부 아랍인과 남부 비아랍인 간에 참혹한 전쟁이 있었다.

너희는 커서 싸우지 마라.

배운 게 그건데?

### ✚ 기도 제목

1. 수단의 내란은 20세기에 발발한, 가장 긴 기간에 걸쳐 이루어진 전쟁이다. 영국의 잘못된 식민정책으로 북부인과 남부인의 잔학 행위가 도를 넘고 그로 인한 분열이 계속되고 있다. 회개와 회복, 공동체 생활의 재건을 위해 기도하자.

2. 수단의 지도자들은 이슬람교 혁명의 주도자들이라는 것에 큰 자부심을 가지고 이를 권력을 강화하는 도구로 사용했다. 그러나 실제로 이슬람교 혁명으로 2백만 명이 죽고 수백만 명이 부상당했으며, 국토가 황폐되고 분열되는 위기를 맞았다. 이 나라가 재건과 평화를 맞을 수 있도록 기도하자.

3. 이슬람교 정부가 노예제도를 다시 허용했음이 밝혀지기까지 수단의 비극적인 인권 문제는 오랫동안 방치되었다. 대략 6만 명에서 20만 명의 남부인들이 종속 노예이다. 세계 지도자들이 수단 정부의 정책 전환을 위해 힘을 행사하고 수단의 모든 종족의 복지정책을 구현하도록 기도하자.

4. 교회가 고통을 겪으며 성장하는 와중에 여러 종족 안에서 중요한 집단 회심이 있었다. 기독교인들이 종족 간의 분열을 뛰어넘어, 특별히 무슬림 이웃들에게 사랑과 관심을 기울이도록 기도하자.

**중보기도 노트**

내 이름으로 일컫는 내 백성이 그들의 악한 길에서 떠나 스스로 낮추고 기도하여 내 얼굴을 찾으면 내가 하늘에서 듣고 그들의 죄를 사하고 그들의 땅을 고칠지라. 대하 7:14

사람이 무릎 꿇으면 하나님이 일어나 일하신다. _미상

6월 2일 　　　　　　　　　　　　　　　　　　　　　　　수단 2

# 긴급히 기도가 필요한 나라

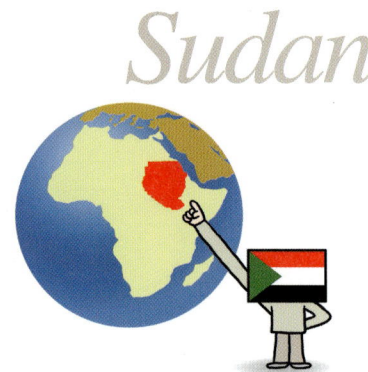

### ✚ 기도 제목

1. 수단의 기독교 지도자들은 많은 어려움을 무릅쓰고 자신의 생명을 드려 상당 부분 열매를 거두었다. 그러나 여전히 정식 신학교육을 받을 기회가 없으며, 신학교육 단체도 심각한 어려움에 직면했다. 개종한 수많은 청년들을 돌보며 그들을 교육할 수 있도록 지도자를 위해 기도하자.

2. 다수의 무슬림들을 위해 기도하자. 이슬람교에 환멸을 느끼고 그리스도께 돌아오는 수가 지속적으로 증가하고 있고, 많은 이들의 마음이 열려 있는 상태이다. 수도인 하르툼 안의 무슬림들과 잔인하기로 악명 높은 남부 군인들도 변화를 맞을 수 있도록 기도하자.

3. 아이들과 청년, 남부지역 어린이들에게는 거의 교육받을 기회가 주어지지 않았고, 많은 아이들이 마음 깊이 상처를 받았다. 가련한 어린아이들이 정상적으로 자라도록 기도하자.

4. 수단의 서부, 동부, 북부지역에는 미전도 종족이 많이 있다. 누바 산지의 몇몇 종족들과 남부인들 역시 대개 복음화되지 못했다. 이들 지역은 대부분 한때 기독교가 성행했으나 지금은 기독교인으로 알려진 사람이 거의 없을 정도이다. 이곳의 복음 전파를 위해 기도하자.

### 중보기도 노트

내가 네 환난과 궁핍을 알거니와 실상은 네가 부요한 자니라 자칭 유대인이라 하는 자들의 비방도 알거니와 실상은 유대인이 아니요 사탄의 회당이라 너는 장차 받을 고난을 두려워하지 말라 볼지어다 마귀가 장차 너희 가운데에서 몇 사람을 옥에 던져 시험을 받게 하리니 너희가 십 일 동안 환난을 받으리라 네가 죽도록 충성하라 그리하면 내가 생명의 관을 네게 주리라.
계 2:9~10

기도란 심령의 가장 큰 에너지이다. _콜리지

**6월 3일**

# 인종이 다양한 나라

수리남

- **면적** 163,820㎢ (한반도의 74%)
- **인구** 417,130명
- **수도** 파라마리보
- **도시화** 54%
- **GNP** $4,580
- **종족** 아시아 51%, 아프리카계 카리브 41%, 아메리카 인디언 7%, 기타 1%
- **공용어** 네델란드어  **문자해독률** 93%
- **종교** 기독교 46.8%, 힌두교 27%, 이슬람교 19.4%, 무종교·기타 2.8%

가이아나와 프랑스령 기아나 사이에 있는 남아메리카의 북동 연안 지역에 있다.

인종이 놀랄 만큼 다양하다. 이는 식민지 당시 타지의 노동력을 받아들인 결과다.

잘 어울리죠.

생태 관광과 해외로 이민 간 수리남인들의 송금에 의존하고 있는 가난한 국가다.

밖에 나가서 안을 살찌울게요.

인구의 거의 절반이 기독교인이라고 말하지만 실제 믿음을 가진 사람들은 거의 없으며 심령술과 혼합되어 있다.

울랄라… 울랄라…

### ✚ 기도 제목

1. 인구의 거의 절반이 기독교인이라고 하지만, 기독교 신앙은 종종 심령술과 혼합되어 있다. 이 지역에 부흥이 일어나 대다수 기독교인들의 신앙에 형성되어 있는 전통주의가 없어지도록 기도하자.

2. 복음주의 전도 활동은 상당히 활발해졌으나 성경적인 메시지를 전하는 기독교인 지도자는 전무한 상태이다. 독립 후, 도덕적, 인종적 문제로 혼란에 빠졌던 이 나라에 성경적인 토대와 기준을 확립하고자 헌신하는 기독교 지도자들을 위해 기도하자.

3. 현재, 아메리카 인디언 여섯 종족은 적어도 명목상으로는 기독교인이다. 와야나, 아구리오, 트리오 종족 가운데 집단 회심이 있었다. 부족들이 안정을 되찾고 영적 성숙을 유지하도록 기도하자.

4. 선교단체 사역이 수년 동안 중단되었다가 다시 시작되었다. 새로운 지도자들을 보다 효율적으로 훈련시키는 일과 성경 번역 그리고 비기독교 종족을 위한 개척 전도가 일어나도록 기도하자.

그 정사와 평강의 더함이 무궁하며 또 다윗의 왕좌와 그의 나라에 군림하여 그 나라를 굳게 세우고 지금 이후로 영원히 정의와 공의로 그것을 보존하실 것이라 만군의 여호와의 열심이 이를 이루시리라. 사9:7

현대 그리스도인의 모순은, 세상을 향해 나아가지 않는 것에 있다. _노먼 루이스

6월 4일                                                                      스리랑카 1

# 인도양의 눈물 진주

**면적** 65,610㎢(한반도의 29.6%)
**인구** 18,827,000명
**수도** 콜롬보
**도시화** 22%
**GNP** $1,510
**종족** 실론 74.6%, 타밀 17%, 무어 7.6%
**공용어** 신할리즈어, 타밀어, 영어   **문자해독률** 90%
**종교** 불교 72%, 힌두교 12%, 이슬람교 8%, 기독교 7.6%

인도 반도의 80km 지점에 있는 큰 섬으로 이루어진 공화국이다.

한때 에덴동산이라고 불렸던 스리랑카가 지금은 눈물의 섬이 되었다.

실론족과 타밀족 사이의 지긋지긋한 분쟁으로 국민들은 엄청나게 고통을 겪었다.

약 10만 명이 숨졌고, 80만 명의 스리랑카인 (주로 타밀인)들이 인도나 서방으로 도망치거나 이민 갔다.

### ✚ 기도 제목

1. 실론의 불교 극단주의자들은 타밀인들을 억압하고 전쟁을 일으킨 장본인들이다. 잔인한 군부 세력이 아이들을 구성원으로 총을 들려주며 자살 폭격대까지 조직했다. 이 나라에서 부패와 폭력이 근절되고, 잔인 무도한 악을 형성하는 사탄이 파해지도록 기도하자.

2. 불교주의자들의 편협함과 폭력 때문에 불교와 힌두교에 대한 환멸감이 팽배한 상태이다. 그래서 사회적 불이익과 박해를 받는 가운데에도 기독교로 개종하는 사람들이 증가했다. 하나님 안에서 평화를 찾는 사람들이 더욱 많아지도록 기도하자.

3. 전통적인 교회는 이름만 남아 있을 뿐 쇠퇴한 상태이다. 과격한 불교도들의 지속적인 방해와 20년간 계속된 타밀 기독교인들의 대거 이주는 심각한 사회문제가 되었다. 비기독교인에 대한 복음화가 이루어지고 주요 신학교와 교회에서 성경적 신학과 경건이 회복되어지도록 기도하자.

4. 복음주의자들의 영적 생명력은 박해를 이겨내는 기독교인들의 깊은 믿음과 활발한 전도 활동으로 드러났다. 불교나 힌두교에서 기독교로 개종한 사람들이 많다. 여러 복음주의 단체의 더욱 왕성한 전도 활동과 그들이 벌이고 있는 선교운동을 위해, 심각한 분열이 나타나는 교회들의 연합을 위해 기도하자.

**중보기도 노트**

> 사망의 물결이 나를 에우고 불의의 창수가 나를 두렵게 하였으며 스올의 줄이 나를 두르고 사망의 올무가 내게 이르렀도다 내가 환난 중에서 여호와께 아뢰며 나의 하나님께 아뢰었더니 그가 그의 성전에서 내 소리를 들으심이여 나의 부르짖음이 그의 귀에 들렸도다. 삼하 22:5~7

기도란 외로운 독백이 아니요, 다정한 담화이다. _모랜드

**6월 5일**

**스리랑카 2**

# 인도양의 눈물 진주

### ✚ 기도 제목

1. 1990년대에 이르러 활발한 전도 활동과 더불어 박해가 더욱 심해졌다. 불교 극단주의자들은 파렴치한 개종자를 단죄하며, 기독교 활동을 차단하고 있다. 기독교인들이 이런 고난 속에서도 복음의 증인으로서 본이 될 수 있도록 기도하자.

2. 선교 사역은 정부 당국에 의해 제한을 받으며, 신규 비자를 발급받는 것은 굉장히 어렵다. 현재 스리랑카 교회는 복음 전도, 교회 개척, 그 외 사역을 감당하기 벅찬 상태에 있으므로 이러한 문제가 해결될 수 있도록 기도하자.

3. 랑카계 타밀 공동체는 한때 상대적으로 풍요로웠으나 지금은 빈곤으로 인한 분노, 죽음에 대한 두려움으로 떨고 있다. 오랫동안 소외와 멸시에 시달린 인도계 타밀족은 20%가 기독교인임을 고백한 상태이다. 지도자가 없는 이들은 분열과 전쟁의 공포에 휘말려 있다. 성도들이 진리 위에 서서 담대함과 용기를 갖도록 기도하자.

4. 아이들과 청년들이 복음을 접할 기회가 없다. 수천 명의 아이들이 포르노물과 매춘에 노출되어 있고, 전쟁에 휘말려 사람을 죽이도록 세뇌당하고 있다. 아이들과 청년들에게 복음을 전할 길을 열어달라고 기도하자.

**중보기도 노트**

> 이것을 너희에게 이르는 것은 너희로 내 안에서 평안을 누리게 하려 함이라 세상에서는 너희가 환난을 당하나 담대하라 내가 세상을 이기었노라. 요 16:33

*기도란 우리가 어둠 속에서 하나님을 볼 수 있는 거울이다. _헵벨*

6월 6일

# 아프리카의 스위스

스와질란드

**면적** 17,364㎢ (한반도의 7.8%)
**인구** 1,123,600명
**수도** 음바바네
**도시화** 38%
**GNP** $2,520
**종족** 반투 96.7%, 기타 3.3%
**공용어** 스와티어, 영어  **문자해독률** 67%
**종교** 기독교 82.7%, 전통 종족종교 14.7%, 무종교·기타 1%

땅이 비옥하며 아프리카의 스위스라고 부른다. 7만 명의 소녀들이 국왕의 14번째 부인으로 간택되기 위해 춤을 추어 유명해졌다.

아프리카 남부, 남아프리카 공화국과 모잠비크의 경계에 있는 입헌 군주국으로, 대부분 목축과 농업을 하지만, 약간의 광물도 생산한다.

우리의 꿈은 14번째 왕비로 간택되어 팔자 피는 것.

국왕만 정신 차리면 됩니다.

인구의 30%가 복음주의 공동체에 속하며 교회 출석률도 인구의 27%로 높은 편이다.

그러나 문제는 교회가 마법, 조상 숭배, 일부다처제, 부도덕한 행위를 뿌리 뽑지 못한 것이다.

왕의 부도덕을 용서해주소서.

결혼은 일부일처제가 진리!

### ✚ 기도 제목

1. 현재 이곳에서 벌어지는 헌법 논쟁은 잠재적인 갈등 원인이다. 인권과 전통을 존중하고, 왕권과 민주주의를 허락하는 헌법이 널리 수용되도록 기도하자.

2. 정치적으로나 문화적으로 식민지 이전의 단합된 마음을 그대로 유지하는 아프리카 국가는 거의 없다. 많은 복음주의 교회들은 전반적으로 정체되어 있다. 부흥과 거룩한 삶, 명확한 복음 선포, 기독교 지도자들의 연합을 위해 기도하자.

3. 마법, 조상 숭배, 일부다처제, 부도덕한 행위를 조장하는 악한 영들의 권세가 교회와 이들 지역에서 무너지도록 기도하자.

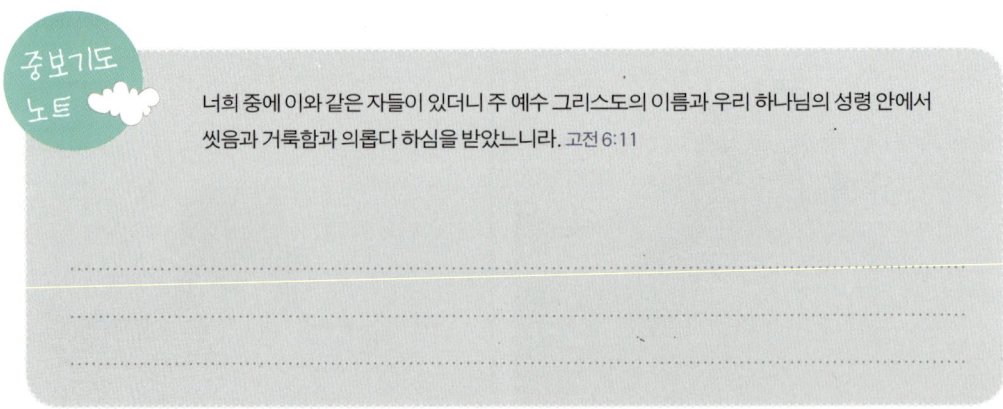

목사를 만드는 것이 세 가지 있으니 첫째는 기도, 둘째는 묵상, 셋째는 시련이다. _마르틴 루터

**6월 7일**　　　　　　　　　　　　　　　　　　　　　　　　스웨덴

# 스칸디나비아의 강국

**면적** 449,964 ㎢ (한반도의 203.2%)
**인구** 8,910,200명
**수도** 스톡홀름
**도시화** 84%
**GNP** $49,700
**종족** 토착민 88.8%, 비토착민 11.2%
**공용어** 스웨덴어　**문자해독률** 99%
**종교** 기독교 54.7%, 무종교 41.8%, 이슬람교 3.1%

스칸디나비아 반도에서 가장 큰 나라로, 산지와 삼림이 많고 국토의 10%만이 경작지이다.

출산율이 세계에서 가장 낮은 나라였으나 1980년대부터 증가 추세를 보이고 있다.

아기 낳으면 장려금 듬뿍 나오잖아요.

북유럽에서 가장 넓은 영토를 갖고 있는 스웨덴은 경제력과 1인당 국민소득도 세계 수준급이다.

부럽다. 스웨덴 아이들.

캄보디아

특히, 사회보장 시스템은 세계 최고 수준이라고 할 수 있다.

장애인에게 천국입니다.

### ✚ 기도 제목

1. 19세기의 스웨덴은 부흥과 활발한 자유 교회운동, 선교에 대한 위대한 헌신이 이루어진 나라였다. 그러나 20세기에 들어 급속히 세속화되었으며 성적(性的)으로 개방적인 나라가 되었다. 이런 경향이 역전되어 국가적 각성으로 일어나 스웨덴이 다시 복음화되도록 기도하자.

2. 현재 스웨덴 교회는 성경을 있는 그대로 하나님의 말씀으로 여기지 않으며, 다양한 자유주의 신학이 급부상한 상태이다. 예를 들면, 여성주의(하나님을 여성형으로 지칭하는 것을 포함), 동성애 인정, 상대주의, 보편주의에 노출되어 있다. 스웨덴 교회가 진리의 성령 안에서 생명의 빛이 되도록 기도하자.

3. 현재 스웨덴의 영적 필요는 점점 더 커지고 있다. 1900년에는 인구의 99%가 기독교인임을 고백했지만, 지금은 단 5%만이 정기적으로 교회에 출석하고 있다. 진리에 대한 실제적인 지식이 없는 상황에서 낙담한 지도자들이 믿음으로 비전을 가지고 일어나도록 기도하자.

4. 세속화, 포스트모더니즘, 뉴에이지 세계관에 물든 스웨덴 사회에서는 교회가 진리의 절대성을 주장하는 것이 비관용적이라고 주장한다. 교회가 복음을 담대하게 증거할 수 있도록 기도하자.

거짓말하는 자가 누구냐 예수께서 그리스도이심을 부인하는 자가 아니냐 아버지와 아들을 부인하는 그가 적그리스도니 아들을 부인하는 자에게는 또한 아버지가 없으되 아들을 시인하는 자에게는 아버지도 있느니라 너희는 처음부터 들은 것을 너희 안에 거하게 하라 처음부터 들은 것이 너희 안에 거하면 너희가 아들과 아버지 안에 거하리라 그가 우리에게 약속하신 것은 이것이니 곧 영원한 생명이니라. 요일 2:22~25

당신이 얼마나 진정으로 기도하는지는 당신이 얼마나 진정으로 행동하느냐에 달려 있다. _윌리엄 템플

**6월 8일**　　　　　　　　　　　　　　　　　　　　　　　스위스

# 모든 사람이
# 꿈꾸는 나라

**면적** 41,293㎢(한반도의 18.6%)
**인구** 7,385,700명
**수도** 베른
**도시화** 68%
**GNP** $58,080
**종족** 토착민 78%, 외국인 22%
**공용어** 독일어, 프랑스어, 이탈리아어, 레토 로마어　**문자해독률** 99%
**종교** 기독교 86.6%, 무종교·기타 8.2%, 이슬람교 3.1%, 기타 1.8%

유럽 중부에 있는 연방 공화국으로, 국토의 26%가 불모지이지만 알프스 산은 세계적인 관광 명소다.

강하고 부유한 산업 국가로서 관광업과 은행업이 주요 외화 수입원이다.

스위스는 세계에서 가장 부유한 국가 중 하나다.

여러분, 부럽죠?

유엔과 기타 국제 기구의 사무실이 스위스에 여러 개 있는데도, 정작 스위스는 유엔에 가입하지도 않았다.

철저한 중립 국가죠.

### ✚ 기도 제목

1. 오늘날에는 진리를 추구하는 기독교에 대한 이해나 관심이 부족하다. 부, 안락, 무관심, 모호한 신앙이 보편적으로 형성되는 추세이다. 젊은 세대는 신비함을 좇거나 동양 종교에 빠져 있다. 개신교나 가톨릭교에 등록한 교인 수도 30년 만에 반으로 줄었다. 이들이 예수 그리스도 안에서 복음을 진정으로 알고, 성령으로 뜨거워지도록 기도하자.

2. 교회를 떠나는 사람들이 늘고 있다. 그러나 오순절, 카리스마틱, 복음주의 자유교회가 성장하고 있다. 교회와 지도자들 안에 기도하는 하나님의 사람들이 일어나 연합이 일어나도록 기도하자.

3. 교회의 전도 활동이 개인 복음 전도, 가정 성경 공부, 셀·가정 교회 개척을 통해 늘어나도록 기도하자.

4. 교회마다 젊은이들의 수가 줄고 있고, 이것은 교회의 미래가 심각함을 보여준다. 선교단체의 전도 활동과 젊은이들을 위한 전문 사역을 위해 기도하자.

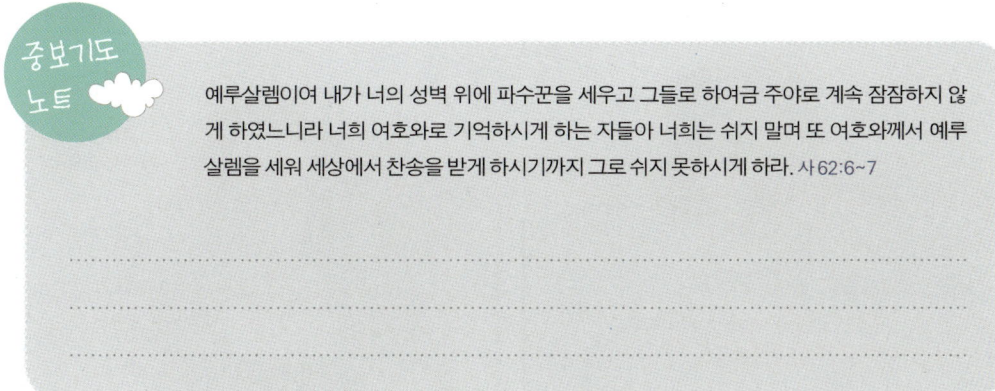

기도란 인생의 가장 높은 경지에서 인생의 여러 사실에 대해 묵상하는 것이다. _에머슨

6월 9일  스페인 1

# 바울이 땅 끝으로 알았던 나라

**면적** 504,783 ㎢ (한반도의 228%)
**인구** 39,759,800명
**수도** 마드리드
**도시화** 78%
**GNP** $32,070
**종족** 토착인 98%, 외국인 2%
**공용어** 카스티야어, 카탈로니아어, 갈리시아어, 바스크어    **문자해독률** 97%
**종교** 기독교 67.8%, 무종교·기타 30.9%, 이슬람교 1.2%

유럽 서남부 이베리아 반도 대부분을 차지하는 스페인은 가톨릭의 본고장으로 한때 세계를 호령하던 나라였다.

투우 좀 그만 하시지!

쿵

스페인어는 세계에서 세 번째로 많이 쓰인다.

약 3억 4천이 스페인어를 사용합니다.

EU에 가입하기 전까지 계속 경제 침체를 겪다가 유럽과의 통합으로 급속하게 생활수준이 향상되었다.

그 후 가톨릭교회는 심각한 위기에 처해 있다. 사제 지원자가 거의 없어서 사제의 평균 연령이 57세로 높아졌다.

짝짝!

지금은 탄탄한 현대 산업 국가로 변화되었지요.

은퇴도 맘 놓고 못해요.

복음주의자 수는 1900년 3천~4천 명에서 1970년 2만 명으로 증가했고, 마드리드에 있는 교회는 18개에서 189개로 증가하였다.

그렇습니다. 주님은 살아 계십니다.

바울이 그토록 가고 싶었던 스페인에 복음의 깃발이 힘차게 나부끼도록 함께 기도하자.

### ✚ 기도 제목

1. 그리스도의 이름으로 가톨릭은 종교 재판을 행했고, 미국은 원주민을 억압했으며, 스페인 교회는 프랑코 독재 정권과 손잡았다. 이 같은 역사적 과오를 회개하고 기독교의 수치를 벗도록 기도하자.

2. 가톨릭에 대한 불신이 팽배해지면서 교인 수는 점점 줄어들고 영향력도 상실해 사제 지원자가 거의 없는 심각한 위기에 처했다. 조상에게서 물려받은 속박과 영적 어두움이 제거되도록 기도하자.

3. 유럽에서는 하나님이 없어서 생기는 영적 공허감을 물질과 이단 종파, 사탄주의, 마약, 도박 등으로 대신했다. 완전하신 예수 그리스도와 연합된 인격체로서 충족감을 누릴 수 있도록 재활 센터 사역과 공동체, 교회를 위해 기도하자.

4. 많은 선교사들이, 자국민들이 지도력을 발휘할 수 있도록 돕는 역할을 잘 감당하도록 기도하자. 멸시당하는 소수 종족들을 위한 전도 활동을 적극적으로 펼치도록 기도하자.

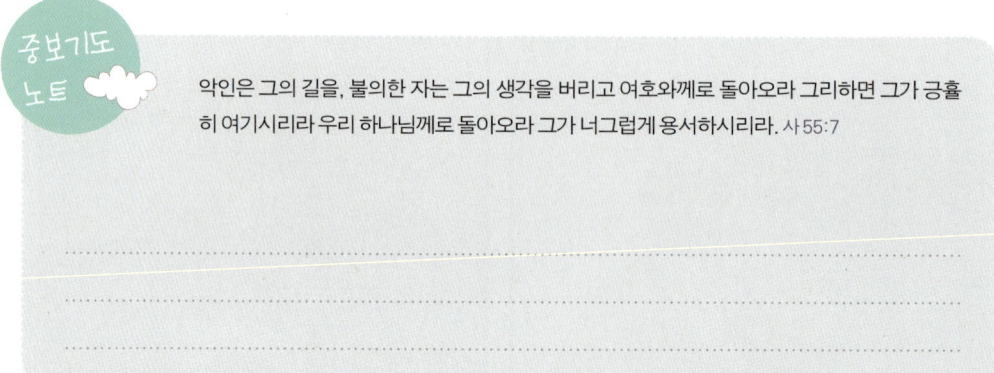

**중보기도 노트**

악인은 그의 길을, 불의한 자는 그의 생각을 버리고 여호와께로 돌아오라 그리하면 그가 긍휼히 여기시리라 우리 하나님께로 돌아오라 그가 너그럽게 용서하시리라. 사 55:7

기도는 하늘에 차고 노동은 땅에 차니, 이 둘이 당신의 집에 행복을 실어다 준다. _몽테뉴

**6월 10일**

## 바울이 땅 끝으로 알았던 나라

스페인 2

### ✚ 기도 제목

1. 1975년 이래로 신학교와 선교단체가 상당히 증가했으나 아직도 선교단체의 확산과 재배치가 해결되어야 하는 곳이 남아 있다. 자국인 사역자들의 경제적 자유와 선교사들의 타문화권 적응을 위해 기도하자.

2. 기독 학생이 단 한 명도 없는 대학교, 교회가 없는 도시와 마을을 위해 기도하자. 기존의 사역이 견실해지게 하시고, 다른 캠퍼스와 중·고등학교에까지 사역이 확장될 수 있도록 기도하자.

3. 개신교 교회가 하나도 없고 복음주의 교육 자료가 거의 전무한 상태인 바스크족을 위해 기도하자. 이들에게 사역하는 선교단체들을 축복하고, 수세기에 걸친 의심, 두려움, 바스크족의 규제들이 무너지도록 기도하자. 또 증가하고 있는 중국인들과 그들을 위한 교회를 위해서도 기도하자.

4. 마드리드에는 사우디아라비아의 경제적 지원으로 유럽에서 가장 큰 모스크가 건립되었다. 45만 명에 이르는 무슬림들이 하나님께 돌아오도록 기도하자. 이곳의 복음화에 헌신한 선교단체들이 선교에 효율적으로 동역하도록 기도하자.

**중보기도 노트**

> 그 후에 모세와 아론이 바로에게 가서 이르되 이스라엘의 하나님 여호와께서 이렇게 말씀하시기를 내 백성을 보내라 그러면 그들이 광야에서 내 앞에 절기를 지킬 것이니라 하셨나이다.
> 출 5:1

*기도란 하나님의 영향권 안에 들어가는 것이다. _포스딕*

**6월 11일**　　　　　　　　　　　　　　　　　　　　　　　　　슬로바키아

# 과거 체코슬로바키아 연방 공화국의 반쪽

**면적** 49,035 ㎢ (한반도의 22.1%)
**인구** 5,387,200명
**수도** 브라티슬라바
**도시화** 57%
**GNP** $13,900
**종족** 슬라브 80.7%, 기타 19.3%
**공용어** 슬로바키아어　**문자해독률** 96%
**종교** 기독교 82.9%, 무종교·기타 17%

한때 체코슬로바키아 연방 공화국의 동쪽 40%를 차지했던 중부 유럽 국가다.

공산주의 체제에서 자본주의 체제로 변화하는 것이 쉽지 않았다.

특권층에는 공산주의가 좋았죠.

가톨릭이 62.4%에 이를 정도로 기독교 유산이 강하나, 가톨릭과 주요 개신교 교회들은 갈수록 교인 수와 출석률이 감소하고 있다.

이러다가 너희 세대에는 교회가 사라질지도 모르겠어.

사회 전반적으로 기독교에 대한 냉소주의가 가득하다.

주여, 교회를 소생시켜 주소서!

### ✚ 기도 제목

1. 슬로바키아인들의 소원은 유럽 연합에 가입하는 것이다. 그보다도 하나님 나라의 백성 되기를 더욱 간절히 소원하도록 기도하자. 무너진 공산주의 위에 세워진 교회가 완전한 복음으로 무장해 하나님의 말씀과 그 영광을 선포하게 하시고, 어린아이부터 청소년, 어른까지 그 말씀에 순종하여 나아오도록 기도하자.

2. 모든 지역마다 하나의 교회를 두려면 약 6천 개의 교회를 개척해야 한다. 복음을 전할 경건한 사람들이 많이 일어나도록 교육기관과 참여하고 있는 학생들과 교수들을 위해 기도하자.

3. 선교 사역이 성장하도록 기도하자. 선교단체와 지역교회가 즐거이 연합하고 협력하며, 슬로바키아인들에게 세계 복음화에 대한 열정을 갖고 함께 감당하기를 원하는 마음이 생기도록 기도하자.

4. 복음 전도가 미미한 소수 종족들(헝가리인, 로마 집시)을 전도하고자 할 때, 사역을 방해하는 장애물을 복음으로 제하고 이기도록 기도하자. 서로 다른 문화와 언어의 장벽을 뛰어넘는 사역을 하고 있는 방송사와 문서 선교회, 〈예수〉 영화 사역을 위해 기도하자.

**중보기도 노트**

그 후에 내가 내 영을 만민에게 부어주리니 너희 자녀들이 장래 일을 말할 것이며 너희 늙은이는 꿈을 꾸며 너희 젊은이는 이상을 볼 것이며 그때에 내가 또 내 영을 남종과 여종에게 부어줄 것이며 내가 이적을 하늘과 땅에 베풀리니 곧 피와 불과 연기 기둥이라. 욜 2:28~30

그리스도의 장엄하심을 느끼지 못하는 사람은 선교라는 대의가 지닌 장엄함 역시 느끼지 못할 것이다. _존 파이퍼

### 6월 11일

# 구 유고 공화국 중 가장 부유한 나라

**면적** 20,256㎢ (한반도의 9.1%)
**인구** 1,985,600명
**수도** 류블랴나
**도시화** 51%
**GNP** $22,930
**종족** 슬라브 96.4%, 기타 3.6%
**공용어** 슬로베니아어, 헝가리어, 이탈리아어  **문자해독률** 99%
**종교** 기독교 85.2%, 무종교·기타 13.3%, 이슬람교 1.6%

슬로베니아

이탈리아, 오스트리아와 인접해 있으며 알프스 산맥에 위치한 국가다.

구 유고슬라비아 사회주의 연방 공화국 중 가장 부유하다.

슬로베니아는 가톨릭 전통이 강한 나라이지만 가톨릭을 비롯하여 개신교에 이르기까지 영적 생명력을 상실한 상태다.

개신교까지 그럴 줄 미처 몰랐어요.

반면, 무신론과 자살률, 낙태가 크게 증가하는 등 도덕적으로 크게 무너지고 있다.

하나님이 없는 국가 체제의 변화는 별 소용이 없더군요.

### ✚ 기도 제목

1. 슬로베니아는 가톨릭 전통이 강하나 영적 생명력이 없어 자살과 낙태율이 증가하고 있다. 각 개인이 그리스도를 구주로 영접하여 믿음의 확신을 갖고 살아 있는 증인들이 되도록 기도하자.

2. 슬로베니아어로 완성된 새 번역 성경이 배포된 곳마다 성경이 읽히고, 사람들의 마음을 감동시키도록 기도하자. 극소수이나 복음주의 교회와 선교단체들이 개척하고 있는 학생 사역과 성경학교, 교회 개척을 위해 기도하자.

또한 그로 말미암아 우리가 믿음으로 서 있는 이 은혜에 들어감을 얻었으며 하나님의 영광을 바라고 즐거워하느니라. 롬 5:2

저는 언제나 하나님의 임재 속에서 기도할 뿐 아니라 뛰놀기도 합니다. _오스왈드 체임버스

**6월 12일**

# 바울이 회심한 나라

시리아

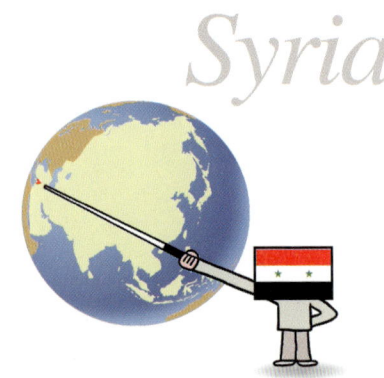

면적 185,180㎢ (한반도의 83.6%)
인구 16,124,600명
수도 다마스쿠스
도시화 52%
GNP $1,950
종족 아랍 92%, 기타 8%
공용어 아랍어    문자해독률 71%
종교 이슬람교 90.3%, 기독교 5.1%, 무종교 2.9%, 기타 1.6%

지중해 연안에 위한 나라로, 국토의 60%는 사막이지만 유프라테스 강이 가로질러 흐르고 있다.

이스라엘과 수십 년에 걸쳐 전쟁하면서 군비를 과대하게 지출해, 국가 발전의 저해를 가져왔다.

국가 경제가 좌초 위기입니다.

열악한 경제 기반 시설과 용수 부족으로 경제가 더욱 악화될 가능성이 커지고 있다.

물만 확보가 된다면 한숨 덜 텐데.

이슬람교가 절대적인 주요 종교이지만 소수 기독교인들의 공동체가 용납되고 있다.

그렇다고 허용한 것은 아니야.

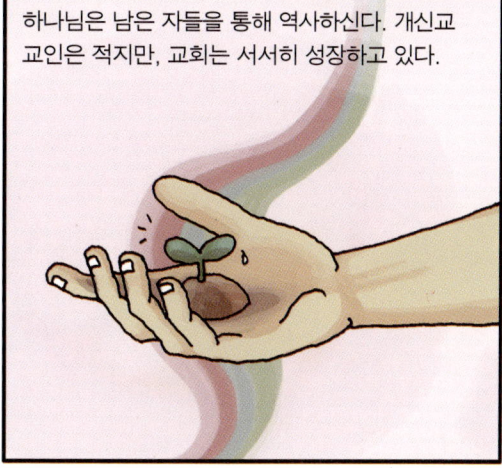

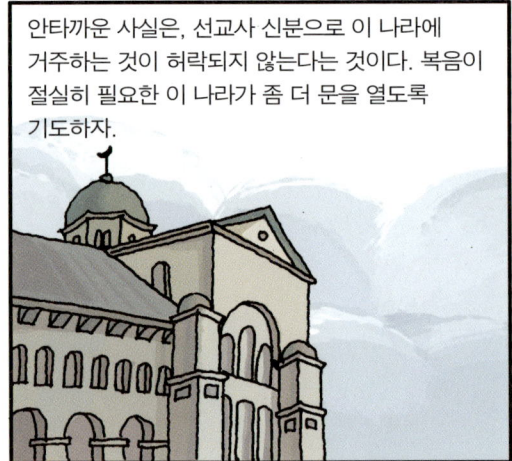

### ✚ 기도 제목

1. 알라위트 소수 정권은 모든 정치적 이견을 누르면서 그 세력을 유지해왔다. 이 나라는 지난 50년 동안 주변 국가들과 적대 관계에 있었고 전쟁에 연루되어 있었다. 이 나라의 정치적, 종교적 자유를 위해 기도하자.

2. 소수 공동체인 기독교인들의 모든 활동은 감시받고 있다. 복음주의자들은 자신들의 입장이 곤란해질 것을 염려하여 위험을 감수하고 강력하게 복음을 전하길 주저하고 있다. 그리스도를 전할 수 있는 열정과 진리로 이들을 세워달라고 기도하자.

3. 다수의 무슬림들은 진정한 기독교인에 대해 잘못된 개념을 가지고 있다. 거룩한 삶을 살며, 복음을 전하는 기독교인과 접촉해서 이들의 인식이 깨어지도록 기도하자.

4. 안디옥 교회 시대부터 시리아 기독교인은 존경받는 소수 종족이었다. 정교회와 가톨릭은 비잔틴, 아랍 무슬림, 십자군, 오스만의 지배를 견뎌냈다. 개신교 교인은 적지만, 교회는 서서히 성장하고 있다. 교회가 잃어버린 영혼들에게 열정을 품도록, 기독교인들이 복음을 전할 때 영적 분별력을 가지도록 기도하자.

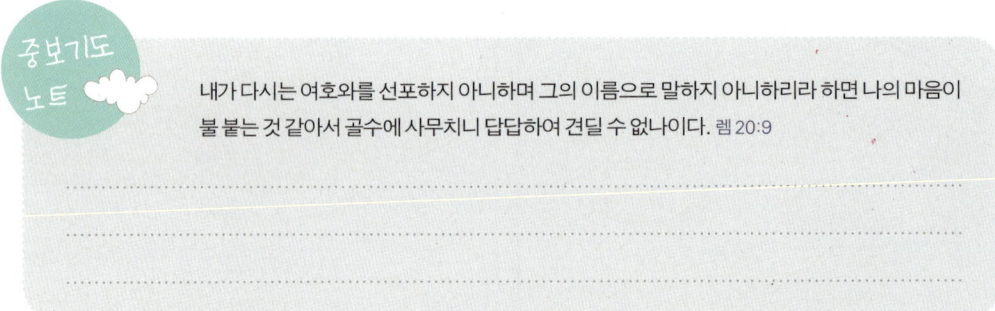

**중보기도 노트**

내가 다시는 여호와를 선포하지 아니하며 그의 이름으로 말하지 아니하리라 하면 나의 마음이 불붙는 것 같아서 골수에 사무치니 답답하여 견딜 수 없나이다. 렘 20:9

기도란 하나님의 자녀들이 그의 아버지 되시는 하나님과 대화하는 것이다. _클레멘트

**6월 13일**　　　　　　　　　　　　　　　　　　　　　　　　　　　　　시에라리온

# 불구자가
# 가장 많은 나라

- **면적** 71,740 ㎢ (한반도의 32.4%)
- **인구** 4,854,400명
- **수도** 프리타운
- **도시화** 37%
- **GNP** $290
- **종족** 서대서양 45.3%, 만데 43.8%, 크와 1.3%, 크리오 8.6%
- **공용어** 영어　**문자해독률** 31%
- **종교** 이슬람교 70%, 전통 종족종교 18.2%, 기독교 11.7%

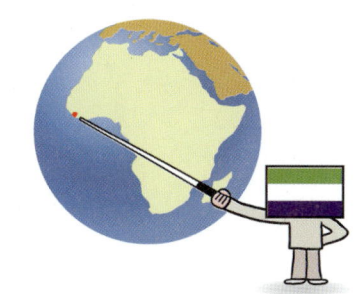

아프리카 서쪽 해안에 있는, 기니와 라이베리아 사이에 위치한 공화국이다.

풍부한 자원에도 불구하고 국가가 무정부 상태가 되면서 경제적으로 몰락했다. 지구 상에서 가장 가난하고 절망적인 국가가 되었다.

우리에게 빵과 희망을 주세요.

시에라리온의 반군들은 통제 수단으로 사람을 불구자로 만드는 잔인함으로 악명이 높다.

한번 경험해 보실래요?

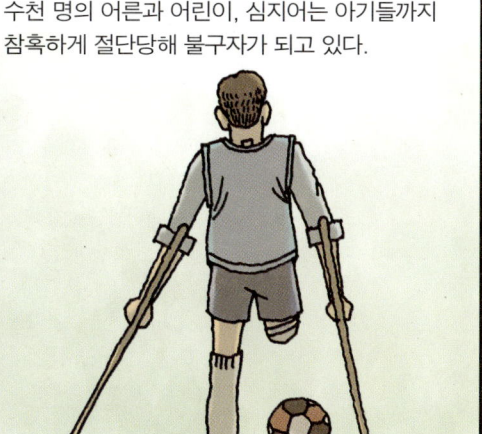

수천 명의 어른과 어린이, 심지어는 아기들까지 참혹하게 절단당해 불구자가 되고 있다.

## ✚ 기도 제목

1. 시에라리온은 사람들을 위협하고 통제하기 위해, 무고한 사람들을 잔인하게 불구자로 만드는 것으로 악명이 높다. 이런 테러를 자행하는 모든 선동자들이 그리스도 안에서 회개하고 믿음을 가지도록 기도하자.

2. 시에라리온은 서부 아프리카에서 가장 먼저 복음화된 나라이다. 그러나 그리스도의 영향력을 드러내지 못했다. 이 땅이 총체적 복음을 받아들여 변화되도록 기도하자.

3. 기독교인들이 신비술에 대해서 타협하고 있다. 사탄의 모든 견고한 진이 파하여지도록 기도하자.

4. 전쟁으로 6천 명이 넘는 어린이들이 살인 병기가 되도록 강요당하고 있다. 이에 모든 아이들이 마음에 깊은 상처를 받았다. 수천 명의 어린이들이 팔다리를 잃고 집과 가족을 잃었다. 그 아이들의 재활을 위해 애쓰는 모든 사람들을 위해 기도하자.

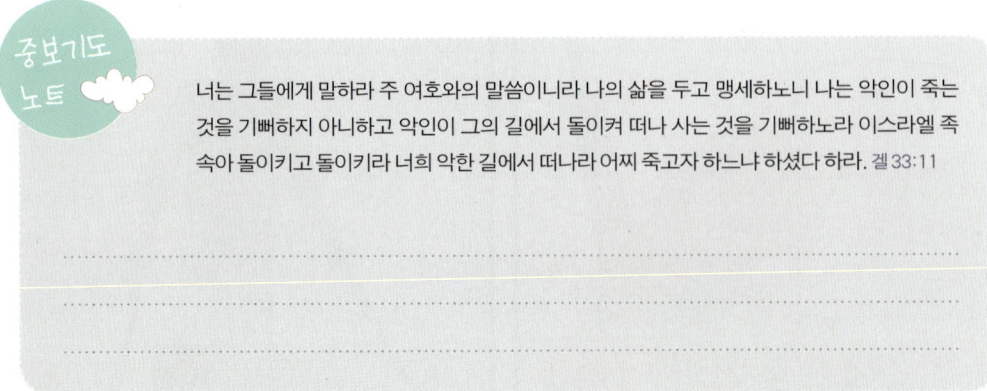

너는 그들에게 말하라 주 여호와의 말씀이니라 나의 삶을 두고 맹세하노니 나는 악인이 죽는 것을 기뻐하지 아니하고 악인이 그의 길에서 돌이켜 떠나 사는 것을 기뻐하노라 이스라엘 족속아 돌이키고 돌이키라 너희 악한 길에서 떠나라 어찌 죽고자 하느냐 하셨다 하라. 겔 33:11

햇빛이 비칠 때 기도를 안 하는 사람은 구름이 몰려올 때도 기도할 줄 모른다. _미상

**6월 14일**

# 아시아의 작은 부국

싱가포르

- **면적** 648㎢(한반도의 0.29%)
- **인구** 3,566,600명
- **수도** 싱가포르
- **도시화** 100%
- **GNP** $35,160
- **종족** 중국 77%, 말레이 14.1%, 인도 7.6%, 기타 1.3%
- **공용어** 만다린어(중국어), 영어, 말레이어, 타밀 인도어  **문자해독률** 90%
- **종교** 불교 42.5%, 이슬람교 14.9%, 무종교·기타 14.8%, 기독교 14.6%

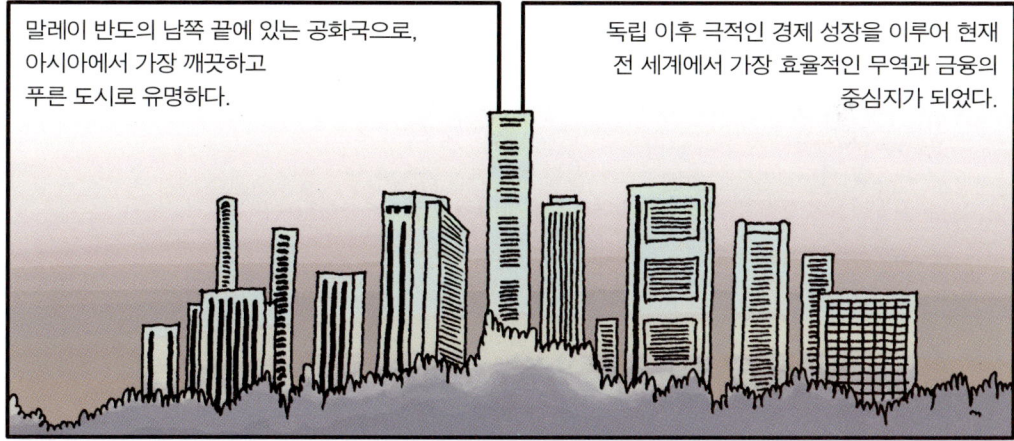

말레이 반도의 남쪽 끝에 있는 공화국으로, 아시아에서 가장 깨끗하고 푸른 도시로 유명하다.

독립 이후 극적인 경제 성장을 이루어 현재 전 세계에서 가장 효율적인 무역과 금융의 중심지가 되었다.

종교의 자유가 있지만 종족 간, 종교 간의 조화를 유지하고자 특정 종교를 공식적으로 주창하는 것을 법으로 제한했다.

모든 종교는 정치에 관여할 수 없소.

1970년 이래 싱가포르에 있는 교회는 급속히 성장해왔다.

셀 교회의 부흥은 유명하죠.

### ✚ 기도 제목

1. 1980년대와 1990년대 초기에 교회가 최고조로 성장했다가 이후 감소했다. 교회가 다시 복음으로 돌아가도록 기도하자.

2. 대다수의 젊은 기독교인들은 일단 결혼하면 잘 활동하지 않으며, 과도하게 물질에 매여 살아간다. 영적 민감함을 유지하며 경제적 부를 하나님 나라를 위해 효과적으로 사용하도록 기도하자.

3. 젊은이들이 복음에 가장 좋은 반응을 보였으나, 사회에 역기능적인 젊은이들이 소외받는 문제가 점차 대두되고 있다. 떠오르는 젊은 세대를 위한 사역이 적절하고 신선하며 영적인 영향력을 발휘할 수 있도록 기도하자.

4. 싱가포르는 전략적이고 안정된 선교 기지이다. 선교 지향적이고, 교회 또한 역동적이며 최상의 시설을 갖추고 있다. 이 지역이 복음 전도가 미미한 많은 나라와 종족을 축복하는 통로가 되도록 기도하자.

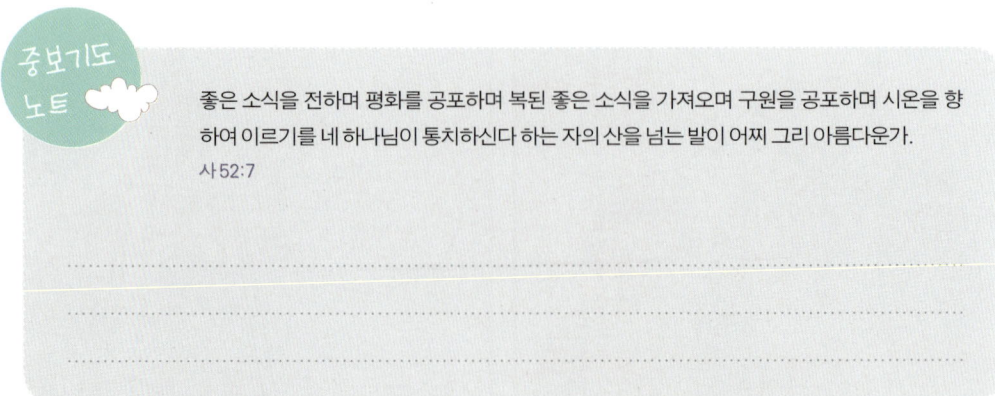

중보기도 노트

> 좋은 소식을 전하며 평화를 공포하며 복된 좋은 소식을 가져오며 구원을 공포하며 시온을 향하여 이르기를 네 하나님이 통치하신다 하는 자의 산을 넘는 발이 어찌 그리 아름다운가.
> 사 52:7

무엇을 하고자 한다면 먼저 기도하라. 그러면 그것을 할 수 있다. _새뮤얼 밀스

### 감사의말

이 책은 시작부터 마지막까지 주님이 하셨습니다. 《세계기도정보》의 저자인 패트릭 존스톤의 수고 없이는 이 책이 만들어질 수 없었습니다. 손수 추천까지 해주셔서 감사합니다. 또한 순회선교단의 김용의 선교사님과 '기도 24·365 본부'의 조완순 선교사님, 그리고 수많은 기도자들의 기도를 잊을 수 없습니다.

또한 이 책을 만들기로 용단을 내리시고 후원하신 도서출판 넥서스의 임준현 사장님, 자기 일처럼 매달려 수고해주신 김정일 목사님에게 감사드리며, 함께 작업한 박상철 형제와 김지혜, 엄혜옥 자매, 그 밖의 편집부 여러분에게도 감사드립니다. 또한 뒤에서 말없이 기도해주신 나정숙 목사님, 신학적 배경이 되어주신 백금산 목사님, 그리고 가장 가까이에서 응원을 아끼지 아니한 아내와 두 아들에게도 고마움을 표합니다.

무엇보다 내 속에서 착한 일을 시작하신 성삼위 하나님께 영광을 돌립니다.

2008년 12월
기도에 빚진 자
김종두

**부록**

# 로잔 언약(1974)

이 언약은 1974년 7월 16일부터 25일까지 스위스 로잔에서 모였던 세계 복음화 국제대회의 대표 3천7백여 명(150여 국가로부터 모였음)이 합의하고 서명한 것이다. 이 글의 초안은 세계적인 복음주의자 존 스토트가 작성하였다.

### 머리말

로잔에서 열린 세계 복음화 국제 대회에 참가하기 위하여 150여 개 나라에서 온 예수 그리스도의 교회의 지체인 우리는 그 크신 구원을 주신 하나님을 찬양하며, 하나님께서 우리로 하나님과 교제하게 하시며 우리 상호 간에 교제하게 하심을 기뻐한다. 우리는 하나님께서 우리 시대에 행하시는 일에 깊은 감동을 받으며 우리의 실패를 통회하고 아직 미완성으로 남아 있는 복음화 사역에 도전을 받는다. 우리는 복음이 온 세계를 위한 하나님의 좋은 소식임을 믿으며 이 복음을 온 인류에 선포하여 모든 민족으로 제자 삼으라 분부하신 그리스도의 명령에 순종할 것을 그의 은혜로 결심한다. 그러므로 우리는 이 신앙과 그 결단을 확인하고 이 언약을 공포하려 한다.

### 1. 하나님의 목적

우리는 세상의 창조주이시며 주 되신 영원한 한 분 하나님, 곧 성부, 성자, 성령에 대한 우리의 신앙을 확인한다. 하나님은 그의 뜻과 목적에 따라 만물을 통치하신다. 그는 자기를 위하여 세상으로부터 한 백성을 불러내시며 다시금 그들을 세상으로 내보내시어 그의 나라의 확장과 그리스도의 몸의 건설과 그의 이름의 영광을 위하여 그의 부름 받은 백성을 그의 종과 증인이 되게 하신다.

우리는 종종 세상에 동화되거나 세상으로부터 도피함으로 우리의 소명을 부인하고 우리의 선교 사역에 실패하였음을 수치스럽게 생각하며 이를 고백한다. 그러나 복음은 비록 질그릇에 담겼을지라도 귀중한 보배임을 기뻐하며 성령의 능력으로 이 보배를 널리 선포하는 일에 우리 자신을 새롭게 헌신하려고 한다. (사 40:28; 마 28:19; 엡 1:11; 행 15:14; 요 17:6,18; 엡 4:12; 고전 5:10; 롬 12:2; 고후 4:7)

## 2. 성경의 권위와 능력

우리는 신구약 성경이 하나님의 영감으로 기록되었음을 믿으며 그 진실성과 권위를 믿는다. 성경은 그 전체가 기록된 하나님의 유일한 말씀으로서 그 모든 가르치는(affirm) 바에 전혀 착오가 없으며, 신앙과 행위에 있어 유일하고 정확 무오한 규준임을 믿는다. 하나님의 말씀은 또한 그의 구원 목적을 이루시는 하나님의 능력이다. 성경 말씀은 온 인류를 위한 것이다. 이는 그리스도와 성경에 나타난 하나님의 계시는 불변하기 때문이다. 그 계시를 통하여 성령은 오늘도 말씀하신다. 성령은 어떤 문화 속에서나 하나님의 모든 백성의 마음을 깨우치사 그들의 눈으로 친히 이 진리를 새롭게 보게 하시고 하나님의 여러 모양의 지혜를 온 교회에 더욱더 풍성하게 나타내신다. (딤후 3:16; 벧후 1:21; 요 10:35; 사 55:11; 고전 1:21; 롬 1:16; 마 5:17~18; 유 3; 엡 1:17~18; 3:10,18)

## 3. 그리스도의 유일성과 보편성

우리는, 전도의 방법은 여러 가지이나 구세주는 오직 한 분이시요, 복음도 오직 하나임을 확인한다. 우리는 자연에 나타난 하나님의 일반 계시를 통해서 모든 사람이 하나님에 관한 어느 정도의 지식이 있음은 인정한다. 그러나 우리는 사람이 이것으로 구원받을 수 있다는 주장은 부인한다. 이는 사람이 자신의 불의로써 진리를 억압하고 있기 때문이다. 우리는 또한 여하한 형태의 혼합주의를 거부하며, 그리스도께서 어떤 종교나 어떤 이데올로기를 통해서도 동일한 말씀을 하신다는 식의 대화는 그리스도와 복음을 손상시키므로 이를 거부한다. 예수 그리스도는 유일하신 신인(神人)으로 죄인을 위한 유일한 대속물로 자신을 주셨고, 하나님과 사람 사이의 유일한 중보자이시다. 예수 이름 외에 우리가 구원받을 다른 이름은 없다. 죄로 말미암아 모든 사람이 멸망하고 있다. 그러나 하나님은 모든 사람을 사랑하시어 한 사람도 멸망하지 않고 모두가 회개할 것을 원하신다. 그럼에도 불구하고 그리스도를 거절하는 자는 구원의 기쁨을 거부하며 스스로를 정죄함으로써 하나님으로부터 영원히 분리된다.

예수를 '세상의 구주'로 전파함은 모든 사람이 자동적으로 혹은 궁극적으로 구원받게 된다는 말이 아니며 또 모든 종교가 그리스도 안에 있는 구원을 제공한다고 보장하는 것은 더욱 아니다. 예수를 '세상의 구주'로 전하는 것은 오히려 죄인들이 사는 세상을 향한 하나님의 사랑을 선포하는 것이며 마음을 다한 회개와 신앙의 인격적인 결단으로 예수를 구세주와 주로 영접하도록 모든 사람을 초청하는 것이다. 예수 그리스도는 모든 다른 이름 위에 높임을 받으셨다. 우리는 모든 사람이 그 앞에 무릎을 꿇게 되고 모든 입이 그를 주로 고백하게 되는 날이 오기를 고대한다. (갈 1:6~9; 롬 1:18~32; 딤전 2:5~6; 행 4:12; 요 3:16~19; 벧후 3:9; 살후 1:7~9; 요 4:42; 마 11:28; 엡 1:20~21; 빌 2:9~11)

#### 4. 전도의 본질

전도한다는 것은 기쁜 소식을 널리 전파하는 것이며, 기쁜 소식이라 함은 예수 그리스도께서 성경대로 우리 죄를 위하여 죽으시고 죽은 자로부터 다시 살아나시사 통치하시는 주로서 지금도 회개하고 믿는 모든 이들에게 사죄와 성령의 자유하게 하시는 은사를 공급하신다는 것이다. 전도하기 위하여 우리 그리스도인이 이 세상에 있어야 함은 불가피하며, 마찬가지로 상대방을 이해하려면 대화를 경청하는 것은 불가피한 일이다. 그러나 전도 그 자체는 사람들로 하여금 인격적으로 하나님께 나아가 하나님과 화목하도록 설득하기 위하여 역사적 성서적 그리스도를 구세주요, 주로 선포하는 것이다. 복음에로 초대함에 있어 제자 된 값을 치러야 한다는 사실을 무시해서는 안 된다. 예수께서는 오늘도 당신을 따르는 모든 사람으로 하여금 자기를 부인하고 자기 십자가를 지고 그의 새로운 공동체에 속하였음을 분명히 하도록 부르신다. 전도의 결과는 그리스도께 대한 순종과 그의 교회와의 협력, 세상에서의 책임 있는 봉사를 포함한다. (고전 15:3~4; 행 2:32~39; 요 20:21; 고전 1:23; 고후 4:5; 5:11,20; 눅 14:25~33; 막 8:34; 행 2:40,47; 막 10:43~45)

#### 5. 그리스도인의 사회적 책임

우리는 하나님이 모든 사람의 창조주이신 동시에 심판주이심을 믿는다. 그러므로 우리는 인간 사회 어디서나 정의와 화해를 구현하시고 인간을 모든 압박으로부터 해방시키시려는 하나님의 관심에 동참하여야 한다. 사람은 하나님의 형상대로 창조되었기 때문에 인종, 종교, 피부색, 문화, 계급, 성 또는 연령의 구별 없이 모든 사람은 천부적 존엄성을 지니고 있으며 따라서 사람은 서로 존경받고 섬김을 받아야 하며 누구나 착취당해서는 안 된다. 이 사실을 우리는 등한시하여 왔고, 또는 종종 전도와 사회 참여가 서로 상반된 것으로 잘못 생각한 데 대하여 뉘우친다. 사람과의 화해가 곧 하나님과의 화해는 아니며, 또 사회 참여가 곧 전도일 수 없으며, 정치적 해방이 곧 구원은 아닐지라도, 전도와 사회·정치적 참여는 우리 그리스도인의 의무의 두 부분임을 인정한다. 이 두 부분은 모두 하나님과 인간에 대한 교리와 이웃을 위한 사랑, 그리고 예수 그리스도에 대한 우리의 순종의 필수적 표현들이기 때문이다. 구원의 메시지는 모든 소외와 압박과 차별에 대한 심판의 메시지를 내포한다. 그러므로 우리는 악과 부정이 있는 곳에서는 어디서나 이것을 공박하는 일을 두려워해서는 안 된다. 사람이 그리스도를 영접하면 그의 나라에 다시 태어난다. 따라서 그들은 불의한 세상 속에서 그 나라의 의를 나타낼 뿐만 아니라 그 나라의 의를 전파하기에 힘써야 한다. 우리가 주장하는 구원은 우리로 하여금 개인적 책임과 사회적 책임을 총체적으로 수행하도록 우리를 변화시켜야 한다. 행함이 없는 믿음은 죽은 것이다. (행 17:26,31; 창 18:25; 사 1:17; 시 45:7; 창 1:26~27; 약 3:9; 레 19:18; 눅 6:27,35; 약 2:14~26; 요 3:3,5; 마 5:20; 6:33; 고후 3:18; 약 2:20)

### 6. 교회와 전도

하나님 아버지께서 그리스도를 세상에 보내신 것과 같이 그리스도는 그의 구속받은 백성을 세상으로 보내심을 우리는 확인한다. 이 소명은 그리스도께서 하신 것과 같이 세상 깊숙이 파고드는 희생적인 침투를 요구한다. 우리는 우리 교회의 '울타리'를 헐고 불신 사회에 침투해 들어가야 한다. 교회가 희생적으로 해야 할 일 중에서 전도는 최우선적인 것이다. 세계 복음화는 온 교회가 온전한 복음을 온 세계에 전파할 것을 요구한다. 교회는 하나님의 우주적 목적의 바로 중심에 서 있으며 복음을 전파할 목적으로 하나님께서 지정하신 수단이다. 그러나 십자가를 설교하는 교회는 스스로 십자가의 흔적을 지녀야 한다. 교회가 만일 복음을 배반하거나 하나님께 대한 산 믿음이 없거나 혹은 사람에 대한 진실한 사랑이 없거나 사업 추진과 재정을 포함한 모든 일에 있어서 철저한 정직성이 결여될 때, 교회는 오히려 전도의 장애물이 되어버린다. 교회는 하나의 기관이라기보다 하나님의 백성의 공동체이다. 따라서 어떤 특정한 문화적, 사회적 또는 정치적 체제나 인간의 이데올로기와 동일시되어서는 안 된다. (요 17:18; 20:21; 마 28:19~20; 행 1:8; 20:27; 엡 1:9~10; 3:9~11; 갈 6:14,17; 고후 6:3~4; 딤후 2:19~21; 빌 1:27)

### 7. 전도를 위한 협력

교회가 진리 안에서 보기에도 참으로 분명한 일치를 이루는 것이 하나님의 목적임을 우리는 확인한다. 전도는 또한 우리를 하나가 되도록 부른다. 이는 우리의 불일치가 우리가 전하는 화해의 복음을 손상시키듯이 우리의 하나 됨은 우리의 증거를 더욱 힘 있게 만들기 때문이다. 조직적 일치는 여러 형태가 있으나 그것이 반드시 전도를 위한 것이 아닐 수도 있음을 시인한다. 그럼에도 불구하고 동일한 성서적 신앙을 소유한 우리는 교제와 사역과 전도에 있어서 긴밀하게 일치단결하지 않으면 안 된다. 우리의 증거나 때로는 사악한 개인주의와 불필요한 중복으로 인하여 누를 입을 경우가 많음을 고백한다. 우리는 진리와 예배와 거룩함과 선교에 있어서 보다 깊은 일치를 추구할 것을 약속한다. 우리는 교회의 선교 사역을 확장하기 위하여, 전략적 계획을 위하여, 상호 격려를 위하여 그리고 자원과 경험을 서로 나누기 위하여 지역적이며 기능적인 협력을 개발시킬 것을 촉구한다. (요 13:35; 17:21,23; 엡 4:3~4; 빌 1:27; 요 17:11~23)

### 8. 교회의 선교 협동

선교의 새 시대가 동트고 있음을 우리는 기뻐한다. 서방 선교의 주도적 역할은 급속히 사라져가고 있다. 하나님은 신생 교회 중에서 세계 복음화를 위한 위대하고도 새로운 자원을 불러일으키고 계신다. 그리하여 전도의 책임이 그리스도의 몸 전체에 속해 있음을 밝히 보여 주신다. 그러므로 모든 교회는 개교회가 속해 있는 지역을 복음화함과 동시에 세계의 다른 지역에도 선교사를 보내기 위하여 무엇을 해야 할 것인가를 하나님과 자신에게 물어야 할 것이다. 우리의 선교 책임과 선교 역할에 대한 재평가는 계속되어야 한다. 이렇게 하여 교회들 간의 협동은 더욱 강화될 것이며, 그리스도 교회의 보편성은 더 분명하게 드러나게 될 것이다. 우리는 또한 성서 번역, 신학 교육, 매스미디어, 기독교 문서 사업, 전도, 선교, 교회 갱신, 기타 특수 분야에서 일하는 여러 기관으로 인하여 하나님께 감사한다. 이런 기관들도 교회 선교의 한 사역자로서 그 효율성을 평가하기 위하여 지속적인 자기 검토를 해야 한다. (롬 1:8; 빌 1:5; 4:15; 행 13:1~3; 살전 1:6~8)

### 9. 복음 전도의 긴박성

인류의 3분의 2 이상에 해당하는 27억 이상의 인구가 아직도 복음화되어야 한다. 우리는 이토록 많은 사람이 아직도 등한시되고 있다는 사실을 부끄럽게 생각한다. 이는 우리와 온 교회에 대한 끊임없는 견책이다. 그러나 오늘날 세계 도처에서는 주 예수 그리스도에 대하여 전례 없는 수용 자세를 보이고 있다. 지금이야말로 교회와 모든 교회 기관들이 복음화되지 못한 이들의 구원을 위하여 열심히 기도하고 세계 복음화를 성취하기 위한 새로운 노력을 시도해야 할 때임을 확신한다.

이미 복음이 전파된 나라에 해외 선교사와 선교비를 감축하는 일은 토착 교회의 자립심을 기르기 위하여 혹은 아직 미복음화 지역으로 그 자원을 회전시키기 위하여 때로는 필요한 경우도 있을 것이다. 선교사들이 겸손한 섬김의 정신으로 더욱더 자유롭게 육대주 전역에 걸쳐 교류되어야 할 것이다.

목표는, 가능한 모든 수단을 총동원하여, 되도록 빠른 시일 안에 한 사람도 빠짐없이 이 좋은 소식을 듣고, 깨닫고, 받아들이게 할 기회를 제공하는 일이다. 희생 없이 이 목적을 성취한다는 것은 기대할 수가 없다. 수천 수백만이 당하고 있는 빈곤에 우리 모두가 충격을 받으며, 이 빈곤의 원인인 불의에 대하여 분개한다. 우리 중에 풍요한 환경 속에 살고 있는 이들은 검소한 생활양식을 개발하여 구제와 전도에 보다 많이 공헌하는 것이 우리의 의무임을 확신한다. (요 9:4; 마 9:35~38; 롬 9:1~3; 고전 9:19~23; 막 16:15; 사 58:6~7; 약 1:27; 2:1~9; 마 25:31~46; 행 2:44~45; 4:34~35)

### 10. 전도와 문화

세계 복음화를 위한 전략 개발에는 대범한 개척적 방법이 요청된다. 하나님의 뜻을 따라 복음 전도의 결과, 그리스도 안에 깊이 뿌리내리고 동시에 그들의 문화에 밀접하게 적용된 여러 교회들이 일어날 것이다. 문화는 항상 성경을 표준으로 검토되고 판단받아야 한다. 사람은 하나님의 피조물이기 때문에 인류문화의 어떤 것은 매우 아름답고 선하다. 그러나 인간의 타락으로 인하여 그 전부가 죄로 물들었고 어떤 것은 악마적이다. 복음은 한 문화가 다른 어떤 문화보다 우월하다고 전제하지 않는다. 오히려 복음은 모든 문화를 그 자체의 진리의 정의를 표준으로 평가하고 모든 문화에 있어서 도덕적 절대성을 주장한다. 선교는 지금까지 복음과 함께 이국 문화를 수출하는 일이 너무 많았고, 교회는 종종 성경에 매이기보다 문화에 매이는 경우가 많았다. 모름지기 그리스도의 전도자는 겸손하게 자기를 온전히 비우기를 힘써야 한다. 다만 그의 인격의 가장 진실한 것만을 간직하여 다른 사람의 종이 되어야 한다. 그리하여 교회는 문화를 변형시키고 풍요하게 만들기에 힘쓰되 모든 것을 하나님의 영광을 위해서 해야만 한다. (막 7:8~9,13; 창 4:21~22; 고전 9:19~23; 빌 2:5~7; 고후 4:5)

### 11. 교육과 지도력

우리는 때때로 교회 성장을 추구한 나머지 교회의 깊이를 포기하는 결과를 가져왔고, 또한 전도를 신앙적 육성으로부터 분리시켜왔음을 고백한다. 또한 우리 선교 단체 중에는 현지 지도자로 하여금 그들의 마땅한 책임을 감당할 수 있도록 준비시키고 격려하는 일에 매우 소홀했음을 인정한다. 그러나 이제 우리는 토착화 원칙을 믿고 있으며 모든 교회가 현지 지도자들을 등용하여 그들로 하여금 지배자로서가 아닌 봉사자로서의 기독교 지도자상을 제시할 수 있기를 갈망한다. 신학 교육의 개선이 크게 요구되고 있음을 인정한다. 모든 민족과 문화권에 있어서 교리, 제자도, 전도, 교육 및 봉사의 각 분야에 목회자, 평신도를 위한 효과적인 훈련 계획이 수립되어야 한다. 그러한 훈련 계획은 틀에 박힌 전형적인 방법에 의존할 것이 아니라 성서적 표준을 따라 지역적인 독창성에 의하여 전개시켜 나아가야 한다. (골 1:27~28; 행 14:23; 딛 1:5,9; 마 10:42~45; 엡 4:11~12)

### 12. 영적 싸움

우리는 우리가 악의 권세와 능력과의 부단한 영적 싸움에 참여하고 있음을 믿는다. 그것들은 교회를 전복시키고 세계 복음화를 위한 교회의 사역을 좌절시키려고 한다. 우리는 하나님의 전신갑주로 자신을 무장하고 진리와 기도의 영적 무기를 가지고 이 싸움을 싸워야 한다는 것을 안다. 이는 교회 밖에서의 거짓 이데올로기 속에서뿐만 아니라 교회 안에서까지도 성경을 왜곡시키며 사람을 하나님의 자리에 놓는 거짓 복음 속에서 적이 활동하고 있음을 발견하기 때문이다. 우리는 성서적 복음을 수호하기 위하여 깨어 있어야 하며 분별력이 있어야 한다. 우리는 우리 자신이 세속적인 생각과 행위, 즉 세속주의에 면역되어 있지 않다는 사실을 인정한다.

예를 들면 숫자적으로나 영적으로 교회 성장에 대한 세심한 연구는 정당하고 가치 있는 일임에도 우리는 종종 이런 연구를 게을리하였으며, 어떤 경우에는 복음에 대한 반응에만 열중하여 우리의 메시지를 타협시켰고 강압적 기교를 통하여 청중을 교묘히 조종하였고 지나치게 통계에 집착한 나머지 통계를 부정직하게 기록하는 때도 있었다. 이 모든 것이 세속적인 것이다. 교회가 세상 속에 있어야 하지만 세상이 교회 속에 있어서는 안 된다. (엡 6:12; 고후 4:3~4; 엡 6:11,13~18; 고후 10:3~5; 요일 2:18~26; 4:1~3; 갈 1:6~9; 고후 2:17; 4:2; 요 17:15)

### 13. 자유와 핍박

모든 정부는 교회가 간섭받지 않으면서 하나님께 순종하고, 주 그리스도를 섬기며, 복음을 전파하도록 평화와 정의와 자유를 보장해야 할 의무를 하나님께로부터 받고 있다. 그러므로 우리는 모든 나라의 지도자들을 위하여 기도하며 그들이 사상과 양심의 자유를 보장하고 하나님의 뜻을 따라, 그리고 유엔 인권 선언에 규정한 바와 같이 종교를 믿으며 전파할 자유를 보장해줄 것을 요청한다. 우리는 또한 부당하게 투옥된 사람들, 특히 주 예수 그리스도를 증거 하기 때문에 고난받는 우리 형제들을 위하여 깊은 우려를 표한다. 우리는 그들의 자유를 위하여 기도하며 힘쓸 것을 약속한다. 동시에 우리는 그들의 생명을 걸게 하는 협박을 거부한다. 하나님께서 우리를 도와주시기 때문에 우리는 어떤 대가를 치르더라도 불의에 대항하여 복음에 충성하기를 힘쓸 것이다. 핍박이 없을 수 없다는 예수님의 경고를 우리는 잊지 않는다. (딤전 1:1~4; 행 4:19; 5:29; 골 3:24; 히 13:1~3; 눅 4:18; 갈 5:11; 6:12; 마 5:10~12; 요 15:18~21)

### 14. 성령의 능력

우리는 성령의 능력을 믿는다. 아버지 하나님은 그의 영을 보내시어 아들에 대하여 증거 하게 하신다. 그의 증거 없이 우리의 증거는 헛되다. 죄를 깨닫고, 그리스도를 믿고, 새로 중생하고, 그리스도인으로 성장하는 이 모든 것이 성령의 역사이다. 뿐만 아니라 성령은 선교의 영이시다. 그러므로 전도는 성령 충만한 교회로부터 자발적으로 일어나야 한다. 교회가 선교하는 교회가 되지 못할 때 그 교회는 자기모순에 빠져 있는 것이요, 성령을 소멸하고 있는 것이다. 전 세계 복음화는 오직 성령이 교회를 진리와 지혜, 믿음과 거룩함과 사랑과 능력으로 새롭게 할 때에만 실현 가능케 될 것이다. 그러므로 우리는 모든 그리스도인들이 그러한 하나님의 전능하신 성령의 역사를 위하여 기도할 것을 요청하며, 성령의 모든 열매가 그의 모든 백성에게 나타나고, 그의 모든 은사가 그리스도의 몸을 충성하게 하도록 기도할 것을 호소한다. 그때에야 비로소 온 교회는 하나님의 손에 있는 합당한 도구가 될 것이요, 온 땅은 하나님의 음성을 듣게 될 것이다. (고전 2:4; 요 15:26~27; 16:8~11; 고전 12:3; 요 3:6~8; 고후 3:18; 요 7:37~39; 살전 5:19; 행 1:8; 시 85:4~7; 67:1~3; 갈 5:22~23; 고전 12:4~31; 롬 12:3~8)

### 15. 그리스도의 재림

우리는 예수 그리스도께서 친히 권능과 영광 중에 인격적으로 그리고 눈으로 볼 수 있도록 재림하시어 그의 구원과 심판을 완성시킬 것을 믿는다. 이 재림의 약속은 우리의 전도를 가속화시킨다. 이는 먼저 복음이 모든 민족에게 전파되어야 한다고 하신 그의 말씀을 우리가 기억하기 때문이다. 그리스도의 승천과 재림 사이의 중간 기간은 하나님의 백성의 선교 사역으로 채워져야 한다고 우리는 믿는다. 그러므로 종말이 오기 전에는 우리에게 이 일을 멈출 자유가 없다. 우리는 또한 마지막 적그리스도의 선행자로서 거짓 그리스도들과 거짓 선지자들이 일어나리라는 그의 경고를 기억한다. 그러므로 우리는 인간이 땅 위에 유토피아를 건설할 수 있다는 생각은 오만한 자기 확신의 환상으로 간주하여 이를 거부한다. 우리 그리스도인들은 하나님께서 그의 나라를 완성하실 것이요, 우리는 그날을 간절히 사모하며 또 의가 거하고 하나님께서 영원히 통치하실 새 하늘과 새 땅을 간절히 고대하고 있음을 확신한다. 그때까지 우리는 우리의 삶 전체를 지배하시는 그의 권위에 기꺼이 순종함으로 그리스도를 섬기고 사람에게 봉사하는 일에 우리 자신을 재헌신한다. (막 14:62; 히 9:28; 막 13:10; 행 1:8~11; 마 28:20; 막 13:21~23; 요 2:18; 4:1~3; 눅 12:32; 계 21:1~5; 벧후 3:13; 마 28:18)

### 맺음말

그러므로 이와 같은 우리의 신앙과 우리의 결심에 따라 우리는 전 세계 복음화를 위하여 함께 기도하고, 계획하고, 일할 것을 하나님과 우리 상호 간에 엄숙히 언약한다. 우리는 다른 사람들도 이 일에 우리와 함께 동참할 것을 호소한다. 우리로 하여금 하나님의 영광을 위하여 이 언약에 신실하도록 그의 은혜로 도와주시기를 기도한다. 아멘, 할렐루야!